特別支援教育における「学びの連続性」の理論と実際

—特別支援教育の推進からインクルーシブ教育の構築へ—

木舩憲幸・阿部敬信
編著

学事出版

はじめに

2007年の学校教育法の一部改正により始まった特別支援教育は、それから十数年が経過した。その間、障害者の権利に関する条約の批准に至るまでには、障害者基本法の改正、中央教育審議会初等中等教育分科会「共生社会の形成に向けたインクルーシブ教育システム構築のための特別支援教育の推進（報告）」公表、障害を理由とする差別の解消の推進に関する法律の制定等、めまぐるしい情勢の変化があった。そして、2017年には、幼稚園教育要領、小学校学習指導要領、中学校学習指導要領から、特別支援学校幼稚部教育要領、特別支援学校小学部・中学部学習指導要領が改訂・告示された。続いて、2018年には、高等学校学習指導要領、2019年には特別支援学校高等部学習指導要領が改訂・告示されたところである。

今次の幼稚園、小学校等の学習指導要領等の改訂では、社会に開かれた教育課程の実現、育成を目指す資質・能力、主体的・対話的で深い学びの視点を踏まえた指導改善、各学校におけるカリキュラム・マネジメントの確立などの改善・充実が図られている。特別支援教育においては、障害のある子どもたちの学びの場の柔軟な選択を踏まえ、幼稚園、小学校、中学校、高等学校との教育課程の連続性を重視するとしている。

1994年に、スペインのサラマンカでスペイン政府及びUNESCOが共催した「特別ニーズ教育に関する世界会議」で「サラマンカ宣言」が採択された。この宣言で、「個人差もしくは個別の困難さがあろうと、全ての子どもたちを含めることを可能にするよう教育システムを改善すること」を、世界各国が目指そうとしたのである。ようやく我が国においても、全ての子どもたちを包容するインクルージョンという考え方を、教育課程という側面から実質化しようとする仕組みが構築されたともいえる。我が国も、通常の教育と特別支援教育の双方を包容する教育へと舵を切り始めた。

このような情勢の中で、本書は企画された。そこで、本書の全てを貫く一本の柱を「学びの連続性」とした。特別支援教育のみで完結するのではなく、これからの通常の教育、そして、我が国の教育制度の全てが、この「学びの連続性」によって動いていくであろうことを見通してのことである。

また、2015年の子ども・子育て支援新制度の施行、認定こども園法の一部改正、2018年の幼児教育・保育の無償化と幼児教育・保育をめぐる状況の変化もめまぐるしく、特別支援教育との関連では、いわゆる「気になる子ども」、「グレーゾーンの子ども」が増えているといわれているところである。このような情勢を受けて、本書では、他に類を見ない特別支援学校幼稚部の教育の章を設けるなど、幼児教育・保育に厚みをもたした内容とした。

個人差もしくは個別の困難さがあろうと、全ての子どもたちを含めることを可能にする教育システムへの扉を、今、開いてみよう。

2021年春　編著者を代表して　阿部敬信

特別支援教育における「学びの連続性」の理論と実際
―特別支援教育の推進からインクルーシブ教育の構築へ―

目　次

特別支援教育における「学びの連続性」

本章の目的 特別支援教育の理念と近年の動向について理解すること
キーワード インクルーシブ教育システム、学習指導要領の改訂、障害者の権利に関する条約

第1節　特別支援教育とは

1. 特殊教育から特別支援教育へ

2007年4月施行の学校教育法の一部を改正する法律によって、「特別支援教育」が学校教育法に位置づけられ、幼稚園・小・中・高等学校を含め、全ての学校において、障害のある幼児児童生徒や通常の学級に在籍する特別な配慮が必要な幼児児童生徒への教育を充実していくこととなった。それまでは、盲学校、聾学校及び養護学校といった特殊教育諸学校や、小学校・中学校に設けられた障害のある子どものための学級である特殊学級などの特別な教育の場で、障害のある子どもの教育を行う「特殊教育」であったが、2007年からは、幼稚園、小学校、中学校、高等学校の通常の学級を含む全ての学校及び保育所で、特別な支援が必要な子どもに教育を行う「特別支援教育」へ移行することになったのである。

2.「特別支援教育の推進について（通知）」から

このような新しい制度の趣旨や内容を周知するために、文部科学省は、初等中等教育局長通知「特別支援教育の推進について（通知）」を2007年4月に我が国の全ての学校に発出した。それには、「特別支援教育は、障害のある幼児児童生徒の自立や社会参加に向けた主体的な取組を支援するという視点に立ち、幼児児童生徒一人一人の教育的ニーズを把握し、その持てる力を高め、生活や学習上の困難を改善又は克服するため、適切な指導及び必要な支援を行うものである」と、特別支援教育とは何かを示した上で、「また、特別支援教育は、これまでの特殊教育の対象の障害だけでなく、知的な遅れのない発達障害も含めて、特別な支援を必要とする幼児児童生徒が在籍する全ての学校において実施されるものである」と、それまでの障害のある幼児児童生徒は特別な教育の場での教育が実施されるとしていたことを、「全ての学校において実施されるもの」とした。そして、同通知では「さらに、特別支援教育は、障害のある幼児児童生徒への教育にとどまらず、障害の有無やその他の個々の違いを認識しつつ様々な人々が生き生きと活躍できる共生社会の形成の基礎となるものであり、我が国の現在及び将来の社会に

とって重要な意味を持っている」として、特別支援教育は、障害のある幼児児童生徒の教育に限定されたものではなく、我が国政府が今後の国のあり方として提唱している「共生社会の形成の基礎」となるとまで述べている。

3. 盲学校、聾学校及び養護学校から特別支援学校へ

特別支援教育への移行とともに、それまでの盲学校、聾学校及び養護学校は、特別支援学校へと移行した。盲学校は視覚障害、聾学校は聴覚障害、養護学校は、知的障害、肢体不自由、病弱といったように、１つの学校が１つの障害の種類に対応した学校であった。特別支援学校は、１つの障害の種類に対応した学校であってもいいが、知的障害と肢体不自由といった複数の障害の種類に対応することも可能として、それは設置者（公立であれば、都道府県教育委員会など）が決めることができるとした。これにより、地域の実態に応じたり、複数の障害のある子どもに対応したりすることができるなどの柔軟な学校の設置が可能になったのである。

❖ 第２節　インクルーシブ教育システムの構築

1. 学校とは

我が国において学校教育とは、教育基本法第６条において「法律に定める学校は、公の性質を有するものであって、国、地方公共団体及び法律に定める法人のみが、これを設置することができる」として学校の設置について述べた後に、その第２項において「２　前項の学校においては、教育の目標が達成されるよう、教育を受ける者の心身の発達に応じて、体系的な教育が組織的に行われなければならない。この場合において、教育を受ける者が、学校生活を営む上で必要な規律を重んずるとともに、自ら進んで学習に取り組む意欲を高めることを重視して行われなければならない」と示している。つまり、学校教育とは、「教育の目標」*[1]を達成できるように、「心身の発達に応じて、体系的な教育」を組織的に行うものなのである。そして、教育基本法のこの規定を受けて、学校教育法では第１条で「この法律で、学校とは、幼稚園、小学校、中学校、義務教育学校、高等学校、中等教育学校、特別支援学校、大学及び高等専門学校とする」として「学校」とは何かを定めており、これらの学校のことをまとめて「１条校」と呼ぶこともある。これが我が国の学校教育制度の根幹をなすところである。

2. 障害者の権利に関する条約

2006年12月の国際連合の総会で「障害者の権利に関する条約」（以下、障害者権利条約）が採択された。障害者権利条約は、医療、労働、福祉、そして教育と、障害者を取り巻く社会生活全般にわたって、その権利を保障するために取り決められた国際条約である。教育に係る条項としてその第24条に「締約国は、教育についての障害者の権利を

＊1　例えば、学校教育法第21条には、義務教育として行われる普通教育の目標が10点示されている。

認める。締約国は、この権利を差別なしに、かつ、機会の均等を基礎として実現するため、障害者を包容するあらゆる段階の教育制度及び生涯学習を確保する。当該教育制度及び生涯学習は、次のことを目的とする（下線部、筆者)」とし、下線部を付した「障害者を包容する教育制度」が inclusive education system である。つまり、インクルーシブ教育システムとは「障害者を包容する教育制度」のことであり、端的にいうのであれば、「障害のある者と障害のない者が共に学ぶ仕組み」のことである。ただ、単に同じ教室で、障害のある者と障害のない者が机を並べられていればよいというものではない。第24条では、その後段で「人間の多様性の尊重を強化すること」、「能力をその最大限度まで発達させること」、「社会に効果的に参加すること」などの目的を達成する「共に学ぶ仕組み」のことであるとしている。2007年９月に我が国の政府は、この条約に署名を行った。そして、2014年１月に批准された。2007年の署名以後、批准までに７年近い歳月を経ているのは、この国際条約と国内法の整合性を図るためであった。

3. 障害者基本法の改正

この整合性を図る国内法整備の一環として、障害者の社会生活全般に係る理念法である障害者基本法が、2011年に一部改正された。教育に係る規定である障害者基本法第16条は「国及び地方公共団体は、障害者が、その年齢及び能力に応じ、かつ、その特性を踏まえた十分な教育が受けられるようにするため、可能な限り障害者である児童及び生徒が障害者でない児童及び生徒と共に教育を受けられるよう配慮しつつ、教育の内容及び方法の改善及び充実を図る等必要な施策を講じなければならない」と障害者権利条約におけるインクルーシブ教育システムの趣旨を踏まえた改正がなされた。

4.「共生社会の形成に向けたインクルーシブ教育システム構築のための特別支援教育の推進（報告)」

一方で、2010年には、文部科学省は中央教育審議会に対して、特別支援教育の推進によるインクルーシブ教育システムの構築を図るために審議をするように要請した。中央教育審議会の初等中等教育分科会では、この審議を行うために「特別支援教育の在り方に関する特別委員会」を設置して審議を進め、2012年７月には「共生社会の形成に向けたインクルーシブ教育システム構築のための特別支援教育の推進（報告)」(以下、「分科会報告」）が公表された。

その「分科会報告」では、「インクルーシブ教育システムにおいては、同じ場で共に学ぶことを追求するとともに、個別の教育的ニーズのある幼児児童生徒に対して、自立と社会参加を見据えて、その時点で教育的ニーズに最も的確に応える指導を提供できる、多様で柔軟な仕組みを整備することが重要である。小・中学校における通常の学級、通級による指導、特別支援学級、特別支援学校といった、連続性のある『多様な学びの場』を用意しておくことが必要である」と示された。

そして、「特別支援教育は、共生社会の形成に向けて、インクルーシブ教育システム構築のために必要不可欠なものである」として、特別支援教育がインクルーシブ教育システム構築において果たす役割を述べた上で、「基本的な方向性としては、障害のある子どもと障害のない子どもが、できるだけ同じ場で共に学ぶことを目指すべきである。その場合には、それぞれの子どもが、授業内容が分かり学習活動に参加している実感・達成感を持ちながら、充実した時間を過ごしつつ、生きる力を身に付けていけるかどうか、これが最も本質的な視点であり、そのための環境整備が必要である」としたのである。

インクルーシブ教育システム構築の本質的な視点を、全ての子どもが「授業内容が分か」る、「学習活動に参加している時間・達成感を持」っている、「充実した時間を過ごし」ている、「生きる力を身に付けてい」るといった「十分な教育」が行われているのか、としたのである。

❖ 第3節　2017年の学習指導要領改訂の基本的な方針

障害者権利条約の批准、そして、特別支援教育の推進によるインクルーシブ教育システム構築が示された後に初の学習指導要領の改訂が2017年３月に告示された。なお、特別支援学校教育要領・学習指導要領の基本的な解説については、第２章以降を参照されたい。

2016年12月に公表された中央教育審議会答申「幼稚園、小学校、中学校、高等学校及び特別支援学校の学習指導要領等の改善及び必要な方策等について」（以下「答申」）を受けて、文部科学省は2017年３月に幼稚園教育要領、小学校学習指導要領及び中学校学習指導要領の改訂を告示した。今次の学習指導要領等の改訂においては、次の４つが基本的な方向性として示されている。

１つめは「社会に開かれた教育課程」という考え方である。それは、これからの教育課程は社会の変化に柔軟に向き合うことが大切であり、情報化やグローバル化といった急速な社会的変化が、人間の予測を超えて進展していることを踏まえ、子どもたち一人一人が、予測できない変化に受け身で対処するのではなく、主体的に向き合って関わり合い、その過程を通して自らの可能性を発揮し、よりよい社会と幸福な人生の創り手となっていけることを目指す必要があるからである。

２つめは「育成を目指す資質・能力」という考え方である。自立した人間として主体的に学びに向かい人生を切り開いていくために必要な「生きる力」を資質・能力として具体化し、それらを身に付けることを目指す教育課程の枠組みといえる。そして、その「資質・能力」として、次の３つの柱が示された（図１-１）。

①「何を理解しているか、何ができるか」という「知識・技能」の習得
②「理解していること・できることをどう使うか」という社会の変化にも対応できる「思考力・判断力・表現力等」の育成
③「どのように社会・世界と関わり、よりよい人生を送るか」という自分の学びをこれからの人生や社会に生かそうとする「学びに向かう力・人間性等」の涵養

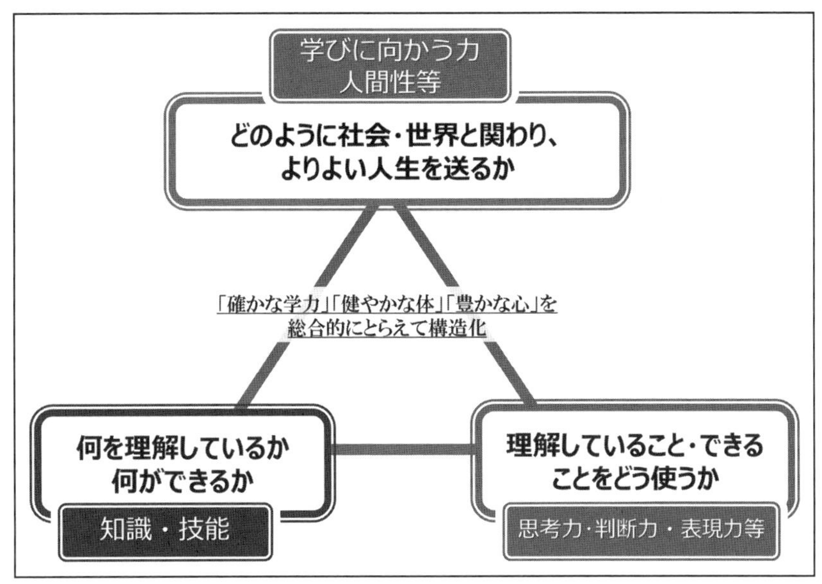

図１－１　育成すべき資質・能力の三つの柱（文部科学省、2017a）

これら３つの柱は「各教科等において育む資質・能力」であり、「教科等を越えた全ての学習の基盤として育まれ活用される」資質・能力でもあり、さらには「現代的な諸課題に対応して求められる資質・能力の全てに共通する要素」でもある。また、３つの柱は、それぞれが独立して内在するものではなく、相互に関連した「資質・能力」であり、「教育課程には、発達に応じて、これら３つの柱をそれぞれバランス良く膨らませながら、子どもたちが大きく成長していけるようにする役割が期待されている」ものである。

３つめは、「主体的・対話的で深い学び」の実現である。学びの成果として、３つの柱に整理された「資質・能力」を身に付けていくためには、「学びの過程において子供たちが、主体的に学ぶことの意味と自分の人生や社会の在り方を結び付けたり、多様な人との対話を通じて考えを広げたりしていることが重要」となってくる。単に受け身で「知識を記憶する学びにとどまらず、身に付けた資質・能力が様々な課題の対応に生かせることを実感できるような、学びの深まりも重要になる」。このような「主体的・対話的で深い学び」を通して「学習内容を人生や社会の在り方と結び付けて深く理解したり、これからの時代に求められる資質・能力を身に付けたり、生涯にわたって能動的に学び続けたりすることができるようになる」。

４つめは、「各学校における『カリキュラム・マネジメント』の確立」である。「カリキュラム・マネジメント」は、各学校において、教育課程・指導計画・学習指導案を有機的に結び付けることにより、各教科等の教育内容の組織化を図り、「子供たちの姿や地域の実情等を踏まえて、各学校が設定する学校教育目標を実現するために、学習指導要領等に基づき教育課程を編成し、それを実施・評価し改善していくこと」である。これを各学校が主体的に確立していくことで、「学校教育の改善・充実の好循環を生み出」していくことを目指す必要がある。

以上が、2017年３月告示の新しい幼稚園教育要領、小学校学習指導要領及び中学校学習指導要領の改訂に共通する基本的な考え方の主要点となる。

第４節　特別支援学校における教育要領・学習指導要領改訂と「学びの連続性」

1.「学びの連続性」とは

続いて、2017年４月に、文部科学省は特別支援学校幼稚部教育要領及び特別支援学校小学部・中学部学習指導要領の改訂を告示した。特別支援学校学習指導要領等の改訂に係る基本的な考え方も、前出の幼稚園教育要領、小学校学習指導要領及び中学校学習指導要領の初等中等教育全体の改善・充実の方向性と共通しているが、それに加え、「障害のある子供たちの学びの場の柔軟な選択を踏まえ、幼稚園、小・中・高等学校の教育課程との連続性を重視」することも示されている。これが「学びの連続性」である。

2. 小学校等と特別支援学校の「学びの連続性」

「答申」では、「近年、特別支援学校に在籍する子供たちの数は増加傾向にあり、特に、中学校に在籍した生徒が特別支援学校高等部に入学するケースが増加している」ことから「小学校等の学習指導要領等の改訂において、各学校段階の全ての教科等において育成を目指す資質・能力の三つの柱に基づき、各教科等の目標や内容が整理されたことを踏まえ、知的障害者である児童生徒のための各教科の目標や内容について小学校等の各教科の目標や内容の連続性・関連性を整理すること」によって連続性を確保するとしている。つまり、特別支援学校（知的障害）の各教科の目標及び内容について、小学校等の各教科と同じ視点や手続きで見直し、さらに特別支援学校（知的障害）と小学校等の双方の各教科の目標及び内容を照らし合わせて、その系統性と関連性を整理するということになる。これが、小学校等と特別支援学校の「学びの連続性」ということである。（図１－２）。

3.「接続」における「学びの連続性」

また、「学びの連続性」というキーワードから本書で特に指摘しておきたいのは、学校（学部）段階間の「接続」についてである。「答申」においては、小学校等と特別支援学校の「学びの連続性」とともに、各学校段階間の「接続」について章を設けて「幼児教育と小学校教育の接続」、「小学校教育と中学校教育の接続」、「中学校教育と高等学校教育の接続」として示している。今回の学習指導要領の改訂で、各教科等における教育目標や内容については、資質・能力の三つの柱を踏まえて示されていることから、「接続」といった縦のつながりを見通して、各学校段階で教育課程として具体化していくことが容易になるとしている。

特別支援学校には、幼稚園、小学校、中学校、高等学校の各学校段階に相当する幼稚部、小学部、中学部、高等部がある。ややもすると、これまで特別支援学校の中には４

1. 今回の改訂の基本的な考え方

【幼稚部教育要領、小学部・中学部学習指導要領】
- 社会に開かれた教育課程の実現、育成を目指す資質・能力、主体的・対話的で深い学びの視点を踏まえた指導改善、各学校におけるカリキュラム・マネジメントの確立など、初等中等教育全体の改善・充実の方向性を重視。
- 障害のある子供たちの学びの場の柔軟な選択を踏まえ、幼稚園、小・中・高等学校の教育課程との連続性を重視。
- 障害の重度・重複化、多様化への対応と卒業後の自立と社会参加に向けた充実。

2. 教育内容等の主な改善事項

学びの連続性を重視した対応
- 「重複障害者等に関する教育課程の取扱い※」について、子供たちの学びの連続性を確保する視点から、基本的な考え方を規定。
  ※当該学年の各教科及び外国語活動の目標及び内容に関する事項の一部を取り扱わないことができることや、各教科及び道徳科の目標及び内容に関する事項を前各学年の目標及び内容に替えたりすることができるなどの規定。
- 知的障害者である子供のための各教科等の目標や内容について、育成を目指す資質・能力の三つの柱に基づき整理。その際、各部や各段階、幼稚園や小・中学校とのつながりに留意し、次の点を充実。
  ・中学部に二つの段階を新設、小・中学部の各段階に目標を設定、段階ごとの内容を充実
  ・小学部の教育課程に外国語活動を設けることができることを規定
  ・知的障害の程度や学習状況等の個人差が大きいことを踏まえ、特に必要がある場合には、個別の指導計画に基づき、相当する学校段階までの小学校等の学習指導要領の各教科の目標及び内容を参考に指導ができるよう規定

図1-2　特別支援学校学習指導要領等の改訂のポイント（文部科学省、2017b）

つの学校があるといわれるほど各学部段階の「接続」は大きな課題としてあったといえる。よって、例えば、今次改訂された特別支援学校小学部・中学部学習指導要領には、小学部における教育と幼児期の教育との接続及び低学年における教育全体の充実、小学部における中学部等の教育等及びその後の教育の接続及び中学校における小学部等との接続、中学部における高等部の教育等及びその後の教育との接続と円滑な接続が図られるようにと示されている。小学校等と特別支援学校といった学校間の「学びの連続性」だけでなく、学校（学部）段階間の「接続」といった「学びの連続性」についても確保していくことが求められている。

❖ 第5節　インクルーシブ教育システムの構築と「学びの連続性」

1. 連続性のある「多様な学びの場」

この小学校等と特別支援学校の「学びの連続性」の背景にあるのが、「分科会報告」で示されたインクルーシブ教育システム構築である。「分科会報告」においては、「同じ場で共に学ぶことを追求するとともに、個別の教育的ニーズのある幼児児童生徒に対して、自立と社会参加を見据えて、その時点で教育的ニーズに最も的確に応える指導を提供できる、多様で柔軟な仕組みを整備することが重要である」と述べている。そのために、従来からある既存の学校制度を活用しつつ学校間の仕組みを柔軟にするという運用を用いて、「小・中学校における通常の学級、通級による指導、特別支援学級、特別支援学校といった、連続性のある『多様な学びの場』を用意しておくことが必要である」としたのである。

つまり、「分科会報告」の「日本の義務教育段階の多様な学びの場の連続性」（図1-

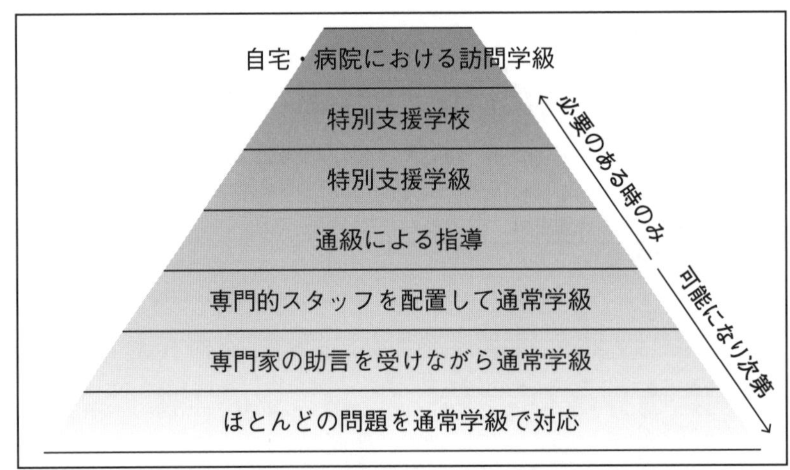

図1－3　連続性のある「多様な学びの場」（「分科会報告」より筆者作成）

3）にあるように、その基底にある「通常の学級」においては、「ほとんどの問題を通常学級で対応」、「専門家の助言を受けながら通常学級」、「専門的スタッフを配置して通常学級」という3つの層が設けられている。その上の段階には、「通級による指導」、「特別支援学級」、「特別支援学校」の層が設けられている。これらを必要に応じて選択し、可能になり次第、基底にある「通常の学級」へという方向性が示されている。まさに多様な学びの場を柔軟に選択し、しかもそれは固定的ではないという。インクルーシブ教育システムの構築が、「学びの連続性」の確保の背景にあるといえる。

2. 就学手続きの改正

実際に、「分科会報告」のほぼ1年後となる2013年9月には学校教育法施行令の一部改正がなされ、この改正に伴い2013年10月には「障害のある児童生徒等に対する早期からの一貫した支援について（通知）」が発出され、就学相談や就学先の決定の在り方が改正された。それまでは、学校教育法施行令22条の3の別表1にある「特別支援学校就学基準」に該当する障害のある子どもは、原則特別支援学校に就学するとされ、一部例外的に「認定就学者」として、地域の小学校等への就学が認められるにすぎなかった。

ところが、前出の改正により、全ての子どもがより適切な教育を受けることのできる学校種に就学させるとされ、学校教育法施行令22条の3の別表1に該当する子どもは「障害の状態、本人の教育的ニーズ、本人・保護者の意見、教育学、医学、心理学等専門的見地からの意見、学校や地域の状況等を踏まえた総合的な観点から就学先を決定する」（中央教育審議会初等中等教育分科会「特別支援教育の在り方に関する特別委員会報告1」2012年7月）という仕組みとなったのである。その際、市町村教育委員会は、本人・保護者に対し、十分な情報提供をしつつ、本人・保護者の意見を最大限尊重し、教育的ニーズと必要な支援について合意形成を行うこととした。

最終的には、市町村教育委員会が決定するというのは従来どおりの考え方ではあったが、学校教育法施行令22条の3の別表1に該当する子どもについては、「認定特別支援学校就学者」として特別支援学校への就学を検討することとなり、その際には一層本人・保護者の意見が重視されることになった。

3. 個別の教育支援計画等の見直しに基づいた就学先等の変更

「障害のある児童生徒等に対する早期からの一貫した支援について（通知）」では、さらに就学後の転学についても「就学時に決定した『学びの場』は、固定したものではなく、それぞれの児童生徒の発達の程度、適応の状況等を勘案しながら、柔軟に転学ができることを、すべての関係者の共通理解とすることが適当であること」と示した。以前は、一度特別支援学校へ就学すると、地域の小学校等への転学はかなり困難なことであった。しかし、ここでは「『学びの場』は、固定したものではなく」として、「柔軟に転学ができる」と明確に示したのである。そして、それを可能にするために「個別の教育支援計画等に基づく関係者による会議等を定期的に実施し、必要に応じて個別の教育支援計画等を見直し、就学先等を変更できるようにしていく」と手続きまで踏み込んで示した。まさに「多様で柔軟な仕組みを整備」の一環であるといえる。

なお、ここで示されている個別の教育支援計画とは、早期からの一貫した支援のために、障害のある児童生徒等の成長記録や指導内容等に関する情報が記載された支援のための計画のことである。これについては第４章で詳しく述べる。

第６節　特別支援学校教育要領・学習指導要領における「学びの連続性」を重視した改善

1. 知的障害教育における各教科の改善

今次の特別支援学校教育要領・学習指導要領における改訂において、「学びの連続性」を重視することにより、どのような改善が図られたであろうか。

これまで特別支援学校（知的障害）の各教科は、独自の目標と内容が示されてきた。しかし、今次改訂により、小学校等と同様に３つの「資質・能力」の柱によって構造化されることになり、共通の枠組みで整理された。小学校等の各教科を通して育成される「資質・能力」と、特別支援学校の知的障害教育における各教科を通して育まれる「資質・能力」は基本的に同じものであるとされた。そして、中学部の各教科の目標及び内容は、改訂前は１段階のみで示されていたが、２段階が新設された。さらに、特別支援学校（知的障害）の各教科には、改訂前までは各教科にしか設定されていなかった目標が、各教科の各段階に設定されるようになり、各段階の内容の充実も図られている。

また、小学部の３段階及び中学部の２段階の目標に到達した児童生徒については、特に必要のある場合には、個別の指導計画に基づいて小学校及び中学校の各教科の目標及び内容等を一部取り入れることが可能となった。これは、学びの場が異なっても、３つの「資質・能力」の柱によって構造化されたことにより、特別支援学校（知的障害）小学部及び中学部と小学校及び中学校における「学びの連続性」が確保できるようになったといえる。まさに、インクルーシブ教育システムにおける「連続した多様な学びの場」を教育内容のレベルで実現したものといえる。

2.「重複障害者等に関する教育課程の取り扱い」の改善

次に、「重複障害者等に関する教育課程の取り扱い」も「学びの連続性」を重視した充実が図られている。「答申」においては「各教科等の目標・内容を、取り扱わなかったり、前各学年の目標・内容に替えたりした場合について、取り扱わなかった内容を学年進行後にどう履修するかなど、教科等の内容の連続性の視点を大切にした指導計画を作成するための基本的な考え方を更に整理して示す」や「他の障害と知的障害を併せ有する者に対して、小・中学校等の各教科の目標・内容を知的障害のある児童生徒のための各教科の目標・内容に替える場合について、教科の内容の連続性の視点から、基本的な考え方を整理して示す」とされていた。

これを踏まえて、今次改訂では、例えば「障害の状態により特に必要がある場合」として弾力的に教育課程を編成できることについて6項目に分けて規定している。改訂前までの特別支援学校学習指導要領等に比べると充実した記述となっている。ただし、この取り扱いについては、あくまでも文末表現が「できること」となっていることに留意する必要がある。つまり、「学校の創意工夫を生かし、全体として、調和のとれた具体的な指導計画を作成する」上で、特別支援学校小学部・中学部学習指導要領に示されている各教科等の目標及び内容を取り扱わなかったり、替えたりすることについては、その後の児童生徒の学習の在り方を大きく左右することから、指導計画は慎重に検討されなければならないのである。それは、一人一人の子どもの「学びの連続性」を確保するという観点から新たに加えられていると考えることができる。

第7節　小学校学習指導要領及び中学校学習指導要領における特別支援教育

1. 教育課程全体を通じた特別支援教育

2012年の「分科会報告」を背景として、「答申」では、「第1部　学習指導要領等改訂の基本的な方向性」において、特に「教育課程全体を通じたインクルーシブ教育システムの構築を目指す特別支援教育」の節が設けられている。そこでは「小・中学校と特別支援学校との間での柔軟な転学や、中学校から特別支援学校高等部への進学などの可能性も含め、教育課程の連続性を十分に考慮し、子供の障害の状態や発達の段階に応じた組織的・継続的な指導や支援を可能としていくことが必要である」とし、「そのためには、特別支援教育に関する教育課程の枠組みを、全ての教職員が理解できるよう、小・中・高等学校の各学習指導要領の総則において、通級による指導や特別支援学級（小・中学校のみ）における教育課程編成の基本的な考え方を示していくことが求められる」と示された。「また、幼・小・中・高等学校の通常の学級においても、発達障害を含む障害のある子供が在籍している可能性があることを前提に、全ての教科等において、一人一人の教育的ニーズに応じたきめ細かな指導や支援ができるよう、障害種別の指導の工夫のみならず、各教科等の学びの過程において考えられる困難さに対する指導の工夫の意図、手立ての例を具体的に示していくことが必要である」と示されている。

これを踏まえて、小学校学習指導要領及び中学校学習指導要領では、通常の学級においては、総則に加えて全ての教科等別に学びの過程で考えられる「困難さ」ごとに、指導上の「工夫」と手立ての例が示されている。これまでの障害種別の記述にとどまりがちだった示し方ではなく、一歩踏み込んで、各教科の特性に応じて、一人一人の「困難さ」の状態に焦点を当てている。この手立ては、特別支援学校学習指導要領等における自立活動の考え方を示しているとも考えることができる。さらには、特別支援教育の「学びの連続性」という観点からもとらえることができることから、これまでにない画期的なことと評価することができる。

2. 特別支援学級、通級による指導

特別支援学級においては、これまでの学習指導要領では「解説」で示されていた教育課程の編成に係る事項が、学習指導要領本文で示された。それは、教科指導において、児童生徒の障害の状態等を踏まえ、対象児童生徒の目標及び内容を、当該学年のものでなく、下学年の目標や内容に替える「下学年適用」の教育課程の編成、各教科を特別支援学校（知的障害）の各教科に替える「知的代替」の教育課程の編成、そして、特別支援学校小学部・中学部学習指導要領の自立活動を加える「小学校各教科と自立活動」の教育課程の編成と、３つの教育課程編成の具体的手続きが示されている。また、特別支援学級に在籍する児童生徒については、「個別の教育支援計画」と「個別の指導計画」を作成することだけでなく、それをさらに進めて活用することも義務づけられた。これまでは「作成」が努力義務として示されていただけだったが、効果的な「活用」まで踏み込んで示している。

通級による指導においては、「特別の教育課程」を編成する際の留意事項について、特別支援学校小学部・中学部特別支援学校の自立活動を参考にすることと学習指導要領本文に示された。

3. 交流及び共同学習

交流及び共同学習については、今次改訂において小学校学習指導要領及び中学校学習指導要領では大きな変更はなされていないが、小学校学習指導要領解説総則編及び中学校学習指導要領解説総則編においては「特別支援学級の児童（又は生徒―筆者）との交流及び共同学習は、日常の様々な場面で活動を共にすることが可能であり、双方の児童（又は生徒―筆者）生徒の教育的ニーズを十分把握し、校内の協力体制を構築し、効果的な活動を設定することなどが大切である」と通常の学級と特別支援学級の交流及び共同学習の積極的推進が述べられている。これまでは特別支援学級が「特別の教育課程」を編成し、いくつかの教科で交流及び共同学習を恒常的に実施していた場合に、教科の枠組みが異なるためや児童生徒の障害の状態から、目標及び内容が連続した指導計画に基づいた実施に困難があった。ところが、今回の改訂により、「知的代替」の特別の教

育課程においては、各教科の目標及び内容が共通の枠組みで示されたことや、「個別の教育支援計画」及び「個別の指導計画」の作成及び活用が義務づけられたことにより、これらを活用することで、「学びの連続性」を確保した指導計画の作成ができるようになったといえる。

これらについては、小学校及び中学校における「合理的配慮」の提供を含め、今後、「知的代替」の「特別の教育課程」が編成された特別支援学級設置校における実践研究による成果を期待したいところである。また、これにより、小学校等においては、「特別支援学校等の助言又は援助を活用」、いわゆる「特別支援学校のセンター的機能」の重要性が一層高まると考えられる。

❖ 第8節 「学びの連続性」へ

本章では、2017年に改訂された特別支援学校学習指導要領等において示されている「学びの連続性」というキーワードに着目して、今次改訂で示された幼稚園教育要領、小学校学習指導要領及び中学校学習指導要領やそれに係る「答申」を解題することによって、次のことを明らかにした。

○「学びの連続性」の背景にあるのは、「分科会報告」にある共生社会を目指したインクルーシブ教育システムの構築における「連続した多様な学びの場」という考え方であること。

○「学びの連続性」を確保するために、新しい特別支援学校学習指導要領等では、「特別支援学校（知的障害）における各教科の改善と充実」や「重複障害者等に関する教育課程の取扱いの充実」が図られていること。

○小学校等における特別支援教育においても「学びの連続性」の確保という基本的考え方による学習指導要領の改訂が行われており、そのためには障害のある児童生徒の「個別の教育支援計画」と「個別の指導計画」の作成と活用が求められていること。

なお、幼稚園教育要領については、「第13章　幼児教育・保育における特別支援教育の推進」において詳述しているので参考にされたい。

2007年の学校教育法の一部改正によりスタートした特別支援教育から十数年が経過した。この間の課題を踏まえての今次学習指導要領の改訂である。今次改訂において「学びの連続性」が重要なキーワードとなったということは、過去の特別支援教育の推進において、それが大きな課題であったということを表している。今次改訂により学習指導要領レベルでは「学びの連続性」という課題解決へ向けて基本的考え方が示されたといえる。今後は各学校において、この基本的考え方による教育実践が展開されると考えられる。教育実践レベルでの成果と課題の検証を進めていく必要がある。

【引用・参考文献】
文部科学省（2017a）育成すべき資質・能力の三つの柱（PDF:520KB）.
https://www.mext.go.jp/content/1421692_7.pdf, 2020年 9 月10日取得.
文部科学省（2017b）特別支援学校学習指導要領改訂のポイント（PDF:330KB）.
https://www.mext.go.jp/component/a_menu/education/micro_detail/__icsFiles/afieldfile/2019/02/04/1399950_1.pdf, 2020年 9 月10日取得.

第2章 特別支援教育の制度

本章の目的 特別支援教育の学校・学級等の制度について理解すること
キーワード 特別支援学校、特別支援学級、通級による指導、通常の学級

第1節 特殊教育から特別支援教育へ

1.「今後の特別支援教育の在り方について（最終報告）」

2007年4月施行の学校教育法の一部を改正する法律によって、「特別支援教育」が学校教育法に位置づけられ、幼稚園・小・中・高等学校を含め、全ての学校において、障害のある幼児児童生徒や通常の学級に在籍する特別な配慮が必要な幼児児童生徒への教育を充実していくこととなった。

それまでの特殊教育から特別支援教育に移行するために、様々な検討がなされ、制度改正についての検討が行われた。

2000年5月に、文部科学省は21世紀の特殊教育の在り方について幅広く検討を行うために調査研究協力者会議を設置し、2001年1月には、「21世紀の特殊教育の在り方について～一人一人のニーズに応じた特別な支援の在り方について～（最終報告）」を公表した。

2001年10月からは、近年の障害のある児童生徒の教育を巡る様々な情勢の変化を踏まえて、今後の特別支援教育の在り方について検討するための調査研究協力者会議が設置された。そして、2003年3月には、「今後の特別支援教育の在り方について（最終報告）」が公表された。この中には、「障害の程度等に応じ特別の場で指導を行う『特殊教育』から障害のある児童生徒一人一人の教育的ニーズに応じて適切な教育的支援を行う『特別支援教育』への転換を図る」として、今後の特別支援教育の展開に向けた基本的な方向と具体的な取り組みが示されている（表2-1）。

2.「特別支援教育を推進するための制度の在り方について（答申）」

今後の特別支援教育の在り方について調査研究協力者会議の最終報告を受けて、2004年2月には、中央教育審議会が、初等中等教育分科会に特別支援教育特別委員会を設置し、特別支援教育を一層推進すべきであるとの認識の下、学校制度等の在り方について検討を重ねた。そして、2005年12月には、「特別支援教育を推進するための制度の在り方について（答申）」が取りまとめられた。この答申には、表2-2に示すように、特別支援教育の理念と基本的な考え方、特別支援学校の制度への転換、小・中学校における

表２－１　「今後の特別支援教育の在り方について（最終報告）」のポイント

（１）特別支援教育の在り方の基本的考え方
　特別支援教育
　１．「個別の教育支援計画」（多様なニーズに適切に対応する仕組み）
　２．特別支援教育コーディネーター（教育的支援を行う人・機関を連絡調整するキーパーソン）
　３．広域特別支援連携協議会等（質の高い教育支援を支えるネットワーク）
（２）特別支援教育を推進する上での学校の在り方
　１．盲・聾・養護学校から特別支援学校へ
　２．小・中学校における特殊学級から学校としての全体的・総合的な対応へ
（３）特別支援教育体制を支える専門性の強化

表２－２　「特別支援教育を推進するための制度の在り方について（答申）」の目次

第１章　障害のある幼児児童生徒に対する教育の現状と課題
　１．現状と課題
　２．障害者施策を巡る国内外の動向
第２章　特別支援教育の理念と基本的な考え方
第３章　盲・聾・養護学校制度の見直しについて
　１．障害種別を超えた学校制度について
　２．特別支援教育のセンター的機能について
第４章　小・中学校における制度的見直しについて
　１．基本的な考え方
　２．LD・ADHD・高機能自閉症等の児童生徒に対する指導及び支援の必要性
　３．特殊学級等の見直し
第５章　教員免許制度の見直しについて
　１．基本的な考え方
　２．特別支援学校教諭免許状（仮称）の在り方
　３．現職教員の特別支援学校教諭免許状（仮称）の取得促進
　４．その他の課題
第６章　関連する諸課題について
　１．総合的な体制整備に関する課題について
　２．障害のある児童生徒の就学の在り方について
　３．特別支援教育の普及啓発について
　４．就学前及び後期中等教育等における特別支援教育の在り方について
　５．法令上の用語等の見直しについて
　６．国の役割について

制度的見直し、特別支援学校の教員免許制度等について、国の役割までの幅広い提言がなされた。この中には、「特別支援教室（仮称）*1」という実現しなかった制度の提言も見られる。

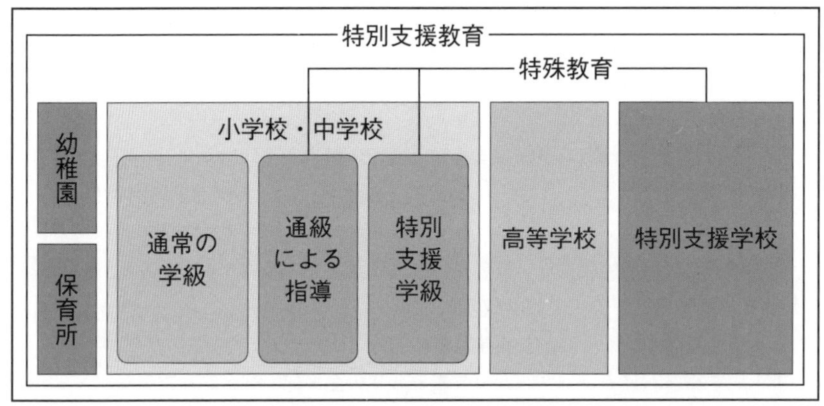

図２－１　特別支援教育の対象となる学校・施設（筆者作成）

3. 学校教育法の一部改正と「特別支援教育の推進について（通知）」

この答申に基づき、学校教育法の一部改正がされ、2007年４月から、それまでの特殊教育から特別支援教育の制度へ移行した。この新しい制度の趣旨や内容を周知するために、文部科学省は、初等中等教育局長通知「特別支援教育の推進について（通知）」を2007年４月に我が国の全ての学校に発出した。それには、「特別支援教育は、障害のある幼児児童生徒の自立や社会参加に向けた主体的な取組を支援するという視点に立ち、幼児児童生徒一人一人の教育的ニーズを把握し、その持てる力を高め、生活や学習上の困難を改善又は克服するため、適切な指導及び必要な支援を行うものである」と特別支援教育とは何かを示した上で、「また、特別支援教育は、これまでの特殊教育の対象の障害だけでなく、知的な遅れのない発達障害も含めて、特別な支援を必要とする幼児児童生徒が在籍する全ての学校において実施されるものである」と、それまでの障害のある幼児児童生徒は特別な教育の場での教育が実施されるとしていたことを、「全ての学校において実施されるもの」とした（図２－１）。

そして、同通知では「さらに、特別支援教育は、障害のある幼児児童生徒への教育にとどまらず、障害の有無やその他の個々の違いを認識しつつ様々な人々が生き生きと活躍できる共生社会の形成の基礎となるものであり、我が国の現在及び将来の社会にとって重要な意味を持っている」として、特別支援教育は、障害のある幼児児童生徒の教育に限定されたものではなく、我が国政府が今後の国のあり方として提唱している「共生社会の形成の基礎」となるとまで述べている。

このように、制度的には2007年から始まった特別支援教育は、学校教育という枠内にとどまるものではなく、これからの我が国のあり方を形作っていくものであるとされているのである。

この通知「特別支援教育の推進について」は、表２－３に示すように、校長の責務に

＊1　各学校に、障害のある児童生徒の実態に応じて特別支援教育を担当する教員が柔軟に配置されるとともに、学習障害（LD）・注意欠陥多動性障害（ADHD）・高機能自閉症等の児童生徒も含め、障害のある児童生徒が、原則として通常の学級に在籍しながら、特別の場で適切な指導及び必要な支援を受けることができるような弾力的なシステムを構築することを目指した。研究開発学校で研究が進められているが、実現はしていない。

表２－３　「特別支援教育の推進について（通知）」の記載事項

1．特別支援教育の理念
2．校長の責務
3．特別支援教育を行うための体制の整備及び必要な取組
　（1）特別支援教育に関する校内委員会の設置
　（2）実態把握
　（3）特別支援教育コーディネーターの指名
　（4）関係機関との連携を図った「個別の教育支援計画」の策定と活用
　（5）「個別の指導計画」の作成
　（6）教員の専門性の向上
4．特別支援学校における取組
　（1）特別支援教育のさらなる推進
　（2）地域における特別支援教育のセンター的機能
　（3）特別支援学校教員の専門性の向上
5．教育委員会等における支援
6．保護者からの相談への対応や早期からの連携
7．教育活動等を行う際の留意事項等
　（1）障害種別と指導上の留意事項
　（2）学習上・生活上の配慮及び試験などの評価上の配慮
　（3）生徒指導上の留意事項
　（4）交流及び共同学習、障害者理解等
　（5）進路指導の充実と就労の支援
　（6）支援員等の活用
　（7）学校間の連絡
8．厚生労働省関係機関等との連携

始まり、校内委員会の設置、特別支援教育コーディネーターの指名、「個別の教育支援計画」、「個別の指導計画」、特別支援学校のセンター的機能、教育相談・早期支援、交流及び共同学習と、今日の特別支援教育を支える根幹の仕組みが具体的に示されている。

❖第２節　特別支援学校の目的

1. 学校とは何か

第１節で述べたような経緯を経て、特別支援学校は創設された。特別支援学校とは何かと問われたら、どのように答えればいいだろうか。我が国の公教育は全て法令に基づいて制度がつくられ、その制度によって実施されている。教育に関する法令で最上位にあるのは日本国憲法であり、その第26条に我が国の教育に関する根本が定められている。これに基づいて教育基本法が制定されている。教育基本法は1947年に制定されたが、その後59年を経た2006年に初めて改正された。我が国の教育に係る理念法であり、我が国の教育全般について規定している。生涯学習をはじめ、家庭教育や社会教育まで教育全般について規定している。その第６条には学校教育の規定がある。この規定を受けて、

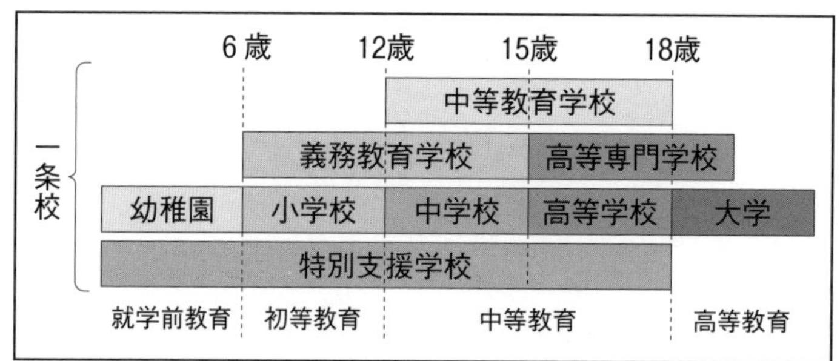

図２－２　学校教育法第１条に定める学校と在籍する幼児児童生徒学生のおおよその年齢区分（筆者作成）

学校教育法が制定されている。学校教育については、この学校教育法がその全てを定めているのである。

学校教育法第１条を見ると、そこには学校とは何かが示されている。「学校とは、幼稚園、小学校、中学校、義務教育学校、高等学校、中等教育学校、特別支援学校、大学及び高等専門学校とする」と示されている。「学校」という言葉はよく使うが、その「学校」とは学校教育法ではこのように示されている。これらを「１条校」ということがある（図２－２）。中等教育学校は1999年から設置が始まった比較的新しい学校であり、従来の中学校と高等学校が１つの学校の種類となったものである。義務教育学校は2016年から設置が始まった新しい制度に基づく学校である。これは小学校と中学校が１つの学校の種類になったと考えてもよい。そして、特別支援学校である。これも2007年に創設された学校である。その前身は盲学校、聾学校、養護学校である。これらの障害別に設置されていた学校を、その障害種別は設置者である教育委員会が決めることのできる１つの学校制度として創設したものが特別支援学校であり、第１条から分かるとおり、一般になじみのある幼稚園や小学校、中学校と同じ「学校」の１つの種類なのである。

２. 特別支援学校とは

さて、特別支援学校とは何かという問いに戻ろう。この問いに答えるには、学校教育を司る法律である学校教育法を見ればよい。学校教育法で定められている特別支援学校の目的を見ると、特別支援学校が何を目的に設置されているのかが分かる。つまり、特別支援学校とは何かということに答えられることになる。その答えは第72条にある。

「特別支援学校は、視覚障害者、聴覚障害者、知的障害者、肢体不自由者又は病弱者（身体虚弱者を含む。以下同じ。）に対して、幼稚園、小学校、中学校又は高等学校に準ずる教育を施すとともに、障害による学習上又は生活上の困難を克服し自立を図るために必要な知識技能を授けることを目的とする」と示されている。ここには特別支援学校とは何かという問いに答えることができる３つのことが示されている。

１つめは「視覚障害者、聴覚障害者、知的障害者、肢体不自由者又は病弱者（身体虚弱者を含む。以下同じ。）に対して」の箇所である。ここで特別支援学校が教育の対象とする障害の種類が５つ記載されている。それは、「視覚障害」、「聴覚障害」、「知的障害」、「肢体不自由」そして「病弱」である。これをよく「５障害」と呼んでおり、特別支援学校の幼児児童生徒の障害の種類を明示しているのである。ただし、ここの障害の種類はあくまでも教育分野に限ったものである。

２つめは「幼稚園、小学校、中学校又は高等学校に準ずる教育を施す」の箇所である。ここに特別支援学校で行う教育の目的が記されている。幼稚園、小学校、中学校、そして高等学校と同じ教育を行うということである。「準ずる」とは同じという意味と考えてもよい。「準ずる教育」ということが多い。多くの人がこの幼稚園、小学校、中学校、そして高等学校での教育を受けてきたと思うが、それと同じ教育をするというのが特別支援学校の教育ということである。

３つめは「障害による学習上又は生活上の困難を克服し自立を図るために必要な知識技能を授ける」という箇所である。幼稚園、小学校、中学校、そして高等学校と同じ教育を行うだけであれば、特別支援学校は必要ない。「準ずる教育」にプラスして行う特別支援学校ならではの教育がここで示されているのである。特別支援学校には障害のある幼児児童生徒がその教育の対象として在籍している。その幼児児童生徒の障害に応じて自立と社会参加を図るための知識技能を習得するための教育を行うのである。それは特別支援学校の教育課程の特色でもあり「自立活動」と呼ばれている。

このように、特別支援学校とは何かという問いに答えるのであれば、この学校教育法第72条をそのまま答えればよい。特別支援学校とは、５つの障害のある子どもに対して、幼稚園、小学校、中学校、そして高等学校と同じ教育である「準ずる教育」に加えて、それにプラスするように子どもの障害に応じた自立と社会参加を図る「自立活動」の教育を行う学校であるといえる。

第３節　特別支援学校の制度

1. 障害種別の明示

続いて、特別支援学校とは何かをより詳しく知るために、学校教育法の条文を見ていく。次の第73条には、「特別支援学校においては、文部科学大臣の定めるところにより、前条に規定する者に対する教育のうち当該学校が行うものを明らかにするものとする」と示されている。これは、１つ１つの特別支援学校が先ほどの「５障害」のどの障害の子どもの教育を行う学校であるのかを決めておきなさいという意味である。ある特別支援学校は「視覚障害」のある子どもの教育を行うとされているかもしれない。それを2007年より前には「盲学校」と呼んでいた。別のある特別支援学校は「聴覚障害」のある子どもの教育を行うとしているかもしれない。それは2007年より前には「聾学校」と呼んでいた学校である。ある特別支援学校は「知的障害」と「肢体不自由」のどちらにも対応した教育を行うことができると決められているかもしれない。2007年以前の特殊教育の時代には、１つの学校は１つの障害種別と決められていたが、特別支援学校とされてからは複数の障害の種類に対応する学校を設置してもよいとされたからである（図２－３）。2007年以後、全国にはこのような複数の障害の種類に対応した特別支援学校が

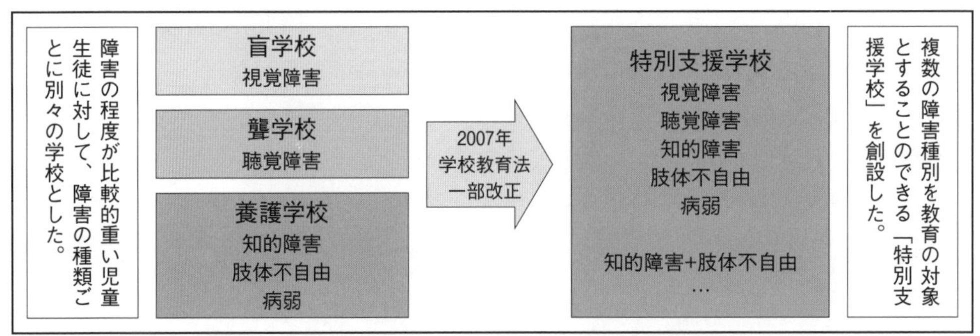

図２－３　盲学校、聾学校及び養護学校から特別支援学校への制度の転換（筆者作成）

設置されるようになっており、次第に数が増えている。中には山口県の「総合支援学校」のように５つの障害全てに対応するという特別支援学校も設置されるようになった。

2. 障害の程度

第74条は後述する。その次の第75条には、「第七十二条に規定する視覚障害者、聴覚障害者、知的障害者、肢体不自由者又は病弱者の障害の程度は、政令で定める」と示されている。第72条では特別支援学校が教育の対象としている「５障害」が示されている。障害の種類が定められていることになる。これに対して第75条は特別支援学校が教育の対象とする障害の程度が示されていることになる。具体的には「政令」で定めるとしている。「政令」とは、憲法や法律で決めたことを実際に実施するために、内閣が行う命令のことをいう。特別支援学校が教育の対象とする障害の程度は、法律である学校教育法で細かく定めるのではなく、政令で決めていることになる。その政令は「学校教育法施行令」という。その第22条の３の別表に５つの障害の種類ごとに、特別支援学校が教育の対象とする障害の程度を定めているのである。別表の「視覚障害」を見てみよう。そこには「両眼の視力がおおむね〇・三未満のもの又は視力以外の視機能障害が高度のもののうち、拡大鏡等の使用によつても通常の文字、図形等の視覚による認識が不可能又は著しく困難な程度のもの」とされている。通常の文字の認識ができないものが、視覚障害を教育の対象とする特別支援学校に入学することができるということになる。これは医学的には重度もしくは最重度の障害のあることを示している。他の障害種別も同様である。特別支援学校が教育の対象とするのは、比較的、重度の障害がある子どもたちということになる。

3. 学部の設置

第76条では「特別支援学校には、小学部及び中学部を置かなければならない。ただし、特別の必要のある場合においては、そのいずれかのみを置くことができる」と「特別支援学校には、小学部及び中学部のほか、幼稚部又は高等部を置くことができ、また、特別の必要のある場合においては、前項の規定にかかわらず、小学部及び中学部を置かないで幼稚部又は高等部のみを置くことができる」と２つの条文が示されている。これは

「学部」の規定といえる。小学校に準じた６年間の義務教育を行う「学部」を小学部、中学校に準じた３年間の義務教育を行う「学部」を中学部という。そして、幼稚園に準じた教育を行う「学部」を幼稚部、３年間の高等学校に準じた教育を行う「学部」を高等部という。特別支援学校にはこれらの「学部」が設置されているのである。通常は小学部、中学部と高等部の12年間の教育を行う「学部」が設置されていることが多いが、一方で高等部だけの「高等特別支援学校」が設置されることもある。「高等特別支援学校」は、知的障害を教育の対象とすることが多い。幼稚部は視覚障害や聴覚障害を教育の対象とする特別支援学校にはほぼ設置されている。早期からの専門的な教育が必要ということと歴史的な経緯からである。また、視覚障害を教育の対象とする特別支援学校と聴覚障害を教育の対象とする特別支援学校は、高等部の後に専攻科を置いていることがある。視覚障害特別支援学校では、あん摩・はり・きゅうを扱う国家試験を受けるための理療科を専攻科として置いていることが多い。聴覚障害特別支援学校では理容師・美容師の国家試験を受けるための理美容科を専攻科として置いているところが多かったが、近年減少傾向にある。

❖ 第４節　特別支援学級とは

1. 特別支援学級の設置

次に、特別支援学級とは何か。小学生だった頃、中学生だった頃に、「あおぞら学級」とか「ひまわり学級」などの名称で、少人数で障害のある子どもが学ぶ学級があったと記憶している人も多いかと思う。それが特別支援学級である。2007年以前には「特殊学級」という名称であった。特別支援学級は、小学校、中学校といった通常の学級のある学校の中に設置された障害のある児童生徒のための学級である。それも学校教育法で規定されている。第81条には「幼稚園、小学校、中学校、義務教育学校、高等学校及び中等教育学校においては、次項各号のいずれかに該当する幼児、児童及び生徒その他教育上特別の支援を必要とする幼児、児童及び生徒に対し、文部科学大臣の定めるところにより、障害による学習上又は生活上の困難を克服するための教育を行うものとする」と示されている。

そして、続く第81条の２には「小学校、中学校、義務教育学校、高等学校及び中等教育学校には、次の各号のいずれかに該当する児童及び生徒のために、特別支援学級を置くことができる」として、小学校、中学校等には「特別支援学級」を設置することができることを示している。「特別支援学級」は通常の学校の中にある１つの学級であるから、当然、小学校や中学校と同じ教育を行うことが期待される。そして、第81条にあるように、それに加えて「障害による学習上又は生活上の困難を克服するための教育を行う」ことも期待されているのである。つまり、特別支援学校の目的であった「準ずる教育」と「自立活動」の教育を行う「学級」なのである。

2. 特別支援学級が対象とする障害の種類

第81条の２には、「特別支援学級」の教育の対象となる障害の種類が示されている。それは「知的障害」、「肢体不自由」、「身体虚弱」、「弱視」、「難聴」、そして「その他障害のある者で、特別支援学級において教育を行うことが適当なもの」とされている。障害名が示されている５つは、それぞれ特別支援学校の５障害に対応している。そして「その他」の規定に該当する障害種別は現在のところ、「自閉症・情緒障害」の特別支援学級と「言語障害」の特別支援学級が認められている。ここで初めて「自閉症」という障害種別が教育の対象として出てくることになる。ところが特別支援学校に行くと、自閉症のある児童生徒に出会うことが多くある。特別支援学校の教育の対象とする障害種別に「自閉症」はないが、なぜ「自閉症」の児童生徒が在籍しているのか不思議に思うかもしれない。それは特別支援学校に在籍している「自閉症」のある児童生徒は全て知的障害も併せ有しているからである。知的障害のある児童生徒として、知的障害を教育の対象とする特別支援学校に在籍しているのである。では、小学校において知的障害を併せ有する自閉症の児童がいる場合には、「知的障害」の特別支援学級に在籍することになるのか、それとも「自閉症・情緒障害」の特別支援学級に在籍することになるのかと疑問が湧いてくるであろう。それはどちらが主たる障害なのかによることになる。それは、教育委員会が設置する「就学支援委員会」という会議で、保護者の意見などを聴きながら有識者などが構成する委員が合議して決めることになる。

なお、第81条は特別支援学級だけでなく、通常の学級、２年１組とか３年３組といった20人、30人の児童生徒が学ぶ学級でも、特別な支援が必要な子どもたちが在籍している場合には、その子どもの支援の必要性に応じた教育を行う必要があることを示している。

❖ 第５節　通級による指導

1. 通級による指導の設置

もう１つ、障害のある子どもが学ぶ特別な教育の場として法令で定められているのが「通級による指導」である。それは学校教育法施行規則といわれる文部科学省が定める省令によって規定されている。学校教育法施行規則第140条には「小学校、中学校、義務教育学校、高等学校又は中等教育学校において、次の各号のいずれかに該当する児童又は生徒（特別支援学級の児童及び生徒を除く。）のうち当該障害に応じた特別の指導を行う必要があるものを教育する場合には、文部科学大臣が別に定めるところにより、第五十条第一項…（略）…の規定にかかわらず、特別の教育課程によることができる」と示されている。

「通級による指導」は、よく「通級指導教室」といわれることがある。「特別支援学級」と比較すると設置されている小学校、中学校の数は少ない。「教室」とあることから分かるように、「学級」ではない。「学級は、同学年の児童又は生徒で編制するものとする」と、「公立義務教育諸学校の学級編制及び教職員定数の標準に関する法律」では定められている。つまり、「学級」には、そこに在籍する児童生徒が必要ということである。そして、「学級」があってはじめて教員の定数が置かれることになる。しかし、「通級による指導」では、教員は配置されるが、そこに在籍する児童生徒はいない。だから「指導」であり、「教室」と称される。では、「通級による指導」の対象となる児童生徒はどこにいるのか。それは「通常の学級」である。普段は「通常の学級」で学ぶが、「特別の教育課程」で学ぶときだけ、「通級指導教室」へ来て、そこで「通級指導教室」の先生から学ぶのである。だから、「通級による指導」で対象となる児童生徒は、比較的軽度の障害のある子どもとなる。

2. 通級の指導において対象となる障害の種類

学校教育法施行規則第140条には、対象となる障害の種別も示されており、「言語障害」、「自閉症」、「情緒障害」、「弱視」、「難聴」、「学習障害」、「注意欠陥多動性障害」、「その他障害のある者で、この条の規定により特別の教育課程による教育を行うことが適当なもの」とされている。いわゆる「発達障害」とされている「自閉症」、「学習障害」、「注意欠陥多動性障害」が、特別の教育課程の対象となっていることが分かる。発達障害のある児童生徒は通常の学級に在籍しつつ、このような「通級による指導」で学ぶことができる。よって、各教科等の指導は「通常の学級」で学び、特別の教育課程の指導である「自立活動」を「通級による指導」で学ぶということになる。

3. 自校通級と他校通級

学校教育法施行規則第141条では、「前条の規定により特別の教育課程による場合においては、校長は、児童又は生徒が、当該小学校、中学校、義務教育学校、高等学校又は中等教育学校の設置者の定めるところにより他の小学校、中学校、義務教育学校、高等学校、中等教育学校又は特別支援学校の小学部、中学部若しくは高等学校において受けた授業を、当該小学校、中学校、義務教育学校、高等学校又は中等教育学校において受けた当該特別の教育課程に係る授業とみなすことができる」と示されている。これは該当する児童生徒が自分の学校に「通級指導教室」がない場合に、近くの別の学校の「通級指導教室」へ行って、そこで受けた授業を、自分の学校で受けた授業としてみなすことができるという規定である。自分の学校に「通級指導教室」があって、そこで特別の教育課程による指導を受けることを「自校通級」、他の学校の「通級指導教室」へ行き、そこで特別の教育課程による指導を受けることを「他校通級」という。

第3章 特別支援教育における教育課程編成の基本

本章の目的 特別支援学校・特別支援学級・通級による指導の教育課程について理解すること

キーワード 特別支援学校教育要領・学習指導要領、自立活動、特別の教育課程

第1節　教育課程編成の原理

1. 教育課程とは

特別支援学校の教育課程について説明する前に、「教育課程」とは何かについて解説したい。「教育課程」という言葉を聞いて、どのようなことを思い浮かべるだろうか。教科名と授業の時間数が定めてある表のようなものだろうか。教えることが箇条書きに列挙してあるメニューのようなものだろうか。では、「教育課程とは何か。説明しなさい」といわれたら、どのように説明するだろうか。現職の教師であっても、このような問いに答えるのは難しいかもしれない。

我が国の学校における教育課程を説明した公的な文書に「学習指導要領」がある。文部科学省が公示している。他に「学習指導要領」を詳しく解説した冊子である「学習指導要領解説」というものがあり、これも文部科学省が編集を行い、民間の出版社が発行している。この「学習指導要領解説」の一つである「小学校学習指導要領解説総則編」の「第２章　教育課程の基準」の「第１節　教育課程の意義」には、この「教育課程」の説明が示されている。

「学校において編成する教育課程については、学校教育の目的や目標を達成するために、教育の内容を児童の心身の発達に応じ、授業時数との関連において総合的に組織した各学校の教育計画であると言うことができ」るとある。つまり、「総合的に組織した学校の教育計画」であるとしている。さらに、学校において編成する教育課程をこのようにとらえた場合、「学校の教育目標の設定、指導内容の組織及び授業時数の配当が教育課程の編成の基本的な要素になってくる」と示している。「教育課程」を形づくる基本的な要素には「教育目標」、「指導内容の組織」、「授業時数の配当」があるとしている。

2. 指導内容の組織－「スコープ」と「シークエンス」

この中に「指導内容の組織」という言葉がある。これはどういう意味かというと、「何を、どのような順番で教えるか」ということである。つまり、教育課程編成の原理のことである。教育課程編成の原理は２つの原理からなる。１つは「スコープ；scope」

である。教育課程編成における内容選択の「領域・範囲」を定める原理である。「何を教えるのか」に相当する。

もう１つは「シークエンス；sequence」である。教育課程編成における内容構成の「系列・配列」を定める原理である。「どのような順番で教えるのか」に相当する。例えば、小学校算数科において、第１学年では、何を教えるのかを考えてみよう。発達段階から考えて、「数と計算」だったら、１桁の足し算とか引き算とかが考えられるだろう。その前に、数を数えられないといけないから、物の個数と数を対応させるところから始めないといけない。そうすると、次にくるのは、順番が分からないといけないからと、「何を、どのような順番で教えるのか」を考えていく。これが「教育課程編成」であり、「指導内容の組織」である。

3.「系統主義」と「経験主義」

教育課程編成の原理として「スコープ」と「シークエンス」があり、その例として小学校算数科の第１学年の入門の周辺を取り上げたが、この「スコープ」と「シークエンス」の方法には大きく分けると、２つの考え方がある。

１つは今回例を挙げた方法で、これは「教科カリキュラム」とか「系統主義」と呼ばれる教育課程編成の考え方に基づいた「スコープ」と「シークエンス」の在り方である。「教科カリキュラム」とは、「人類が蓄積してきた科学や芸術などの文化的遺産の学問的分野領域に基づいて、教育的価値や子どもの発達段階に則して選択し配列した『教科』を中心としたカリキュラム」のことである。我が国の小学校の教育課程編成は、この「教科カリキュラム」によって編成されているといってもいい。これは、中学校も高等学校も同様である。特別支援学校の教育課程も基本はそうなっている。

もう１つの考え方は「経験カリキュラム」とか「経験主義」と呼ばれる教育課程編成の考え方である。「経験カリキュラム」とは、「子どもの日常生活上の興味や要求から出発し、周囲の文化や社会生活の経験に基づきながら理解を深め、社会参加していけるような目的的な経験によって構成されたカリキュラム」のことである。これは「秋を見つけよう！」とか、「おじいちゃん、おばあちゃんの知っている昔の遊びをやってみよう！」といったように、子どもの興味・関心や学校のある地域の実態からつくる活動のまとまりで単元を構成し、それを最も適切な時期に合わせて配列して教育課程を編成する。先ほども述べたように我が国の「学校」の教育課程編成の基本的な考え方は「教科カリキュラム」である。

では「経験カリキュラム」によって編成された教育課程はないのかといわれれば、そんなことはない。まず、幼稚園は経験カリキュラムで編成する。身近な幼稚園の教育課程を探してみるとよい。どのような単元が配列されているであろうか。まさに、幼児の興味関心に基づいた遊びで、単元が構成されているであろう。実は小学校以上の学校教育においても、全てが全て「教科カリキュラム」ではない。小学校第１学年及び第２学年のみに設定されている教科である「生活科」は教科の一つであるにもかかわらず、その指導内容を見ると、低学年の児童が興味関心をもちそうな活動主体の単元で構成されていることが分かるであろう。

また、小学校第３学年以上に設定されている「総合的な学習の時間」も「経験カリキュラム」と考えてよい。総合的な学習の時間のカリキュラムは、目標から全て各学校で定めることができるとなっていて、まさに学校ごとに、各学年で異なったカリキュラム編成ができるようになっている。それぞれの学校の所在する地域の課題を選定したり、児童生徒自らが課題を探究して設定したりすることができるようになっていて、教科横断的な経験カリキュラムといえる。

第２節　特別支援学校における教育課程編成の基準

1. 特別支援学校の教育課程編成に係る法令

我が国の学校における教育課程は、基本的な考え方は前節で示したとおり、「学校において編成する」とされており、各学校が教育課程編成の権限をもっている。これもまた法令に基づいて定められている。しかし、各学校の教育課程を編成する権限は、法令の定める範囲内においてとされている。

その法令の定める範囲内とは、特別支援学校の場合は、学校教育法第77条において「特別支援学校の幼稚部の教育課程その他の保育内容、小学部及び中学部の教育課程又は高等部の学科及び教育課程に関する事項は、幼稚園、小学校、中学校又は高等学校に準じて、文部科学大臣が定める」とされている。つまり、教育課程に関する詳しいことは学校の主務官庁である文部科学省の長たる文部科学大臣が決めると定めている。これを受けて、文部科学大臣は文部科学省が定める規則である学校教育法施行規則の第129条において「特別支援学校の幼稚部の教育課程その他の保育内容並びに小学部、中学部及び高等部の教育課程については、この章に定めるもののほか、教育課程その他の保育内容又は教育課程の基準として文部科学大臣が別に公示する特別支援学校幼稚部教育要領、特別支援学校小学部・中学部学習指導要領及び特別支援学校高等部学習指導要領によるものとする」として、各学校の教育要領又は学習指導要領で定めるとしている。すなわち、特別支援学校の教育課程の基準は、幼稚部であれば「特別支援学校幼稚部教育要領」、小学部と中学部であれば「特別支援学校小学部・中学部学習指導要領」、高等部であれば「特別支援学校高等部学習指導要領」で示されているとしているのである。

2. 特別支援学校教育要領・学習指導要領

これら特別支援学校教育要領・学習指導要領を開いてみよう。特別支援学校の各学部における教育は、それぞれの学部段階に対応して、通常の学校である、幼稚園、小学校、中学校及び高等学校に準じた教育を行うことになっているため、特別支援学校幼稚部教育要領は、幼稚園教育要領に、特別支援学校小学部・中学部学習指導要領は、小学校学習指導要領及び中学校学習指導要領に、特別支援学校高等部学習指導要領は、高等学校学習指導要領を見るように示されている箇所が多々ある。そして、これらは文部科学省が公示という形で広く国民に知らせており、文部科学省ホームページにもその最新版が

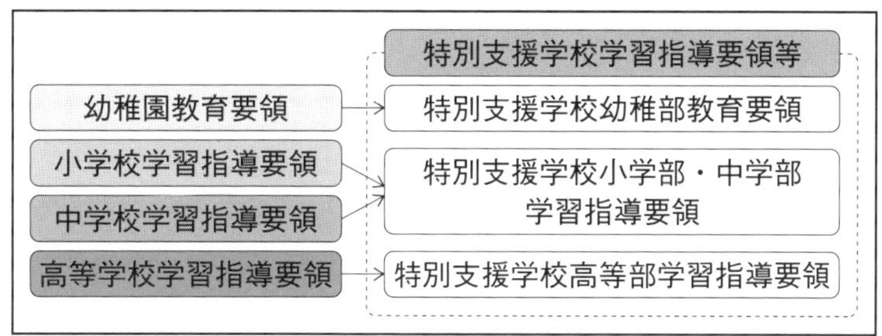

図３－１　特別支援学校教育要領・学習指導要領と各学校の教育要領・学習指導要領の対応

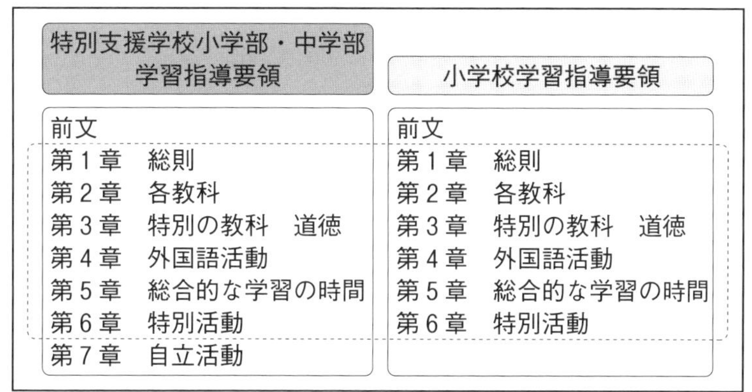

図３－２　特別支援学校小学部・中学部学習指導要領と小学校学習指導要領の比較

示されている。各特別支援学校はこれら特別支援学校教育要領・学習指導要領に基づいて、その範囲内で学部ごとに教育課程を編成することになる（図３－１）。

では、次に教育課程の基準である学習指導要領の内容を見ていこう。例として、特別支援学校小学部・中学部学習指導要領を手にとって、その目次を見てもらいたい。「前文」に続いて、「第１章　総則」から、「第６章　特別活動」、そして最後に「第７章　自立活動」があることが分かるであろう。では、特別支援学校小学部が準じた教育を行う小学校の学習指導要領の目次を見てみよう。「前文」から始まり、「第１章　総則」から「第６章　特別活動」があり、これは特別支援学校小学部・中学部学習指導要領と、全く同じである。確かに「準ずる教育」を行っていることが分かる。異なっている点は、特別支援学校小学部・中学部学習指導要領に、「第７章　自立活動」という章がある点である。これこそが、学校教育法第72条の特別支援学校の目的にある「障害による学習上又は生活上の困難を克服し自立を図るために必要な知識技能を授ける」教育の領域を示しているのである。これが特別支援学校のみに設定されている「自立活動」という領域である（図３－２）。

❖ 第3節　特別支援学校教育要領・学習指導要領における自立活動

1. 自立活動とは

自立活動とは何か。まず、特別支援学校小学部・中学部学習指導要領の「第７章　自立活動」の「第１　目標」を見てもらいたい。そこには「個々の児童又は生徒が自立を目指し、障害による学習上又は生活上の困難を主体的に改善・克服するために必要な知識、技能、態度及び習慣を養い、もって心身の調和的発達の基盤を培う」と示されている。これが自立活動なのである。障害のある子どもの知識・技能・態度及び習慣を育て、心身の調和的発達の基盤を培う教育の領域であるということである。

また、特別支援学校小学部・中学部学習指導要領の「第１章　総則」の「第２節２（４）」には、「学校における自立活動の指導は、障害による学習上又は生活上の困難を改善・克服し、自立し社会参加する資質を養うため、自立活動の時間はもとより、学校の教育活動全体を通じて適切に行うものとする」とされ、どのように自立活動を行うのかという意味で「自立活動の時間」と「学校の教育活動全体」で行うと示している（図３－３）。

さらに続いて「自立活動の時間」における指導は、各教科等と密接な関連を図りながら指導するとされている。そして、個々の子どもの障害の状態や発達段階といった実態を的確に把握し、指導計画を立てて行うようにと定められている。このように、特別支援学校では、小学校・中学校等と同様の各教科等の指導の他に、個々の障害による学習上又は生活上の困難を改善・克服するための指導が必要となるために、自立活動という教育の領域を、教育課程において特別に設けているのである。

よって、自立活動の指導は個別指導が原則となってくる。それは、同じ学級の中に在籍している子どもであっても、個々の子どもの障害の状態や発達段階が異なっていることから、その実態に則して指導を行うことが基本となるからである。そこで、個々の子どもの実態を的確に把握し、個別に指導の目標や具体的な指導内容を定めた「個別の指導計画」を作成して、実際の指導を行うことになっている。

また、自立活動の指導は、時間割の中に設けられた「自立活動の時間」の指導と、各

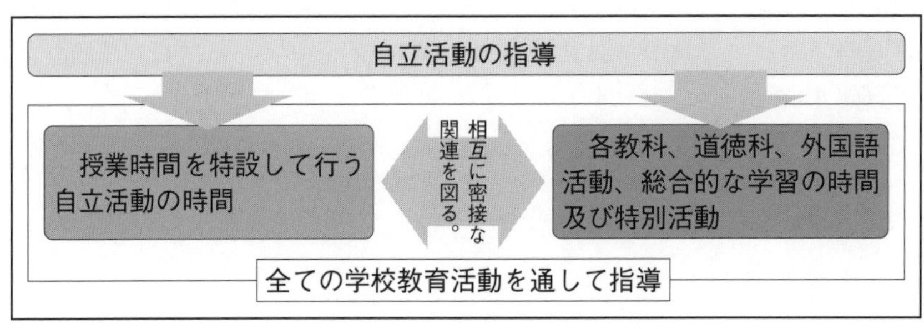

図３－３　自立活動の指導

教科等の中で、「自立活動の時間」と密接に関連させながら行う指導がある。これらの指導を行うことで「学校の教育活動全体」を通しての指導を行うことができるのである。つまり、特別支援学校の教育課程において、自立活動は重要な位置を占めているといえる。

2. 自立活動の内容

では、次に自立活動の内容とはどのようなものであるかを見ていこう。「第７章　自立活動」の「第２　内容」を見てみよう。箇条書きで並んだ項目が二十数個並んでいるのが目に入るであろう。自立活動の「内容」は、人間としての基本的な行動を遂行するために必要な要素と、障害による学習上又は生活上の困難を改善・克服するために必要な要素で構成されており、それらの代表的な要素である27項目を、６つの区分「健康の保持」、「心理的な安定」、「人間関係の形成」、「環境の把握」、「身体の動き」、「コミュニケーション」に分類・整理したものである。これらは、幼稚部、小学部、中学部、高等部まで共通の「内容」であり、視覚障害、聴覚障害、知的障害、肢体不自由、病弱の障害種別においても共通した「内容」で示されている（表３-１）。

ただ、これでは、子どもを目の前にして、どのような指導をしていいのかが分からないと、いわれるかもしれない。それは「内容」を、まさに「要素」で示しているからである。個々の幼児児童生徒に設定される具体的な「指導内容」は、自立を目指して設定される指導の目標を達成するために、学習指導要領等に示されている「内容」の中から必要な項目を選定し、それらを相互に関連付けて設定されることになる。子どもの実態を把握し、それに基づいて、個別の目標を設定して、それを達成するために必要な「内容」を選んで、相互に関連づけて、実際に指導する内容となる「指導内容」を定めて、指導を行う（図３-４）。

そのため、先にも述べた「個別の指導計画」が必要となってくる。そこには、まさに一人一人の子どもの「目標」と「指導内容」、そして、指導方法といえる「手立て」と、指導後の「評価」が具体的に記載されているはずである。後の章において、各障害種別の自立活動における具体的な「指導内容」が記されているので、これから後は、各障害種別の章を参照されたい。

❖ 第４節　特別支援学級、通級による指導における「特別の教育課程」

1. 特別支援学級の教育課程

特別支援学級の教育課程はどのようになっているのであろうか。特別支援学級は、あくまでも小学校及び中学校に設置された１つの学級である。１年２組とか、３年３組といった学級と同様に設置されている学級である。よって、小学校の特別支援学級であれば、小学校学習指導要領に、中学校の特別支援学級であれば、中学校学習指導要領に基づいて教育課程を編成し、教育を行わなければならない。しかし、それでは特別支援学

表３-１　自立活動の６区分27項目の「内容」（文部科学省、2018）

１　健康の保持	２　心理的な安定	３　人間関係の形成
（１）生活のリズムや生活習慣の形成に関すること。 （２）病気の状態の理解と生活管理に関すること。 （３）身体各部の状態の理解と養護に関すること。 （４）障害の特性の理解と生活環境の調整に関すること。 （５）健康状態の維持・改善に関すること。	（１）情緒の安定に関すること。 （２）状況の理解と変化への対応に関すること。 （３）障害による学習上又は生活上の困難を改善・克服する意欲に関すること。	（１）他者とのかかわりの基礎に関すること。 （２）他者の意図や感情の理解に関すること。 （３）自己の理解と行動の調整に関すること。 （４）集団への参加の基礎に関すること。

４　環境の把握	５　身体の動き	６　コミュニケーション
（１）保有する感覚の活用に関すること。 （２）感覚や認知の特性についての理解と対応に関すること。 （３）感覚の補助及び代行手段の活用に関すること。 （４）感覚を総合的に活用した周囲の状況についての把握と状況に応じた行動に関すること。 （５）認知や行動の手掛かりとなる概念の形成に関すること。	（１）姿勢と運動・動作の基本的技能に関すること。 （２）姿勢保持と運動・動作の補助的手段の活用に関すること。 （３）日常生活に必要な基本動作に関すること。 （４）身体の移動能力に関すること。 （５）作業に必要な動作と円滑な遂行に関すること。	（１）コミュニケーションの基礎的能力に関すること。 （２）言語の受容と表出に関すること。 （３）言語の形成と活用に関すること。 （４）コミュニケーション手段の選択と活用に関すること。 （５）状況に応じたコミュニケーションに関すること。

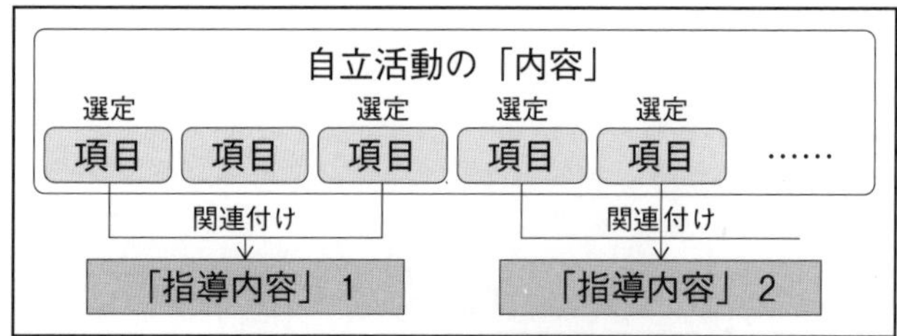

図３-４　自立活動の指導内容

級という学級を設置する意味がなくなってしまう。そこで、文部科学省が定める規則である学校教育法施行規則第138条には「小学校、中学校若しくは義務教育学校又は中等教育学校の前期課程における特別支援学級に係る教育課程については、特に必要がある場合は、第五十条第一項…（略）…の規定にかかわらず、特別の教育課程によることができる」とされており、小学校学習指導要領及び中学校学習指導要領に従いつつも、特例として「特別の教育課程」によって編成することができるとされているのである。

その「特別の教育課程」とは何かというと、それは小学校学習指導要領の「第1章　総則」の「第4　児童の発達の支援」に「特別支援学校小学部・中学部学習指導要領第7章に示す自立活動を取り入れること」と「各教科の目標や内容を下学年の教科の目標や内容に替えたり、各教科を、知的障害者である児童に対する教育を行う特別支援学校の各教科に替えたりするなどして、実態に応じた教育課程を編成すること」と示されている。特別支援学級における「特別の教育課程」は、自立活動を行うことと、下学年の目標や内容に置き替えたり、さらには知的障害特別支援学校の教育課程にある教科に置き替えたりしてもよいとされているのである。このように、特別支援学級では、個々の子どもの障害の実態に応じた教育課程の編成ができるようになっている。

2. 通級による指導の教育課程

通級による指導の教育課程も、学校教育法施行規則第140条に示されているように「特別の教育課程によることができる」とされており、通級による指導の「特別の教育課程」は、小学校学習指導要領及び中学校学習指導要領に示されている。小学校学習指導要領の「第1章　総則」の「第4　児童の発達の支援」に「通級による指導を行い、特別の教育課程を編成する場合には、特別支援学校小学部・中学部学習指導要領第7章に示す自立活動の内容を参考とし、具体的な目標や内容を定め、指導を行うものとする」と示されている。すなわち、通級による指導の「特別の教育課程」とは、自立活動の指導を行うことであるといえる。また、特別支援学級も通級による指導も、「特別の教育課程」では、自立活動の指導を行うことになるので、当然「個別の指導計画」が必要となる。

このように、特別支援学級も通級による指導も、小学校及び中学校に設置された学級ないしは教室ではあるが、特例的に「特別の教育課程」を編成することができるとなっており、その際には特別支援学校学習指導要領等を参考にして、自立活動の指導を行うことが求められているのである。

【引用・参考文献】

文部科学省（2018）特別支援学校幼稚部教育要領／小学部・中学部学習指導要領（平成29年4月告示）海文堂出版.

第4章 特別支援学校幼稚部の教育

本章の目的 特別支援学校幼稚部における教育について理解すること
キーワード 特別支援学校幼稚部教育要領、幼稚園教育要領、自立活動

第1節 特別支援学校幼稚部とは

1. 幼稚部の設置

第2章で述べたとおり、特別支援学校には学部がある。学校教育法第76条には「特別支援学校には、小学部及び中学部を置かなければならない。ただし、特別の必要のある場合においては、そのいずれかのみを置くことができる」とあり、義務教育の小学校及び中学校に相当する学部である小学部と中学部の設置について示した後に、「② 特別支援学校には、小学部及び中学部のほか、幼稚部又は高等部を置くことができ、また、特別の必要のある場合においては、前項の規定にかかわらず、小学部及び中学部を置かないで幼稚部又は高等部のみを置くことができる」としている。第2項には、義務教育ではない幼稚園及び高等学校に相当する学部である幼稚部と高等部の設置が示されている。さらに、幼稚部のみの特別支援学校ないしは高等部のみの特別支援学校をつくってもよいとされている。

実際の特別支援学校は多くの場合、小学部・中学部・高等部を設置していることが多い。ただし、視覚障害、聴覚障害を教育の対象とする特別支援学校は、幼稚部も設置していることが多い。つまり、幼稚部・小学部・中学部・高等部と4つの学部があることになる。一方、知的障害、肢体不自由、病弱を教育の対象とする特別支援学校は、先に述べた小学部・中学部・高等部がほとんどであって、幼稚部を設置した特別支援学校はごく少数である。九州・沖縄地区でいうと、大分県に「大分県立別府支援学校鶴見校(肢体不自由)」、熊本県に「熊本県立松橋東支援学校(肢体不自由)」、宮崎県に「宮崎県立赤江まつばら支援学校(病弱)」があり、沖縄県は「沖縄県立西崎特別支援学校(知的障害)」「沖縄県立美咲特別支援学校(知的障害)」「沖縄県立島尻特別支援学校(知的障害・肢体不自由)」があるのみである。

2. 学部の設置における歴史的な経緯

学校種によってこれだけ異なっているのは、歴史的な経緯の影響が大きいと考えている。視覚障害、聴覚障害は1878年に京都に盲唖院が、我が国で初めての盲唖学校(盲学校と聾学校を併せた学校)として設立されたことに始まる。その2年後となる1880年に

は東京にも楽善会訓盲院という盲唖学校が設立され、その後、明治、大正、昭和と戦前までには全国各地に盲学校、聾学校が設立されて、視覚障害や聴覚障害のある子どもへの教育が行われていく。戦後すぐに再開されたのも、それら戦前からあった盲学校、聾学校からであった。その中で、早期教育の必要性が叫ばれるようになり、各学校は幼稚部を設置していった経過がある。

一方、知的障害、肢体不自由、病弱のある子どもは、生活そのものを支えていく必要があった。また、特に肢体不自由や病弱のある子どもの場合は、医療的な措置も必要であった。そのため、戦前は福祉の施設として、または病院に併設された施設としての設置が先行していったのである。教育は、東京、大阪、京都などの大都市の限られた小学校に特別学級を設置して進められることがあったものの、特に小学校へ入学する前の子どもたちへの教育は、その福祉や医療の施設の中で行われることがほとんどであった。戦後も生活や医療的な措置の必要性から、小学校入学前の知的障害、肢体不自由、病弱の子どもたちの教育は引き続き療育施設と呼ばれるようになる福祉の施設や医療系の施設の中で行われた。それは今も同様である。そのため、戦後しばらくして、設置されるようになった養護学校は、小学部以上の学部で学校が設立されるようになる。知的障害、肢体不自由、病弱のある小学校入学前の子どもたちの教育は、今もこのような福祉系・医療系の療育施設や病院が担っていることが多い。

第２節　特別支援学校幼稚部の教育課程

1. 特別支援学校幼稚部教育要領

特別支援学校幼稚部の教育課程については、第３章で示したとおり学校教育法第77条に「特別支援学校の幼稚部の教育課程その他の保育内容、小学部及び中学部の教育課程又は高等部の学科及び教育課程に関する事項は、幼稚園、小学校、中学校又は高等学校に準じて、文部科学大臣が定める」と示されている。この「文部科学大臣が定める」というのが、文部科学省の定める規則となる学校教育法施行規則129条に「特別支援学校の幼稚部の教育課程その他の保育内容並びに小学部、中学部及び高等部の教育課程については、この章に定めるもののほか、教育課程その他の保育内容又は教育課程の基準として文部科学大臣が別に公示する特別支援学校幼稚部教育要領、特別支援学校小学部・中学部学習指導要領及び特別支援学校高等部学習指導要領によるものとする」とあることから、特別支援学校幼稚部の教育課程の基準は特別支援学校幼稚部教育要領となる。

2. 特別支援学校幼稚部教育要領と幼稚部教育要領の比較

それでは、次に特別支援学校幼稚部が準じた教育を行っている幼稚園の教育課程の基準である幼稚園教育要領と比較してみていこう。特別支援学校幼稚部教育要領と幼稚園教育要領の、それぞれの目次を比較してみると、ほぼ同じことが記載されているが分かるであろう。ただし、幼稚園教育要領にある「幼稚園教育」は、特別支援学校幼稚部教育要領では「幼稚部における教育」と読み替えておく必要がある。それであっても、い

特別支援学校幼稚部教育要領	幼稚園教育要領
前文 第1章　総則 第1　幼稚部における教育の基本 第2　幼稚部における教育の目標 第3　幼稚部における教育において育みたい資質・能力及び「幼児期の終わりまでに育ってほしい姿」 第4　教育課程の役割と編成等 第5　指導計画の作成と幼児理解に基づいた評価 第6　特に留意する事項 第7　幼稚部に係る学校運営上の留意事項 第8　教育課程に係る教育時間終了後等に行う教育活動など 第2章　ねらい及び内容 健康、人間関係、環境、言葉及び表現 自立活動	前文 第1章　総則 第1　幼稚園教育の基本 第2　幼稚園教育において育みたい資質・能力及び「幼児期の終わりまでに育ってほしい姿」 第3　教育課程の役割と編成等 第4　指導計画の作成と幼児理解に基づいた評価 第5　特別な配慮を必要とする幼児への指導 第6　幼稚園運営上の留意事項 第7　教育課程に係る教育時間終了後等に行う教育活動など 第2章　ねらい及び内容 健康 人間関係 環境 言葉 表現 第3章　教育課程に係る教育時間の終了後等に行う教育活動などの留意事項

図4－1　特別支援学校幼稚部教育要領と幼稚園教育要領の比較

くつか異なった点があることが分かる。それは何だろうか。

まず、特別支援学校幼稚部教育要領にあって、幼稚園教育要領にないものは何だろうか。「第1章　総則」においては、「第2　幼稚部における教育の目標」、「第6　特に留意する事項」と「第2章　ねらい及び内容」においては、「自立活動」である。

次に、特別支援学校幼稚部教育要領になくて、幼稚園教育要領にはあるものは何だろうか。「第1章　総則」においては「第5　特別な配慮を必要とする幼児への指導」であり、「第3章　教育課程に係る教育時間の終了後等に行う教育活動などの留意事項」である。ただ、幼稚園教育要領にある「第5　特別な配慮を必要とする幼児への指導」は、特別支援学校幼稚部教育要領では「第6　特に留意する事項」に差し替えてあると考えることもできる（図4－1）。

第3節　特別支援学校幼稚部における教育の基本

では、共通部分で最も重要なことである、「第1章　総則」における「第1　幼稚部における教育の基本」を見てみよう。幼稚園教育要領の「第1章　総則」における「第1　幼稚園教育の基本」とほとんど同じ記述となっている。「教育の基本」は全く同じであると考えてよい。それは、次の3項目に分かれて記述されている。

> 1　幼児は安定した情緒の下で自己を十分に発揮することにより発達に必要な体験を得ていくものであることを考慮して、幼児の主体的な活動を促し、幼児期にふさわしい生活が展開されるようにすること。
> 2　幼児の自発的な活動としての遊びは、心身の調和のとれた発達の基礎を培う重要な学習であることを考慮して、遊びを通しての指導を中心として第２章に示すねらいが総合的に達成されるようにすること。
> 3　幼児の発達は、心身の諸側面が相互に関連し合い、多様な経過をたどって成し遂げられていくものであること、また、幼児の生活経験がそれぞれ異なることなどを考慮して、幼児一人一人の特性に応じ、発達の課題に即した指導を行うようにすること。

これは、特別支援学校幼稚部であれ、幼稚園であれ、共通する教育の基本である。特に「幼児の主体的な活動を促し、幼児期にふさわしい生活が展開されるようにすること」「幼児の自発的な活動としての遊びは、心身の調和のとれた発達の基礎を培う重要な学習であること」、「幼児一人一人の特性に応じ、発達の課題に則した指導を行うようにすること」といったそれぞれの文末にある記述はしっかり読み込んでおいてほしい。幼児が周囲の環境（周りの子どもと大人を含む）に自分から働きかけて行う遊びが学習であって、そのためには、教師は幼児一人一人が遊びに夢中・没頭できるような指導を行うことが求められる。教師が幼児一人一人の理解を深めることにより、個々の幼児に対して発達の課題をもってかかわることができるかが大切になるということである。

第４節　特別支援学校幼稚部における教育の目標

1. 幼稚園教育の目的と目標

次に特別支援学校幼稚部教育要領と幼稚園教育要領の異なっている箇所について考えてみる。

特別支援学校幼稚部教育要領には、「第１章　総則」において「第２　幼稚部における教育の目標」が示されている。幼稚園教育要領には該当する箇所がない。それはなぜだろうか。特別支援学校の目的は、第２章で説明したとおり学校教育法第72条で示されている。幼稚園の目的も学校教育法第22条に次のように示されている。

> 第二十二条　幼稚園は、義務教育及びその後の教育の基礎を培うものとして、幼児を保育し、幼児の健やかな成長のために適当な環境を与えて、その心身の発達を助長することを目的とする。

その次の条項である学校教育法第23条には、幼稚園の目標が次のとおり定めてある。

第二十三条　幼稚園における教育は、前条に規定する目的を実現するため、次に掲げる目標を達成するよう行われるものとする。

一　健康、安全で幸福な生活のために必要な基本的な習慣を養い、身体諸機能の調和的発達を図ること。

二　集団生活を通じて、喜んでこれに参加する態度を養うとともに家族や身近な人への信頼感を深め、自主、自律及び協同の精神並びに規範意識の芽生えを養うこと。

三　身近な社会生活、生命及び自然に対する興味を養い、それらに対する正しい理解と態度及び思考力の芽生えを養うこと。

四　日常の会話や、絵本、童話等に親しむことを通じて、言葉の使い方を正しく導くとともに、相手の話を理解しようとする態度を養うこと。

五　音楽、身体による表現、造形等に親しむことを通じて、豊かな感性と表現力の芽生えを養うこと。

2. 特別支援学校幼稚部における教育の目標

特別支援学校は学校の目的が学校教育法第72条に示してあるが、学校の目標は、上に示した幼稚園の目標のように、学校教育法には示されていない。それは、特別支援学校は、教育の対象である幼児児童生徒の年齢が3歳から18歳までと幅広く、その学校段階に応じて学部が設置されているため、「学校の目標」ではなく、「学部の目標」となるからである。そこで、学校教育法で規定するのではなく、教育要領・学習指導要領で示すことになっている。そのため、特別支援学校幼稚部教育要領には「第2　幼稚部における教育の目標」が幼稚園教育要領とは異なって、新たに設けられているのである。

特別支援学校幼稚部における教育の目標は、特別支援学校幼稚部教育要領に次のように示されている。

幼稚部では、家庭との連携を図りながら、幼児の障害の状態や特性及び発達の程度等を考慮し、この章の第1に示す幼稚部における教育の基本に基づいて展開される学校生活を通して、生きる力の基礎を育成するよう次の目標の達成に努めなければならない。

1　学校教育法第23条に規定する幼稚園教育の目標

2　障害による学習上又は生活上の困難を改善・克服し自立を図るために必要な態度や習慣などを育て、心身の調和的発達の基盤を培うようにすること

「1　学校教育法第23条に規定する幼稚園教育の目標」は、準ずる教育の目標であり、

先に示した学校教育法第23条における幼稚園教育の目標と同じということである。そして、「２　障害による学習上又は生活上の困難を改善・克服し自立を図るために必要な態度や習慣などを育て、心身の調和的発達の基盤を培うようにすること」が、第３章で解説した自立活動の目標となる。このように、特別支援学校幼稚部における教育の目標は、準ずる教育である幼稚園の目標の５つに加えて自立活動の目標が１つあることになる。

❖第５節　特別支援学校幼稚部における指導の留意事項

1.「特に留意する事項」とは

次に異なっている箇所としては、特別支援学校幼稚部教育要領の「第１章　総則」において「第６　特に留意する事項」が示されている点である。幼稚園教育要領には該当する箇所がないわけではなくて、幼稚園教育要領の「第１章　総則」における「第５　特別な配慮を必要とする幼児への指導」が差し替えられていると考えた方がよいだろう。特別支援学校幼稚部に在籍する幼児は、幼稚園でいうところの「特別な配慮を必要とする幼児」と考えられるわけだから、「特に留意する事項」としているのだろうと考えられる。そこには、特別支援学校幼稚部に在籍する幼児の５つの障害種別ごとの指導の留意事項や重複障害のある幼児の指導の留意事項が示されていることからも分かる。

2. 知的障害特別支援学校幼稚部における指導の留意事項

知的障害特別支援学校幼稚部における指導の留意事項は次のように示されている。

> 幼児の活動内容や環境の設定を創意工夫し、活動への主体的な意欲を高めて、発達を促すようにすること。また、ゆとりや見通しをもって活動に取り組めるよう配慮するとともに、周囲の状況に応じて安全に行動できるようにすること。

「活動への主体的な意欲を高め」るとは、教師も一緒になって遊びや活動に参加し、知的障害のある幼児に次もやってみたい、もっと遊びたいという気持ちをもたせるような言葉かけや関わりをすることである。「ゆとりや見通しをもって活動に取り組めるよう」にするとは、同じ時間には同じような活動をするといった帯の日課として、知的障害のある幼児のとって分かりやすい日課を準備し、遊びの時間を十分に確保して達成感をもたせるということである。

3. 肢体不自由特別支援学校幼稚部における指導の留意事項

肢体不自由特別支援学校幼稚部における指導の留意事項は次のように示されている。

幼児の姿勢保持や上下肢の動き等に応じ、進んで身体を動かそうとしたり、活動に参加しようとしたりする態度や習慣を身に付け、集団への参加ができるようにすること。また、体験的な活動を通して、基礎的な概念の形成を図るようにすること。

「姿勢保持や上下肢の動き等に応じ、進んで身体を動かそうとしたり、活動に参加しようとしたりする」とは、肢体不自由のある幼児の良肢位保持*1を基本として、遊びの中で自ら身体を動かそうとする遊びを教師も一緒になって楽しく遊ぶことである。「体験的な活動を通して、基礎的な概念の形成を図るようにする」とは、様々な活動や補助具を準備し、肢体不自由のある幼児が直接的な体験を積み重ね、経験を広めるようにすることである。

4. 病弱特別支援学校幼稚部における指導の留意事項

病弱特別支援学校幼稚部における指導の配慮事項は次のように示されている。

幼児の病気の状態等を十分に考慮し、負担過重にならない範囲で、様々な活動が展開できるようにすること。また、健康状態の維持・改善に必要な生活習慣を身に付けることができるようにすること。

「負担過重にならない範囲で、様々な活動が展開できるようにする」とは、病弱のある幼児には、様々な活動や遊びを経験することで、できる限り体験的な学習の機会を増やすことが必要ではあるが、病気の種類や状態、体力、健康状態を十分に考慮することがその基本にあるということである。そのために健康状態を維持したり、改善につながったりする生活習慣を身に付けることができるようにするということである。

5. 複数の障害を併せ有する幼児における指導の留意事項

複数の障害を併せ有する幼児の指導の留意事項は次のように示されている。

専門的な知識や技能を有する教師間の協力の下に指導を行ったり、必要に応じて専門の医師及びその他の専門家の指導・助言を求めたりするなどして、全人的な発達を促すようにすること。

心身の発達の遅れやアンバランスさが著しいので、指導に当たっては、医療や療育の

*1　ポジショニングともいい、肢体不自由者の関節の拘縮や変形、体幹を支える筋力低下を予防するために、やや前傾姿勢の座位など、個人の状態に応じた最適な姿勢を見つけて保持することである。姿勢の保持は、全ての運動・動作の基本であり、呼吸・嚥下・排痰などの生命維持に必要な機能を支える筋力の低下を防ぐ意味もある。

機関、あるいは特別支援教育センターなどの専門機関等との連携をしっかり行った上で、個別の指導計画を作成・実施していくことが必要ということである。

❖ 第６節　特別支援学校幼稚部における教育のねらい及び内容

1.「健康」、「人間関係」、「環境」、「言葉」、「表現」のねらい及び内容

「第２章　ねらい及び内容」において異なる箇所は、特別支援学校幼稚部教育要領に、幼稚園教育要領にはない「自立活動」がある点である。「健康」、「人間関係」、「環境」、「言葉」、「表現」といったいわゆる５領域の「ねらい及び内容」については、特別支援学校幼稚部教育要領の「第２章　ねらい及び内容」で次のように示されているとおり、「指導に当たっては、幼児の障害の状態や特性及び発達の程度等に十分配慮するものとする」と示されている以外は、全く同じである。これが準ずる教育であると分かる。

> 健康、人間関係、環境、言葉及び表現のそれぞれのねらい、内容及び内容の取扱いについては、幼稚園教育要領第２章に示すねらい、内容及び内容の取扱いに準ずるものとするが、指導に当たっては、幼児の障害の状態や特性及び発達の程度等に十分配慮するものとする。

そして、特別支援学校幼稚部では、幼稚園教育の５領域に自立活動を含む６つの領域で、幼稚園と同様に「内容は、幼児が環境に関わって展開する具体的な活動を通して総合的に指導」することになる。「環境に関わって展開する具体的な活動」とは遊びを中心とした指導のことである。

2. 自立活動のねらい及び内容

自立活動の「ねらい及び内容」は、第３章で示した特別支援学校小学部・中学部学習指導要領の「第７章　自立活動」と「児童生徒」が「幼児」に、「目標」が「ねらい」になっている以外は全く同じ記載内容となっている。さらに、特別支援学校高等部学習指導要領の「第６章　自立活動」とも同じである。そもそも個々の幼児児童生徒の具体的な指導内容は、指導方法とも密接に関連しており、それぞれの指導方法に言及すると、指導内容が多岐にわたってしまうことになり、教育要領・学習指導要領の示し方としては適当ではないことになる。このことから、教育要領・学習指導要領における自立活動の示し方としては、人間として基本的な行動を遂行するために必要な要素と、障害による学習上又は生活上の困難を改善・克服するために必要な要素を抽出して、代表的な要素を「項目」として、障害種別や学部段階に関係なく共通的に示すとしたのである。

よって、特別支援学校幼稚部における自立活動の指導は第３章に示したことと全く同様に行われることになる。個々の幼児の実態を的確に把握し、それに基づいて、個別の

目標を設定して、それを達成するために必要な「内容」を選び、相互に関連づけて、実際に指導する内容となる具体的な「指導内容」を決める。そして、「個別の指導計画」を作成し、実際の指導を行うことになる。

第5章 特別支援教育における学校と地域・関係機関等との連携

本章の目的 特別支援教育における学校と地域・関係機関等との連携について理解すること

キーワード 特別支援学校のセンター的機能、特別支援教育コーディネーター、交流及び共同学習

第1節　特別支援学校のセンター的機能

1. 学校教育法における特別支援学校のセンター的機能

特別支援学校の目的が、学校教育法第72条に示されているというのは、第2章以降で何度も述べたところであるが、特別支援学校にはもう1つの学校の目的が課せられている。それが「特別支援学校のセンター的機能」である。学校教育法第74条に、「特別支援学校においては、第七十二条に規定する目的を実現するための教育を行うほか、幼稚園、小学校、中学校、義務教育学校、高等学校又は中等教育学校の要請に応じて、第八十一条第一項に規定する幼児、児童又は生徒の教育に関し必要な助言又は援助を行うよう努めるものとする」とあるように、在籍する幼児児童生徒の教育の他に、地域の小学校、中学校等から要請があった場合には、小学校、中学校等の通常の学級等に在籍する特別な配慮が必要な子どもの教育に関して必要な助言又は援助を行うことが、学校の目的として加えられた。

日本の近代の学校制度は、1872年の「学制」に始まったとされるが、「学制」以来、学校は在籍する子どものみに対して教育を行う責任を持っていた。しかし、法制度上において特別支援教育が始められることになった2007年に学校教育法の一部が改正され、この第74条が加わったときに、初めて当該の学校に在籍する子ども以外の教育について「必要な助言又は援助」を行うことが明記されたわけである。「要請に応じて」であり、あくまでも「必要な助言又は援助」ではあっても、当該学校に在籍しない子どもに対しての教育まで法律に明記されたのは画期的なことではないかと考えている。

2.「特別支援教育の推進について（通知）」における特別支援学校のセンター的機能

この学校教育法の一部改正の施行日である2007年4月1日に全国の全ての学校に対して発出された「特別支援教育の推進について（通知）」（以下、「通知」）においても、この「特別支援学校のセンター的機能」について、さらに具体的に示されている。まず「特別支援学校においては、これまで蓄積してきた専門的な知識や技能を生かし、地域における特別支援教育のセンターとしての機能の充実を図ること」とある。「センター」とは何かというと、地域における特別支援教育の中心であってほしいということである。それは、これまでの特殊教育の時代から前身の盲・聾・養護学校が積み上げてきた専門性を、地域の学校の教育に生かしてほしいということである。その生かし方として「通知」は、「特に、幼稚園、小学校、中学校、高等学校及び中等教育学校の要請に応じて、発達障害を含む障害のある幼児児童生徒のための個別の指導計画の作成や個別の教育支援計画の策定などへの援助を含め、その支援に努めること」としており、小学校、中学校等の通常の学級に在籍するであろう発達障害のある子どものための「個別の指導計画」の作成や「個別の教育支援計画」の策定において、助言してほしいとしている。

特別支援学校には、第3章で述べたとおり、「障害による学習上又は生活上の困難を克服し自立を図るために必要な知識技能を授ける」ための教育の領域である自立活動があり、自立活動においては個別の指導が基本となることから、以前より「個別の指導計画」を作成して指導にあたってきた。また、この「個別の指導計画」が学校における1年間を標準とする短期的な計画であることに対して、より長期的な計画である「個別の教育支援計画」も早期から導入してきた。これらの指導計画等の作成で培った専門性を生かして、地域の通常の学級で学ぶ発達障害のある子どもたちの指導計画作成に助言又は援助を行うということである。

さらに、「通知」では、保育所をはじめとする保育施設などの他の機関等にも助言又は援助が可能としており、厚生労働省が所管する児童福祉施設である保育所等も、幼稚園と同じ幼児教育を行う場であるとして、特別支援学校のセンター的機能を発揮するべき機関としている。そして、「通知」では、この「特別支援学校のセンター的機能」を担う人材を、特別支援学校に勤務する教諭の中から「特別支援教育コーディネーター」として校長が指名し、この「特別支援教育コーディネーター」が関係機関、保護者、地域の小学校、中学校等と連絡調整を行うことを示している。

❖ 第2節　特別支援学校のセンター的機能の具体的内容

さて、少し時間をさかのぼって、この「特別支援学校のセンター的機能」を当初はどのように構想されていたのかを見てみる。2005年の中央教育審議会「特別支援教育を推進するための制度の在り方について（答申）」には、「センター的機能の具体的内容」として6つの機能が提案されている（表5-1）。学校教育法が改正され、第74条に「特別支援学校のセンター的機能」が法的な努力義務として課せられる2年前である。

これを見ると、「①小・中学校等の教員への支援機能」と「⑤小・中学校等の教員に対する研修協力機能」が、「通知」で示されている「特別支援学校のセンター的機能」であると分かる。つまり、地域の小学校、中学校に在籍する幼児児童生徒を直接指導したり、その保護者の相談に応じたりする直接支援ではなく、地域の小学校、中学校の担当する教師への支援という間接的な支援と考えることができる。これを「学校コンサルテーション」と呼ぶこともある。

表５−１　特別支援学校のセンター的機能の具体的内容（中央教育審議会「特別支援教育を推進するための制度の在り方について（答申)」)

①小・中学校等の教員への支援機能
②特別支援教育等に関する相談・情報提供機能
③障害のある幼児児童生徒への指導・支援機能
④福祉、医療、労働などの関係機関等との連絡・調整機能
⑤小・中学校等の教員に対する研修協力機能
⑥障害のある幼児児童生徒への施設設備等の提供機能

他の「②特別支援教育等に関する相談・情報提供機能」は、従来から特別支援学校が行っていた入学前の子どもに対する教育相談の「センター的機能」として位置付けたと考えることができる。

また、「④福祉、医療、労働などの関係機関等との連絡・調整機能」も、特別支援学校に在籍する幼児児童生徒の「個別の教育支援計画」を策定するために、個々の担任が行っていたことを、「センター的機能」として特別支援学校の「特別支援教育コーディネーター」に窓口を一本化して、より機能するようにしたものであると考えられる。

「③障害のある幼児児童生徒への指導・支援機能」も、以前より行われてきていた特別支援学校の「通級による指導」を「センター的機能」として改めて位置付けたものであり、直接支援ともいえなくもないが、地域の小学校、中学校から見ると、限定的なものであるととらえることができるであろう。

「⑥障害のある幼児児童生徒への施設設備等の提供機能」も、以前より特別支援学校が行ってきた地域への施設設備の開放を「センター的機能」と位置付けたものであると考えられる。ただ、「センター的機能」として位置付けたことにより、各特別支援学校は一層積極的に行うようになったという側面はあるといえる。

第３節　小学校、中学校等からみた「特別支援学校のセンター的機能」

では、「センター的機能」の地域の小学校、中学校等への支援機能は、小学校、中学校等から見るとどのように位置付けられているのだろうか。例えば、幼稚園教育要領では「第１章　総則」の「第５　特別な配慮を必要とする幼児への指導」に「１　障害のある幼児などへの指導」として「障害のある幼児などへの指導に当たっては、集団の中で生活することを通して全体的な発達を促していくことに配慮し、特別支援学校などの助言又は援助を活用しつつ、個々の幼児の障害の状態などに応じた指導内容や指導方法の工夫を組織的かつ計画的に行うものとする」とあり、「特別支援学校などの助言又は援助を活用し」と明確に位置付けられている。これは、学校段階によって若干の文言が異なっているが、ほぼ同じ内容で、小学校学習指導要領、中学校学習指導要領、高等学校学習指導要領にも示されている。

また、各都道府県教育委員会などは、「特別支援学校のセンター的機能」のより一層の活用を目指して、特別支援学校の特別支援教育コーディネーターらによる専門家が地域の小学校、中学校を実際に訪問して相談を行う巡回相談を実施していることがほとんどである。例えば、福岡県教育委員会においては「発達障害児等教育継続支援事業」として、認定こども園、保育所・幼稚園、小・中学校、高等学校等からの要請に応じ、医療、心理、教育、福祉等の各分野の専門家を巡回相談員として派遣して助言を行い、学校等が発達障害を含む障害のある幼児児童生徒に対してより効果的な支援を行うことができるようにしている。

学級に特別な配慮を必要とする子どもがいる場合には、その子どもの「個別の指導計画」や「個別の教育支援計画」を作成する際に、このような巡回相談を利用したり、特別支援学校の特別支援教育コーディネーターに管理職を通して相談したりすることができるようになっている。

第4節　学校における特別支援教育の体制整備

1. 特別支援教育コーディネーター

本章では「特別支援教育コーディネーター」という用語を、ここまで特に断りなく使ってきたが、ここで「特別支援教育コーディネーター」について説明しておく。「通知」によると、「特別支援教育コーディネーター」は「各学校における特別支援教育の推進のため、主に、校内委員会・校内研修の企画・運営、関係諸機関・学校との連絡・調整、保護者からの相談窓口などの役割を担うこと」とされ、「各学校の校長は、特別支援教育のコーディネーター的な役割を担う教員を『特別支援教育コーディネーター』に指名し、校務分掌に明確に位置付けること」と示されている。

なお、ここにある「学校」とは、当然、学校教育法第１条に示す「学校」のことであり、幼稚園も含むことになる。幼稚園の場合は、「学校」、「校」という文言は「園」に読み替えることになっている。

この「通知」に従うとなると、どの学校にも必ず「特別支援教育コーディネーター」という教員が校務分掌に最低１名は位置付けられていることになり、その人は各学校の特別支援教育を推進するキーパーソンとなる。例えば、「特別支援学校のセンター的機能」から考えると、小学校、中学校等の「特別支援教育コーディネーター」は、必要に応じて、助言や援助を受けるために、特別支援学校の「特別支援教育コーディネーター」と連絡・調整を行い、来校日、授業参観、校内委員会の時間調整等を行って、来校日当日は特別支援学校から招聘した「特別支援教育コーディネーター」に付き添って案内をしたり、校内委員会の司会をしたりすることになる。校内委員会では、当該学校の「特別支援教育コーディネーター」が司会・進行を行いながら、「個別の指導計画」を資料として、通常の学級の中でよりよい指導のあり方について関係者で協議することになる。また、「特別支援教育コーディネーター」は、これらで得られた成果を学校全体へ周知したり、保護者に担任が伝えるときに同席したりする（図５-１）。

図５－１　特別支援教育に係る校内体制

2. 校内委員会

「校内委員会」とは、「校長のリーダーシップの下、全校的な支援体制を確立し、発達障害を含む障害のある幼児児童生徒の実態把握や支援方策の検討等を行うため」、校内に設けられた「特別支援教育に関する委員会」のことであり、その構成員は「校長、教頭、特別支援教育コーディネーター、教務主任、生徒指導主事、通級指導教室担当教員、特別支援学級教員、養護教諭、対象の幼児児童生徒の学級担任、学年主任、その他必要と思われる者などで構成すること」になっている。

「校内委員会」は、小学校、中学校等において特別支援教育を推進するために重要な役割を担うことになる。特別支援教育を、特別な配慮が必要な子どもが在籍する学級の担任だけとか、特別支援学級の担任の先生だけの責任にして進めるのではなく、校長のリーダーシップのもと、全校の問題として推進していく、その体制の基盤となるものである。また、学級担任も、一人だけで特別支援教育の課題を解決しようなどと考えることなく、校内委員会での支援方策の検討や「特別支援学校のセンター的機能」の助言及び援助を十分に活用して、組織的に取り組みを進めるように声を上げていかねばならない。そうすることが目の前で困っている幼児児童生徒の問題を解決することになるばかりか、全校の問題とすることで、全ての学級の幼児児童生徒の授業を改善することにもつながるからである。

❖第５節　「円滑な接続」―学びの連続性

1.「交流」から「円滑な接続」へ

「交流」とは、現在の我が国の学校では、普段は異なった学級や学校で共に学習する機会がない子どもたちが、異なった学級や学校の子どもたちとともに、活動や学習を行うことで、互いの見方や考え方、価値観を体験的に知ることにより、多様なものの見方や考え方、価値観を身に付けていくことを目的に行われる教育活動という意味で使われることが多い。

2000年代に入った頃から、小学校に入学して間もない子どもが、小学校の学習規律や習慣になかなかなじめずに、学級の中で問題行動を起こして、学級全体が落ち着かなくなったり、「学級崩壊」と呼ばれる現象が起こったりするようになった。それは、幼稚園までの遊びや活動が中心の生活から、小学校での時間割によって時間が決められ、その間は席についてしっかり先生の話を聴いて学習を行う生活へと、環境が激変し、その変化に適応できない子どもがいるようになったからだとされた。それを「小１プロブレム」と呼ぶ。そこで、入学前より、小学校での学習を中心とした生活を経験することで、小学校生活に早くから見通しをもって臨むことができるように、幼稚園等の小学校入学を控えている幼児らが、小学校の１年生の教室へ行って何時間か過ごすといった体験学習が行われるようになり、それを「交流」と呼んだりした。また、逆に小学校１年生の児童が、近隣の幼稚園や保育所に行って、一緒に活動をしたり、自分たちの考えた出し物をしたりすることで、小学生と「交流」することも行われるようになった。そこで、幼稚園から小学校への進学がスムーズに行われるように、事前に互いの理解のために積極的に「交流」を行うことを進めるようになっている。これを「円滑な接続」と呼んでいる。幼稚園等の教育から小学校教育への「学びの連続性」を確保するという考え方である。

2. 特別支援学校における「円滑な接続」

また、特別支援学校幼稚部では、そのまま同じ校内にある特別支援学校小学部へ進学するだけでなく、自宅を校区とする地域の小学校へ進学することもある。よって、特別支援学校幼稚部は、特別支援学校小学部への「円滑な接続」だけでなく、小学校等の地域の学校への「円滑な接続」も考えて、「交流」を進めなければならない。特別支援学校幼稚部教育要領の「第１章　総則」の「第７　幼稚部に係る学校運営上の留意事項」に「４　学校や地域の実態等により、特別支援学校間に加え、保育所、幼保連携型認定こども園、幼稚園、小学校、中学校及び高等学校などとの間の連携や交流を図るものとする。特に、幼稚部における教育と小学部における教育又は小学校教育の円滑な接続のため、幼稚部の幼児と小学部又は小学校の児童との交流の機会を積極的に設けるようにするものとする」と示されているのは、このような実態があるからである。特別支援学校においては、特別支援学校内の学部間の学びの連続性を確保するだけでなく、他校種との学びの連続性も考慮に入れた「円滑な接続」を考えていかねばならない（図5－2）。

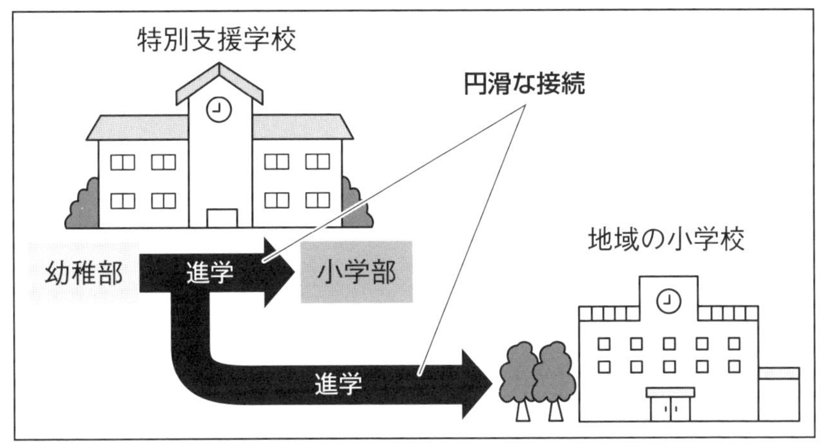

図5－2　特別支援学校幼稚部における「円滑な接続」

第6節　交流及び共同学習の推進

1. 交流及び共同学習とは

特別支援学校において「交流」となると、「円滑な接続」のための「交流」よりも学校間の「交流」を考えることが多い。「円滑な接続」のための「交流」を垂直な「交流」とすると、学校間の「交流」は水平な交流と考えることができるかもしれない。このような「交流」のことを「交流及び共同学習」と呼んでいる。「交流」と「共同学習」との間に「及び」という言葉が入っているので、「交流」と「共同学習」という2つの言葉をつなげたことのように感じるかもしれないが、この「交流及び共同学習」というのは1つの言葉であるとされている。「交流」と「共同学習」は不可分一体のものであり、学校教育の中で行われるものであるなら、「交流」だけで終わるものではなく、「交流」には共に学習している面が必ず存在するものであり、すなわち「共同学習」が伴うものであるという考え方を示している。

特別支援学校幼稚部教育要領の「第1章　総則」の「第7　幼稚部に係る学校運営上の留意事項」の4には、「また、障害のない幼児児童生徒との交流及び共同学習の機会を設け、組織的かつ計画的に行うものとし、共に尊重し合いながら協働して生活していく態度を育むよう努めるものとする」と示されている。幼稚園教育要領には「第1章　総則」に「第6　幼稚園運営上の留意事項」の3に「また、障害のある幼児児童生徒との交流及び共同学習の機会を設け、共に尊重し合いながら協働して生活していく態度を育むよう努めるものとする」と示されている。

同様の記述が、特別支援学校小学部・中学部学習指導要領と小学校学習指導要領、中学校学習指導要領にもある。

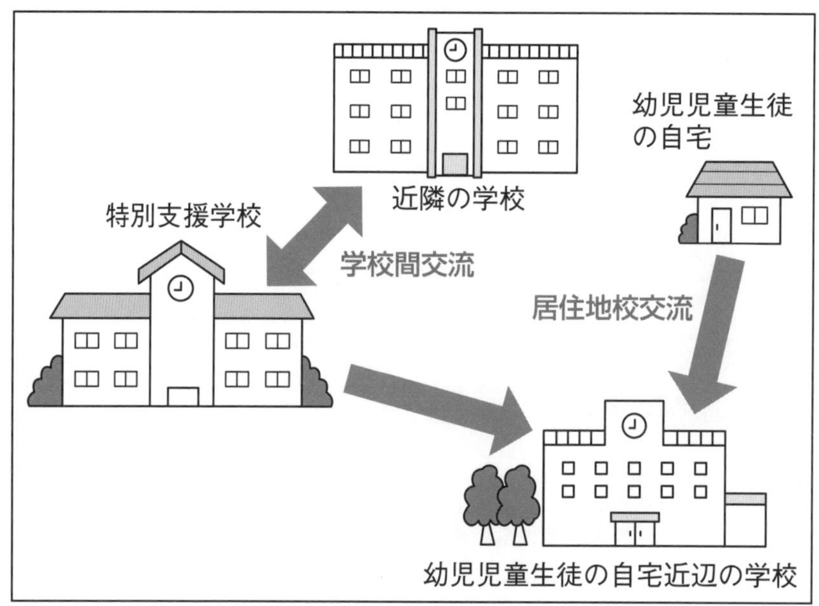

図５-３　交流及び共同学習における「学校間交流」と「居住地校交流」

2.「学校間交流」と「居住地校交流」

この「交流及び共同学習」には、「学校間交流」と「居住地校交流」の２つの種類がある（図５-３）。

「学校間交流」とは、特別支援学校とその近隣に所在する小学校、中学校等と同学年同士などで「交流及び共同学習」を行うことである。年に数回、互いの学校を訪問し、自己紹介、ゲーム、歌やダンスの披露などの活動を行うことが多いようで、教育課程上の位置付けとしては、「総合的な学習の時間」に行われることが多いようである。

「居住地校交流」とは、特別支援学校の幼児児童生徒の自宅の住所地を校区とする小学校、中学校等（以下、居住地校）に、該当する幼児児童生徒が直接登校して、その居住地校の通常の学級で１日もしくは半日程度学習を共にすることで「交流及び共同学習」を行う。特別支援学校からは担任教員が引率のために、その居住地校へ行くことも多いようである。そうなると、その間は、当該幼児児童生徒だけは、特別支援学校の授業は受けられないことになるが、居住地校へ行ったことで、授業を受けたことにしているようである。地域の学校で共に過ごすことで、居住地校にその幼児児童生徒がいること、そして互いのことをよく知ることは大変意義があることであり、互いの学校の幼児児童生徒には大変意義があるものであるといえる。一方で、特別支援学校での学習の積み重ねが、居住地校で学習を受けている間は損なわれることになったり、小学校高学年や中学校になると、児童生徒同士の関係がうまくつくれなくなり、いわゆる「お客さん」状態になってしまったりすることが課題として指摘されている。

3. 副次的な籍

そこで、一部の教育委員会では、「交流及び共同学習」の「居住地校交流」を一層進めるために「副籍」（東京都教育委員会）、「支援籍」（埼玉県教育委員会）、「副学籍」（横浜市教育委員会）といった「副次的な籍」を居住地校に置く取り組みを進めているところもある。原則、学校教育法第１条に定める学校における学籍は、１つの学校に置くことしか認められていない。しかし、障害のある児童生徒と障害のない児童生徒が一緒に学ぶ機会の拡大を図るとともに、障害のある児童生徒に対するより適切な教育的支援を行うために、必要な支援を在籍する学校又は学級以外で行うための仕組みとして地域の通常の学校に副次的な籍を設けるようにしている。これらの制度は原則、居住地校においては保護者の付き添いや協力が必要としていることが多い。

第７節　特別支援学校と地域の小学校、中学校等の学びの連続性

現在、我が国は、共生社会の形成へ向けて、国際連合の障害者の権利に関する条約を批准し、教育分野では「インクルーシブ教育システム」の構築を進めることにしている。「インクルーシブ教育システム」とは「同じ場で共に学ぶことを追求するとともに、個別の教育的ニーズのある幼児児童生徒に対して、自立と社会参加を見据えて、その時点で教育的ニーズに最も的確に応える指導を提供できる、多様で柔軟な仕組みを整備すること」である（「共生社会の形成に向けたインクルーシブ教育システム構築のための特別支援教育の推進（報告）」）。「特別支援学校のセンター的機能」や「円滑な接続」、「交流及び共同学習」の推進は、特別支援学校と地域の小学校、中学校等の学びの連続性をもたらすものである。これらの学びの連続性をもたらすための取り組みは、様々な成果をもたらし、課題もあるが、いずれにしても共生社会の形成へ向けた「インクルーシブ教育システム」の構築において重要な役割を果たすといえるだろう。

第6章 「個別の教育支援計画」と「個別の指導計画」

本章の目的 特別支援学校の教育課程について理解すること
キーワード 個別の教育支援計画、個別の指導計画、A-PDCA サイクル

第1節 「個別の教育支援計画」

1.「個別の支援計画」から「個別の教育支援計画」へ

第3章の「特別支援学校の教育課程」をはじめ、「個別の指導計画」と「個別の教育支援計画」という用語は何度も出てきた。まずは、その「個別の教育支援計画」について解説する。「個別の教育支援計画」は、2002年に策定された障害者基本計画で示された「個別の支援計画」のうち、学校教育が受け持つ学齢期の間の計画のことであり、障害のある幼児児童生徒一人一人に対して、教育、医療、福祉、労働等の関係機関が連携し、乳幼児期から学校卒業後までを通じて一貫した支援を効果的に行うための長期的な計画のことである。

2003年から10年間にわたる第一次の障害者基本計画では、「個別の支援計画」は「一貫した相談支援体制の整備」を図るために「障害のある子どもの発達段階に応じて、関係機関が適切な役割分担の下に、一人一人のニーズに対応して適切な支援を行う計画」とされ、効果的な支援を行うことと示された。2003年3月に公表された「今後の特別支援教育の在り方について（最終報告）」では、「教育、福祉、医療、労働等が一体となって乳幼児期から学校卒業後まで障害のある子ども及びその保護者等に対する相談及び支援を行う体制の整備を更に進め、一人一人の障害のある児童生徒の一貫した『個別の教育支援計画』を策定することについて積極的に検討を進めていく必要がある」とされており、「個別の教育支援計画」について初めて明確にされた。

2.「個別の教育支援計画」とは

2007年4月に全国の全ての学校に対して文部科学省初等中等教育局が発出した「特別支援教育の推進について（通知）」では、「関係機関との連携を図った『個別の教育支援計画』の策定と活用」という項目を設けて「特別支援学校においては、長期的な視点に立ち、乳幼児期から学校卒業後まで一貫した教育的支援を行うため、医療、福祉、労働等の様々な側面からの取組を含めた『個別の教育支援計画』を活用した効果的な支援を進めること。／また、小・中学校等においても、必要に応じて、『個別の教育支援計画』を策定するなど、関係機関と連携を図った効果的な支援を進めること」と示している。

これにより特別支援学校に在籍する全ての幼児児童生徒の「個別の教育支援計画」の策定が義務づけられるとともに、小学校、中学校等においても、必要な幼児児童生徒には「個別の教育支援計画」を策定するようにとされた。

2017年4月告示の特別支援学校幼稚部教育要領では、「第1章　総則」の「第6　特に留意する事項」において「3　家庭及び地域並びに医療、福祉、保健等の業務を行う関係機関との連携を図り、長期的な視点で幼児への教育的支援を行うために、個別の教育支援計画を作成し、活用すること」と示されており、単に「個別の教育支援計画」を作成するだけでなく、学校教育の中で有効に活用することまで示されるようになっている。同時に告示された特別支援学校小学部・中学部学習指導要領でも「個別の教育支援計画」について同様に示されている。

3.「個別の教育支援計画」と合理的配慮

また、中央教育審議会の初等中等教育分科会に設けられた「特別支援教育の在り方に関する特別委員会」が、2012年に公表した「共生社会の形成に向けたインクルーシブ教育システム構築のための特別支援教育の推進（報告）」（以下、「報告」）では、「特別支援学校では、個別の教育支援計画を活用し、幼稚部・小学部・中学部・高等部で一貫性のあるキャリア教育を推進し、卒業後の継続した支援を行っている。また、進路指導において、子どもが自分の進路計画を自ら作っていくというような取組も始まっている。これらの取組を一層発展させるとともに、特別支援学校以外の障害のある子どもにも広げていくことが望ましい」として、全ての学校にいる障害のある子どもに作成・活用していくことを述べている。それとともに、「『合理的配慮』について可能な限り合意形成を図った上で決定し、提供されることが望ましく、その内容を個別の教育支援計画に明記することが望ましい」として、「合理的配慮」を「個別の教育支援計画」に明記することまで求めている。このように、「個別の教育支援計画」は、学齢期の子どもの一貫した教育的な支援を行うにあたって重要な役割を果たすようになっている。

❖第2節　「個別の指導計画」

1.特別支援学校教育要領・学習指導要領における「個別の指導計画」

「個別の指導計画」は、「個別の教育支援計画」が乳幼児期から学校卒業後までを通じた長期的な計画であるのに対して、目標を学期や学年ごとに設定するなど短期的な計画であるといえる。つまり、個別の教育支援計画を踏まえて、個別の指導計画を作成・活用・充実を図るという関係になる。

1999年3月に告示された盲学校、聾学校及び養護学校学習指導要領では、それまでの「養護・訓練」の名称が変更され「自立活動」になった。このときに初めて学習指導要領に「個別の指導計画」が明示され、「自立活動」の指導において、「個別の指導計画」を作成するとされた。2009年3月に告示された特別支援学校学習指導要領等では、「個別の指導計画」は、各教科等においても作成することとされ、さらに小学校、中学校等においても必要に応じて作成するよう努めることとなった。2012年の「報告」では、「個別の教育支援計画」への言及だけでなく、「合理的配慮」については、「個別の指導計画にも活用されることが望ましい」としている。そして、2017年４月の特別支援学校学習指導要領等の改訂においては、「個別の指導計画」の作成だけではなく、「活用」することまで示されたところである。

2017年４月に告示された特別支援学校幼稚部教育要領においては、その「第１章　総則」の「第５　指導計画の作成と幼児理解に基づいた評価」において「幼児の障害の状態や特性及び発達の程度等に応じた効果的な指導を行うため、一人一人の幼児の実態を的確に把握し、個別の指導計画を作成するとともに、個別の指導計画に基づいて行われた活動の状況や結果を適切に評価し、指導の改善に努めること」と示されている。ここからは、「個別の指導計画」は、「幼児の障害の状態や特性及び発達の程度等に応じた効果的な指導を行う」ことが目的であるとして、そのために「一人一人の幼児の実態を的確に把握」することも求めていることが分かる。「個別」であるから、「実態の把握」が重要であるということである。同時に告示された特別支援学校小学部・中学部学習指導要領にも同様のことが示されている。

2. 幼稚園教育要領及び保育所保育指針における「個別の指導計画」

2017年３月に告示された幼稚園教育要領においては、「第１章　総則」の「第５　特別な配慮を必要とする幼児への指導」の「１　障害のある幼児などへの指導」において「個々の幼児の実態を的確に把握し、個別の指導計画を作成し活用することに努めるものとする」と、「個別の指導計画」の作成と活用が示されている。

また、同じ幼児教育の場であるとされている保育所に対して厚生労働省が示している保育所保育指針でも、「第１章　総則」の「３　保育の計画及び評価」の「(２) 指導計画の作成」において、「キ　障害のある子どもの保育については、一人一人の子どもの発達過程や障害の状態を把握し、適切な環境の下で、障害のある子どもが他の子どもとの生活を通して共に成長できるよう、指導計画の中に位置付けること。また、子どもの状況に応じた保育を実施する観点から、家庭や関係機関と連携した支援のための計画を個別に作成するなど適切な対応を図ること」と「一人一人の子どもの…（略）…指導計画」として「個別の指導計画」を作成することを明示している。さらに、「家庭や関係機関と連携した支援のための計画を個別に作成する」として、「個別の教育支援計画」の作成も示している。

3. 小学校学習指導要領等における「個別の指導計画」

2017年３月に告示された小学校学習指導要領においては、「第１章　総則」の「第４　児童の発達の支援」の「２　特別な配慮を必要とする児童への指導」「(１) 障害のある児童などへの指導」において「エ　障害のある児童などについては、…（略）…各教科等の指導に当たって、個々の児童の実態を的確に把握し、個別の指導計画を作成し活用することに努めるものとする。特に、特別支援学級に在籍する児童や通級による指導を受ける児童については、個々の児童の実態を的確に把握し、個別の教育支援計画や個別の指導計画を作成し、効果的に活用するものとする」と示されており、特別支援学級に在籍する児童については、「個別の指導計画」を作成し、その上で活用することまで示されている。通常の学級の児童についても、「個別の指導計画」の作成と活用が望ましいとされている。中学校学習指導要領等にも同様のことが示されている。

❖ 第３節　「個別の指導計画」の作成と活用

1.「個別の指導計画」の作成

「個別の指導計画」は、特別支援学校に在籍する幼児児童生徒全てにおいて作成しなければならない。自立活動をはじめとする全ての教科等においても作成するとなっている。それは、小学校、中学校等の特別支援学級に在籍する児童生徒も、通級の指導を受けている児童生徒もまた同様である。さらには、通常の学級に在籍する特別な配慮が必要な幼児児童生徒においても作成することが望ましいとされている。「個別の指導計画」の作成と活用の手順については、特別支援学校教育要領・学習指導要領に記されている。例えば、特別支援学校幼稚部教育要領では、「第２章　ねらい及び内容」の「自立活動」の「３　個別の指導計画の作成と内容の取扱い」に、特別支援学校小学部・中学部学習指導要領では、「第７章　自立活動」の「第３　個別の指導計画の作成と内容の取扱い」に、作成と活用の手順が示されている。

2. 的確な実態把握

最初に「的確な実態把握」が必要となる。

幼稚園や特別支援学校幼稚部であれば、「個々の幼児について、障害の状態、発達や経験の程度、興味・関心、生活や学習環境などの実態を的確に把握する」必要がある。幼児の場合は、遊びを通して指導することから、障害の状態とともに、身辺自立の程度やどのような遊びや遊具・おもちゃに興味・関心があるのかを、保護者からの聞き取りや学校での行動観察を通して把握することが大切となってくる。

特別支援学校小学部・中学部であれば、障害の状態や身辺自立の程度、興味・関心とともに、教科指導となってくるため、コミュニケーションや対人関係や社会性の発達、言葉や数における認知的な発達水準や学習上の配慮事項について、保護者からの聞き取りや学校での行動観察、心理学的もしくは医学的立場からの情報により多面的に把握していく必要がある。

3. 指導目標（ねらい）の設定

実態を把握すると、次に「指導目標（ねらい）の設定」である。幼児児童生徒の「実態把握に基づいて得られた指導すべき課題相互の関連を検討」し、「これまでの学習状況や将来の可能性を見通しながら、長期的及び短期的な観点から」指導目標（ねらい）を設定する必要がある。概ね３年後を見通した長期的な指導目標（ねらい）と、それを達成するための１年後を見通した短期的な指導目標（ねらい）、そして学期ごとに指導目標（ねらい）を設定することが大切になってくる。幼児児童生徒であっても、将来的な姿を保護者とともに語り合いながら、長期的もしくは短期的な指導目標（ねらい）を、具体的な個々の姿として設定してくことが求められる。なお、幼児教育では「～を楽しむ」、「～を感じる」などの指導の方向性を記述するねらいの設定が好まれるようだが、「個別の指導計画」においては、「～ができる」などの具体的な行動による指導目標（ねらい）として設定することが望ましい。

4. 具体的な指導内容と必要な配慮の設定

次は、「具体的な指導内容と必要な配慮の設定」である。指導目標（ねらい）を達成するために必要な指導内容を具体的かつ段階的に取り上げ、指導のために必要な配慮を設定する必要がある。指導目標（ねらい）を達成するためには、年間指導計画にある教科の学習内容や活動、幼児であれば遊びや季節の活動などと関連づけてどのような指導内容が必要か考えていくとともに、実態に応じて、指導のための手だてを考えておかねばならない。

幼稚園や特別支援学校幼稚部であれば、そのために、「幼児が、興味をもって主体的に取り組み、成就感を味わうとともに自己を肯定的に捉えることができるような指導内容を取り上げる」、「個々の幼児が、発達の遅れている側面を補うために、発達の進んでいる側面を更に伸ばすような指導内容を取り上げる」、「幼児が意欲的に感じ取ろうとしたり、気が付いたり、表現したりすることができるような指導内容を取り上げる」ことに留意したい。

具体的には、まずは、たっぷりと遊べる時間を確保しながら、その遊びが子どもの興味・関心や地域の実態・季節に応じたものかを考え、環境を設定するとともに、一人一人の子どものどのような動きや表情を引き出したいのかを考えることが前提となる。次に、例えば「一日の日課や次の活動を見通して、気持ちを切り替えて行動できる」ことを、個別のねらいとして設定したのであれば、指導内容としては「朝の会」で「一日の日課を視覚的に理解する」、遊びや活動で「はじめとおわりを理解する」が挙げられ、その手だてとしては、「日課の絵カードを準備する」、「時系列は縦列で示し、選択肢は横列で示す」、「絵カードを一緒に指さしながら呼称する」、「『はじめ』と『おわり』のサインを示す」、「『おわり』の後に、次の活動の絵カードを見せる」などが考えられる。

特別支援学校小学部・中学部であれば、特別支援学校幼稚部で示した事項に加えて「児童又は生徒が、障害による学習上又は生活上の困難を改善・克服しようとする意欲を高めることができるような指導内容を重点的に取り上げる」、「個々の児童生徒が、活動しやすいように自ら環境を整えたり、必要に応じて周囲の人に支援を求めたりすることができるような指導内容を計画的に取り上げる」、「個々の児童又は生徒に対し、自己選択・自己決定する機会を設けることによって、思考・判断・表現する力を高めることができるような指導内容を取り上げる」、「個々の児童又は生徒が、自立活動における学習の意味を将来の自立や社会参加に必要な資質・能力との関係において理解し、取り組

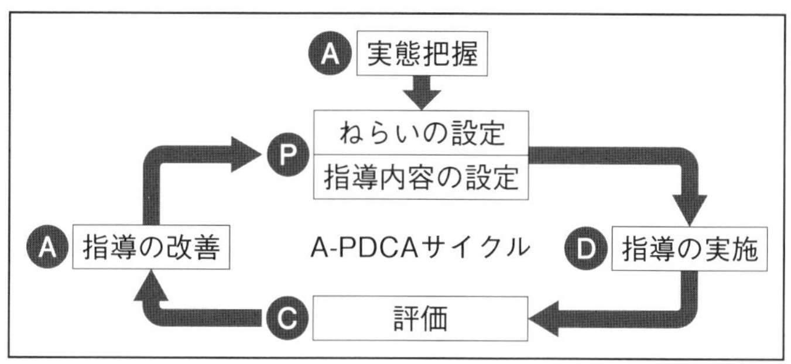

図6－1　A-PDCA サイクル（竹林地（2008）を参考に筆者作成）

めるような指導内容を取り上げる」ことに留意したい。

5. 評価と指導の改善

そして、最後に「評価と指導の改善」である。「児童又は生徒の学習状況や結果を適切に評価し、個別の指導計画や具体的な指導の改善に生かす」ことが必要である。このときに改善に生かすためには評価において何ができて、何ができなかったのかが具体的に明らかにされないといけない。そのために、最初のねらいの設定を、誰もが評価できる具体的な行動をする子どもの姿とする必要があることになる。

これらをまとめると、「実態把握」の A：Assessment（アセスメント）から始まって、「ねらい・指導内容・手だて」の設定の P：Plan（計画）から、「指導の実施」の D：Do（実施）がされ、その後で適宜「評価」の C：Check（評価）が行われ、その評価を基にして、「指導の改善」の A：Action（改善）が P に対して行われる。これを A-PDCA サイクルと呼んでいる（図6－1）。もともと企業経営のマネジメントで用いられていた PDCA サイクルではあるが、これを「個別の指導計画の」の計画・実施・評価・改善へ持ち込み、特別支援教育では「実態把握」が特に重要とされることから、本来は P の中にあったアセスメントの A を外へ出して強調することになったものである。

❖ 第4節　特別支援学校における学習評価

指導を行い、それで終わりとしてはならない。往々にして教育・保育現場では指導の実施で終わっていることがある。つまり、A-PDCA サイクルでいうと、PDPD となっていることが多く見られる。教育の営みというのは、目標（ねらい）が必ずあり、その目標（ねらい）に基づいた評価を行ってはじめて成立するものなのである。そして、現代の教育では、その評価によって、当初の計画の改善までが求められるようになっている。このことによって、らせん状に目標（ねらい）や指導内容がレベルアップしていくことを目指しているのである。

特別支援学校教育要領・学習指導要領では、それを受けて学習評価の在り方について「第1章　総則」で示している。特別支援学校小学部・中学部学習指導要領では、「第4節　教育課程の実施と学習評価」の「3　学習評価の充実」において「（1）児童又は生徒のよい点や可能性、進歩の状況などを積極的に評価し、学習したことの意義や価値を実感できるようにすること。また、各教科等の目標の実現に向けた学習状況を把握する観点から、単元や題材など内容や時間のまとまりを見通しながら評価の場面や方法を工夫して、学習の過程や成果を評価し、指導の改善や学習意欲の向上を図り、資質・能力の育成に生かすようにすること」と示しており、教師の「指導の改善」のために評価を行うことを明確にしている。さらに「(2) 各教科等の指導に当たっては、個別の指導計画に基づいて行われた学習状況や結果を適切に評価し、指導目標や指導内容、指導方法の改善に努め、より効果的な指導ができるようにすること」とし、児童生徒の学習状況や結果の評価を生かして「個別の指導計画」そのものを改善するように特に求めている。

つまり、学習評価は、児童生徒に対してのみ行われるのではなく、同時に教師が設定した目標（ねらい)、指導内容や手だてが、一人一人の児童生徒に妥当なものであったのかを常に形成的に評価して、教師の指導に対して改善を求める評価となっているのである。教師自身の指導が評価されているのだということを忘れてはならない。

第5節 「個別の指導計画」の具体例

最後に、「個別の指導計画」の具体例を示す。具体例は、特別支援学校（知的障害）小学部第2学年の男子児童である。知的障害のあるダウン症候群である。

最初に、氏名等があり、次に「児童生徒の実態」が記載されている。この「児童生徒の実態」を基にして、その次の欄に概ね3年後の児童の姿を表した「長期指導目標」と短期の指導目標にあたる「年間指導目標」が設定されている。ここでは、児童の実態からコミュニケーションと集団生活への適応に関する指導目標が選定された。指導目標の文末は、「～することができる」と誰もが評価できる行動目標として児童の姿が記載されている。指導目標は児童生徒を主語して記述する。

その次には「1学期の指導計画」が作成されている。「評価」の欄に記載があることから1学期が終わった後の時期の「個別の指導計画」であることが分かる。ここでは、「日常生活の指導」、「生活単元学習」、「国語」……といったように、指導形態ごとに欄が設けられ、それぞれに「指導目標」、「指導内容・手立て」、「評価」、「次学期の改善」の記入欄がある。

例えば、「日常生活の指導」では、児童の実態では「基本的な生活習慣はほとんど自立している」となっているが、整理整頓や整容に若干の課題があるとして、「衣服の着脱等を自分から進んでていねいに行う」、「トイレの後に必ず手を洗う」といった指導目標が設定されている。「指導内容」には、その指導目標に基づいた具体的な指導内容が記載されている。視覚的な支援が有効と考えられることから、お手本を「写真を掲示して示す」とし、指導の手立てとして教師が実際にお手本をやってみせることが示されている。次に「評価」では「写真のとおりにたたむようになった」、「声をかけると手を洗えるようになった」と、どこまでできるようになったのかが記述されている。「評価」

が具体的な行動として記述されているため、「次学期への改善」も「写真をなしにする」、「声をかけないでできた回数をカウントする」とできていることを、さらに伸ばそうとする内容となっており、明確に記述することができている。これを基に、次の「２学期の指導計画」の指導目標が、「年間指導目標」と関連させながら、それぞれの指導形態ごとに設定されることになる。これが A-PDCA サイクルによる「個別の指導計画」の作成と活用ということになる。

令和 ○年度 個別の指導計画 ●●特別支援学校

学部・学年・組	小学部２年１組	児童生徒氏名	□□ □□□
学部主事氏名	小学部主事 ▼▼ ▼▼ 印	担任教諭氏名	教諭 △△ △△ 印
児童生徒の実態	・ダウン症候群 ・基本的な生活習慣はほとんど自立している。 ・音声言語は不明瞭であるが、発声や指さしで簡単なコミュニケーションをとることができる。 ・普段はにこやかな表情で落ち着いて過ごし、積極的に他者にかかわろうとする。 ・音楽に合わせて身体を動かすことが好きである。 ・自分からの主張はできるが、相手の話を聞くことは少ないため、集団の中でトラブルを起こすことがある。		
長期指導目標（概ね３年）	・身振り等を併用しながら音声言語によってコミュニケーションをとることができる。 ・決まりやルールを守り、集団の中で周囲と協調しながら生活をおくることができる。		
年間指導目標	・身振りや手指サインによるコミュニケーションをとるとともに、母音やいくつかの子音による発語を身に付けることができる。 ・絵カード等の視覚的な支援によって決まりやルールを理解することができる。		

１学期の指導計画				
教科等	指導目標	指導内容（←指導の手立て）	評価	次学期の改善
日常生活の指導	・衣服の着脱等を自分から進んでていねいに行う。 ・トイレの後に必ず手を洗う。	・丁寧にたたんである服の写真を個人ロッカーに掲示して示す。←できていないときには一緒にして手本を見せる。 ・トイレの後に必ず声をかけて、手を洗ったかを報告させる。	・写真のとおりにたたむようになった。 ・声をかけると手を洗えるようになった。	・写真をなしにする。 ・声をかけないでできた回数をカウントする。

生活単元学習	・………………………	・………………………………	・……………………	・………………………
国語	・………………………	・………………………………	・……………………	・………………………
算数	・………………………	・………………………………	・……………………	・………………………
音楽	・………………………	・………………………………	・……………………	・………………………
図画工作	・………………………	・………………………………	・……………………	・………………………
体育	・………………………	・………………………………	・……………………	・………………………
自立活動	・母音の発音を身に付ける。 ・状況絵カードを示して、適切な行動を考える。	・風船等を使って呼気の練習をする。 ・母音口形の写真を見て、母音の発音練習をする。←教師とともに鏡を見ながら、写真と一致しているかを確認させる。 ・状況絵カードを見ながら、どのような行動をとるのかを実際にさせて考えさせる。←学級全体で話し合いをさせ、学級での実際の例を出させる。	・呼気のコントロールは断続でもできるようになった。母音口形をしながらの発声はまだ難しい。 ・話し合いには参加するが、日常での般化が困難。	・学校生活の中で母音口形を意識させながらコミュニケーションをとる。 ・学校生活の中で場面をとらえて状況絵カードを示す。

注：指導計画の具体的内容は、1学期の「日常生活の指導」及び「自立活動」のみ示した（筆者作成）。

図6－2 「個別の指導計画」の具体例

【引用･参考文献】

竹林地毅（2008）「作って元気になる「個別の指導計画」をめざして」『特別支援教育研究』609，pp.6–11，日本文化科学社．

第7章 特別支援学校の教育課程における「学びの連続性」

本章の目的 特別支援学校の教育課程における「各教科等を合わせた指導」、特別の教育課程である「重複障害者等に関する教育課程の取扱い」を理解する

キーワード 学習指導要領の改訂、各教科等を合わせた指導、重複障害者等に関する教育課程の取扱い、自立活動

第1節 特別支援学校の教育課程における「学びの連続性」を重視する視点

学校教育法第72条では「特別支援学校は、視覚障害者、聴覚障害者、知的障害者、肢体不自由者又は病弱者（身体虚弱者を含む。以下同じ。）に対して、幼稚園、小学校、中学校又は高等学校に準ずる教育を施すとともに、障害による学習上又は生活上の困難を克服し自立を図るために必要な知識技能を授けることを目的とする」と述べている。さらに、学校教育法第73条では「特別支援学校においては、文部科学大臣の定めるところにより、前条に規定する者に対する教育のうち当該学校が行うものを明らかにするものとする」と述べている。つまり、特別支援学校が教育の対象としている障害種別は、視覚障害・聴覚障害・知的障害・肢体不自由・病弱の５つである。なお、複数の障害種別を指定している特別支援学校も多くある。これらのことについては本書第２章で述べた。

2017年の特別支援学校教育要領・学習指導要領の改訂の基本的な考え方では、特別支援教育の推進によるインクルーシブ教育システムの構築へ向けて障害のある子どもたちの学びの場の柔軟な選択を踏まえ、幼稚園、小・中・高等学校との「学びの連続性」を重視している。

これに加えて、特別支援学校では、重複障害のある子どもも多く在籍しており、多様な障害の種類や状態等に応じた指導や支援の必要性がより強く求められていることから、特別支援学校の教育課程の編成においても、子どもたちの「学びの連続性」を確保する視点から、特に「第８節　重複障害者等に関する教育課程の取扱い」について改善が図られている。このことについては第１章でも述べている。

以上を踏まえて、本章では、特別支援学校の教育課程における「学びの連続性」という視点から、各障害種別に共通した教育課程の内容とその取扱いについて、その詳細を取り上げる。

❖ 第２節　学校教育法施行規則における特別支援学校の教育課程の編成について

1．特別支援学校幼稚部の教育課程について

特別支援学校幼稚部の教育課程については、学校教育法施行規則第129条において「特別支援学校の幼稚部の教育課程その他の保育内容並びに小学部、中学部及び高等部の教育課程については、この章（「第八章　特別支援教育」—筆者）に定めるもののほか、教育課程その他の保育内容又は教育課程の基準として文部科学大臣が別に公示する特別支援学校幼稚部教育要領、特別支援学校小学部・中学部学習指導要領及び特別支援学校高等部学習指導要領によるものとする」と述べられている。特別支援学校幼稚部の教育課程については、学校教育法施行規則のこの規定以外には見あたらない。

2．特別支援学校小学部・中学部・高等部の教育課程について

特別支援学校小学部・中学部・高等部の教育課程の基本的考え方については、学校教育法施行規則第126条（小学部）、第127条（中学部）、第128条（中学部・高等部）に記載されている。また、第130条では特別支援学校の（小学部・中学部・高等部）において障害の状態により特に必要がある場合には各教科などについて合わせて授業ができることが記載されている。合わせた授業の例としては、日常生活の指導・遊びによる指導・生活単元学習・作業学習があげられる。さらに、第131条では特別支援学校の（小学部・中学部・高等部）における重複障害者の教育及び訪問教育においては特別の教育課程によることができることが記載されている。これらの内容を表７-１にまとめた。

表７-１　学校教育法施行規則にみる特別支援学校小学部・中学部・高等部における教育課程の編成

基本の考え方	⇒特例（知的障害者を教育する場合）
（小学部）第126条第１項 各教科（国語、社会、算数、理科、生活、音楽、図画工作、家庭、体育）、外国語活動、道徳、特別活動、総合的な学習の時間　→準ずる教育＋自立活動　→障害による困難を克服するための教育 （中学部）第127条第１項　（略） （高等部）第128条第１項　（略） （注）特別支援学校学習指導要領（「第１章　総則」「第３節　教育課程の編成」）も参照のこと ↓（以下の２つの特例あり）	（小学部）第126条第２項 各教科（生活、国語、算数、音楽、図画工作、体育→社会、理科、家庭がない）、道徳、特別活動→外国語活動と総合的な学習の時間がない＋自立活動 （中学部）第127条第２項　（略） （高等部）第128条第２項　（略） （注）特別支援学校学習指導要領（「第１章　総則」「第３節　教育課程の編成」）も参照のこと
特例１ （障害の状態により特に必要がある場合）	⇒特例１の特例 （知的障害者・重複障害者を教育する場合）

<table>
<tr><td>（小学部・中学部・高等部）第130条
第126条から第128条に規定する各教科・各教科に属する科目の全部又は一部を合わせて授業を行うことができる。</td><td>（小学部・中学部・高等部）第130条第２項
各教科・道徳、外国語活動、特別活動、自立活動の全部又は一部を合わせて授業を行うことができる。</td></tr>
<tr><td>特例２
（重複障害者を教育する場合と訪問教育の場合）</td><td></td></tr>
<tr><td>（小学部・中学部・高等部）第131条
第126条から第129条の規定にかかわらず、特別の教育課程（注）によることができる。

（注）特別の教育課程の詳細については、特別支援学校学習指導要領（「第１章　総則」「第８節　重複障害者等に関する教育課程の取扱い」）を参照のこと</td><td></td></tr>
</table>

表７－２　特別支援学校（肢体不自由）小学部第２学年の時間割のイメージ

①　準ずる教育課程

<table>
<tr><td rowspan="2">校時</td><td colspan="5">曜日</td></tr>
<tr><td>月</td><td>火</td><td>水</td><td>木</td><td>金</td></tr>
<tr><td>1</td><td>国語</td><td>算数</td><td>国語</td><td>算数</td><td>国語</td></tr>
<tr><td>2</td><td>学級活動</td><td>国語</td><td>算数</td><td>音楽</td><td>算数</td></tr>
<tr><td>3</td><td>国語</td><td>体育</td><td>生活</td><td>国語</td><td>国語</td></tr>
<tr><td>4</td><td colspan="5">自立活動</td></tr>
<tr><td>5</td><td>国語</td><td>算数</td><td rowspan="2"></td><td rowspan="2">図画工作</td><td>音楽</td></tr>
<tr><td>6</td><td></td><td>国語</td><td></td></tr>
</table>

②　特別支援学校（知的障害）の各教科などの代替による教育課程

<table>
<tr><td rowspan="2">校時</td><td colspan="5">曜日</td></tr>
<tr><td>月</td><td>火</td><td>水</td><td>木</td><td>金</td></tr>
<tr><td>1</td><td colspan="5">日常生活の指導</td></tr>
<tr><td>2</td><td colspan="5">遊びの指導</td></tr>
<tr><td>3</td><td>学級活動</td><td colspan="4">生活単元学習</td></tr>
<tr><td>4</td><td colspan="5">日常生活の指導</td></tr>
<tr><td>5</td><td>国語</td><td>算数</td><td rowspan="2"></td><td>図画工作</td><td>音楽</td></tr>
<tr><td>6</td><td colspan="2">日常生活の指導</td><td colspan="2">日常生活の指導</td></tr>
</table>

③　自立活動を主とした教育課程

<table>
<tr><td rowspan="2">校時</td><td colspan="5">曜日</td></tr>
<tr><td>月</td><td>火</td><td>水</td><td>木</td><td>金</td></tr>
<tr><td>1</td><td colspan="5">自立活動</td></tr>
<tr><td>2</td><td>学級活動</td><td colspan="4">自立活動</td></tr>
<tr><td>3</td><td colspan="5">自立活動</td></tr>
<tr><td>4</td><td colspan="5">自立活動</td></tr>
<tr><td>5</td><td>国語</td><td>算数</td><td rowspan="2"></td><td>図画工作</td><td>音楽</td></tr>
<tr><td>6</td><td colspan="2">自立活動</td><td>自立活動</td><td>道徳</td></tr>
</table>

④　訪問教育による教育課程

<table>
<tr><td rowspan="2">校時</td><td colspan="5">曜日</td></tr>
<tr><td>月</td><td>火</td><td>水</td><td>木</td><td>金</td></tr>
<tr><td>1</td><td></td><td></td><td></td><td></td><td></td></tr>
<tr><td>2</td><td>学級活動</td><td></td><td rowspan="3">自立活動</td><td></td><td rowspan="2">自立活動</td></tr>
<tr><td>3</td><td rowspan="2">自立活動</td><td></td><td></td></tr>
<tr><td>4</td><td></td><td></td><td>道徳</td></tr>
<tr><td>5</td><td></td><td></td><td></td><td></td><td></td></tr>
<tr><td>6</td><td></td><td></td><td></td><td></td><td></td></tr>
</table>

❖ 第3節　特別支援学校小学部・中学部学習指導要領における特別の教育課程について

1. 重複障害者等に関する複数の教育課程（全体像）

特別支援学校小学部・中学部学習指導要領（2017年4月告示）の「第1章　総則」の「第8節　重複障害者等に関する教育課程の取扱い」において、重複障害者等に関する複数の教育課程を説明している。それらの教育課程の趣旨を表す名前をつけて表7－3にまとめた。それぞれの教育課程の詳細については次の項から解説する。

2. 障害の状態により特に必要な場合の教育課程

この教育課程については、「障害の状態により特に必要がある場合」と述べられていることから、重複障害者に限るものではないことに注意する必要がある。言いかえると、単一障害者の場合にも「障害の状態により特に必要がある場合」には適用できるものである。つまり、「第8節　重複障害者等に関する教育課程の取扱い」の「等」に該当する場合の規程である。

表7－4に障害の状態により特に必要がある場合の教育課程の内容を引用した。

表7－4の【 】内の文言に基づいて、児童又は生徒の障害の状態により特に必要がある場合の教育課程の主な内容をまとめてみると、①下学年の内容などで対応ができること、②下学部の内容などで対応ができること、などをあげることができる。

3. 知的障害児で小学部の各教科などの3段階・中学部の各教科の2段階を達成している者の教育課程

この教育課程については、特別支援学校小学部・中学部学習指導要領（2017年4月告示）の「第1章総則」の「第8節　重複障害者等に関する教育課程の取扱い」において「知的障害者である児童に対する教育を行う特別支援学校の小学部に就学する児童のうち、小学部の3段階に示す各教科又は外国語活動の内容を習得し目標を達成している者については」及び「知的障害者である生徒に対する教育を行う特別支援学校の中学部の2段階に示す各教科の内容を習得し目標を達成している者については」と述べられてい

表7－3　重複障害者等に関する特別の教育課程

①障害の状態により特に必要がある場合の教育課程
②知的障害児で小学部の各教科などの3段階・中学部の各教科の2段階を達成している者の教育課程
③視覚障害・聴覚障害・肢体不自由・病弱のいずれかと知的障害を併せ有する児童・生徒の各教科などに関する教育課程（知的障害特別支援学校の各教科などの代替による教育課程）
④自立活動を主とした教育課程
⑤訪問教育に関する教育課程

表７－４　障害の状態により特に必要がある場合の教育課程
（特別支援学校小学部・中学部学習指導要領（2017年４月告示）より）

１　児童又は生徒の障害の状態により特に必要がある場合には、次に示すところによるものとする。その際、各教科、道徳科、外国語活動及び特別活動の当該各学年より後の各学年（知的障害者である児童又は生徒に対する教育を行う特別支援学校においては、各教科の当該各段階より後の各段階）又は当該各学部より後の各学部の目標の系統性や内容の関連に留意しなければならない。
（１）各教科及び外国語活動の目標及び内容に関する事項の一部を取り扱わないことができること。
（２）各教科の各学年の目標及び内容の一部又は全部を、当該各学年より前の各学年の目標及び内容の一部又は全部によって、替えることができること。また、道徳科の各学年の内容の一部又は全部を、当該各学年より前の学年の内容の一部又は全部によって、替えることができること。【下学年対応】
（３）視覚障害者、聴覚障害者、肢体不自由者又は病弱者である児童に対する教育を行う特別支援学校の小学部の外国語科については、外国語活動の目標及び内容の一部を取り入れることができること。
（４）中学部の各教科及び道徳科の目標及び内容に関する事項の一部又は全部を、当該各教科に相当する小学部の各教科及び道徳科の目標及び内容に関する事項の一部又は全部によって、替えることができること。【下学部対応】
（５）中学部の外国語科については、小学部の外国語活動の目標及び内容の一部を取り入れることができること。【下学部対応】
（６）幼稚部教育要領に示す各領域のねらい及び内容の一部を取り入れることができること。【下学部対応】

注：【　】内には、当該の記述の趣旨を簡単に示すと考えられる言葉を筆者が記載した。

ることから、重複障害者に関する規定ではなくて知的障害者に関する規定であることに留意する必要がある。つまり、「第８節　重複障害者等に関する教育課程の取扱い」の「等」に該当する場合の規定である。なお各教科の内容は、例えば小学校学習指導要領では基本的には学年ごとに記述されているが、特別支援学校学習指導要領では段階ごとに記述されている。

表７－５に知的障害児で小学部の各教科などの３段階・中学部の各教科の２段階を達

表７－５　知的障害児で小学部の各教科などの３段階・中学部の各教科の２段階を達成している者の教育課程（特別支援学校小学部・中学部学習指導要領（2017年４月告示）より）

２　知的障害者である児童に対する教育を行う特別支援学校の小学部に就学する児童のうち、小学部の３段階に示す各教科又は外国語活動の内容を習得し目標を達成している者については、小学校学習指導要領第２章に示す各教科及び第４章に示す外国語活動の目標及び内容の一部を取り入れることができるものとする。
　また、知的障害者である生徒に対する教育を行う特別支援学校の中学部の２段階に示す各教科の内容を習得し目標を達成している者については、中学校学習指導要領第２章に示す各教科の目標及び内容並びに小学校学習指導要領第２章に示す各教科及び第４章に示す外国語活動の目標及び内容の一部を取り入れることができるものとする。

成している者の教育課程の内容を引用した。

4. 知的障害特別支援学校の各教科などの代替による教育課程（視覚障害・聴覚障害・肢体不自由・病弱と知的障害を併せ有する児童・生徒の各教科に関する教育課程）

この教育課程については、特別支援学校小学部・中学部学習指導要領（2017年４月告示）の「第１章　総則」の「第８節　重複障害者等に関する教育課程の取扱い」において「視覚障害者、聴覚障害者、肢体不自由者又は病弱者である児童又は生徒に対する教育を行う特別支援学校に就学する児童又は生徒のうち、知的障害を併せ有する者については」と述べられおり、重複障害者に関する規定である。ただし、重複障害者全体ではなく、視覚障害と知的障害（視覚障害特別支援学校在籍）、聴覚障害と知的障害（聴覚障害特別支援学校在籍）、肢体不自由と知的障害（肢体不自由特別支援学校在籍）又は病弱と知的障害（病弱特別支援学校在籍）の重複障害者に適用される内容であることに留意する必要がある。

表７−６に知的障害特別支援学校の各教科などの代替による教育課程（視覚障害・聴覚障害・肢体不自由・病弱のいずれかに知的障害を併せ有する児童・生徒の各教科に関する教育課程）の内容を引用した。

5. 自立活動を主とした教育課程

この教育課程については、「重複障害者のうち、障害の状態により特に必要がある場合」と記載されていることから、重複障害者の教育課程に関する内容である（表７−７）。

6. 訪問教育に関する教育課程

この教育課程については、「障害のため通学して教育を受けることが困難な児童又は生徒に対して、教員を派遣して教育を行う場合」と記載されていることから、重複障害

表７−６　知的障害特別支援学校の各教科などの代替による教育課程（視覚障害・聴覚障害・肢体不自由・病弱と知的障害を併せ有する児童・生徒の各教科に関する教育課程）（特別支援学校小学部・中学部学習指導要領（2017年４月告示）より）

３　視覚障害者、聴覚障害者、肢体不自由者又は病弱者である児童又は生徒に対する教育を行う特別支援学校に就学する児童又は生徒のうち、知的障害を併せ有する者については、各教科の目標及び内容に関する事項の一部又は全部を、当該各教科に相当する第２章第１節第２款若しくは第２節第２款に示す知的障害者である児童又は生徒に対する教育を行う特別支援学校の各教科の目標及び内容の一部又は全部によって、替えることができるものとする。また、小学部の児童については、外国語活動の目標及び内容の一部又は全部を第４章第２款に示す知的障害者である児童に対する教育を行う特別支援学校の外国語活動の目標及び内容の一部又は全部によって、替えることができるものとする。したがって、この場合、小学部の児童については、外国語科及び総合的な学習の時間を、中学部の生徒については、外国語科を設けないことができるものとする。

表７－７　自立活動を主とした教育課程
（特別支援学校小学部・中学部学習指導要領（2017年４月告示）より）

４　重複障害者のうち、障害の状態により特に必要がある場合には、各教科、道徳科、外国語活動若しくは特別活動の目標及び内容に関する事項の一部又は各教科、外国語活動若しくは総合的な学習の時間に替えて、自立活動を主として指導を行うことができるものとする。

表７－８　訪問教育に関する教育課程
（特別支援学校小学部・中学部学習指導要領（2017年４月告示）より）

５　障害のため通学して教育を受けることが困難な児童又は生徒に対して、教員を派遣して教育を行う場合については、上記１から４に示すところによることができるものとする。

者に限るものではないことに留意する必要がある。つまり、「第８節　重複障害者等に関する教育課程の取扱い」の「等」も含めた場合の規程である（表７－８）。

第４節　特別支援学校小学部・中学部学習指導要領における自立活動について

１．特別支援学校の教育課程における自立活動の意義

自立活動は、学校教育法第72条で述べられている２つの目的の１つである「障害による学習上又は生活上の困難を克服し自立を図るために必要な知識技能を授ける」に対応する指導領域である。特別支援学校教育要領・学習指導要領解説自立活動編（幼稚部・小学部・中学部）（2018年３月）では、表７－９に示したように特別支援学校の教育課程における自立活動の意義について詳細に説明している。

２．自立活動の目標

特別支援学校小学部・中学部学習指導要領（2017年４月告示）の「第７章　自立活動」では、自立活動の目標について「個々の児童又は生徒が自立を目指し、障害による学習上又は生活上の困難を主体的に改善・克服するために必要な知識、技能、態度及び習慣を養い、もって心身の調和的発達の基盤を培う」と述べられている。この目標のポイントとして表７-10に示した４つをあげることができる。なお④について、特別支援学校教育要領・学習指導要領解説自立活動編（幼稚部・小学部・中学部）（2018年３月）では、「『調和的発達の基盤を培う』とは、一人一人の児童生徒の発達の遅れや不均衡を改善したり、発達の進んでいる側面を更に伸ばすことによって遅れている側面の発達を促すようにしたりして、全人的な発達を促進することを意味している」と述べている。

表７－９　特別支援学校の教育課程における自立活動の意義について
（特別支援学校教育要領・学習指導要領解説自立活動編（幼稚部・小学部・中学部）（2018年３月より）

特別支援学校の目的については、学校教育法第72条で、「特別支援学校は、視覚障害者、聴覚障害者、知的障害者、肢体不自由者又は病弱者（身体虚弱者を含む。以下同じ。）に対して、幼稚園、小学校、中学校又は高等学校に準ずる教育を施すとともに、障害による学習上又は生活上の困難を克服し自立を図るために必要な知識技能を授けることを目的とする。」ことが示されている。（中略）

後段に示されている「障害による学習上又は生活上の困難を克服し自立を図るために必要な知識技能を授けること」とは、個々の幼児児童生徒が自立を目指し、障害による学習上又は生活上の困難を主体的に改善・克服するために必要な知識、技能、態度及び習慣を養う指導のことであり、自立活動の指導を中心として行われるものである。すなわち、自立活動は、特別支援学校の教育課程において特別に設けられた指導領域である。この自立活動は、授業時間を特設して行う自立活動の時間における指導を中心とし、各教科等の指導においても、自立活動の指導と密接な関連を図って行われなければならない。このように、自立活動は、障害のある幼児児童生徒の教育において、教育課程上重要な位置を占めていると言える。

表７-10　自立活動の目標の４つのポイント

①自立を目指すための教育活動であること
②障害による学習上又は生活上の困難を主体的に改善・克服するための教育活動であること
③②のために必要な知識、技能、態度及び習慣を養うこと
④心身の調和的発達の基盤を培うこと

３．自立活動の内容

（１）自立活動の６つの区分と27の項目

自立活動の内容は、「健康の保持」、「心理的な安定」、「人間関係の形成」、「環境の把握」、「身体の動き」、「コミュニケーション」の６つの区分があり、それぞれの区分に合計27項目が記載されている（本書第３章を参照のこと）。

（２）自立活動の内容は全てを取り扱うものではない

特別支援学校学習指導要領などに示されている自立活動の内容は全てを取り扱うものではない。一人一人の子どもの教育的ニーズを把握し、必要な区分や項目を選定して指導することが大事である。このことについて、特別支援学校教育要領・学習指導要領解説自立活動編（幼稚部・小学部・中学部）（2018年３月）では、表７-11のように述べている。

４．自立活動における個別の指導計画

（１）自立活動における個別の指導計画作成のポイント

自立活動の指導にあたっては個別の指導計画を作成しなければならない。特別支援学校小学部・中学部学習指導要領（2017年４月告示）の「第７章　自立活動」の「第３

表７-11　自立活動の「内容」の取扱い
（特別支援学校教育要領・学習指導要領解説自立活動編（幼稚部・小学部・中学部）（2018年３月より）

幼稚園教育要領、小学校学習指導要領及び中学校学習指導要領等に示されている各教科等の「内容」は、すべての幼児児童生徒に対して確実に指導しなければならない内容である。これに対して、特別支援学校の学習指導要領等で示す自立活動の「内容」は、各教科等のようにそのすべてを取り扱うものではなく、個々の幼児児童生徒の実態に応じて必要な項目を選定して取り扱うものである。つまり、自立活動の内容は、個々の幼児児童生徒に、そのすべてを指導すべきものとして示されているものではないことに十分留意する必要がある。

表７-12　自立活動における個別の指導計画
（特別支援学校小学部・中学部学習指導要領（2017年４月告示）より）

1　自立活動の指導に当たっては、個々の児童又は生徒の障害の状態や特性及び心身の発達の段階等の的確な把握に基づき、指導すべき課題を明確にすることによって、指導目標及び指導内容を設定し、個別の指導計画を作成するものとする。その際、第２に示す内容の中からそれぞれに必要とする項目を選定し、それらを相互に関連付け、具体的に指導内容を設定するものとする。

表７-13　自立活動の個別の指導計画を作成する際の重要なポイント

①的確な実態の把握（障害の状態や特性及び心身の発達の段階等）
②指導すべき課題の明確化
③指導目標及び指導内容を設定

個別の指導計画の作成と内容の取扱い」では、表７-12のように記載されている。また、自立活動の個別の指導計画を作成する際の重要なポイントを表７-13にまとめた。

自立活動は、個々の児童生徒の障害による学習又は生活上の困難を改善するための学習である。困難さは一人一人異なるので、何を指導の課題とするか、指導目標・内容をどう設定するかは個別に計画しなければならない。2017年４月告示の特別支援学校小学部・中学部学習指導要領の改訂にあたっては、個別の指導計画の作成についてさらに理解を促すため、実態把握から指導目標（ねらい）及び具体的な指導内容の設定までの手続きの中に、「指導すべき課題を明確にすること」を加え、手続きの各過程を整理する際の配慮事項が詳細に記載されている。

（２）自立活動における個別の指導計画に基づく指導の実際（個別指導と集団指導）

特別支援学校教育要領・学習指導要領解説自立活動編（幼稚部・小学部・中学部）(2018年３月)、「第３章　自立活動の意義と指導の基本」、「２ 自立活動の指導の基本」、「（１）自立活動の指導の特色」では、自立活動の指導の際の個別指導と集団指導について次のように述べている。「個別の指導計画に基づく自立活動の指導は、個別指導の形態で行われることが多いが、指導目標（ねらい）を達成する上で効果的である場合には、幼児児童生徒の集団を構成して指導することも考えられる。しかし、自立活動の指導計

表 7-14　自立活動の指導の基本的な考え方
（特別支援学校教育要領・学習指導要領解説自立活動編（幼稚部・小学部・中学部）（2018年 3 月より）

自立活動の指導は、特設された自立活動の時間はもちろん、各教科、道徳科、外国語活動、総合的な学習の時間及び特別活動の指導を通じても適切に行わなければならない。自立活動の指導は、学校の教育活動全体を通じて行うものであり、自立活動の時間における指導は、その一部であることを理解する必要がある。

画は個別に作成されることが基本であり、最初から集団で指導することを前提とするものではない点に十分留意することが重要である」。

5. 自立活動は学校の教育活動全体を通して適切に行う

自立活動は教育課程の中の重要な部分を占めているが、学校の教育活動全体を通して適切に行われる必要がある。また、自立活動は自立活動以外の各教科等との密接な関連を保って行わなければならない。このことについて、特別支援学校教育要領・学習指導要領解説自立活動編（幼稚部・小学部・中学部）（2018年 3 月）では、表 7 -14のように述べている。

第 5 節　インクルーシブ教育システムの構築へ向けた特別支援学校の教育課程における「学びの連続性」

2017年・2018年の特別支援学校教育要領・学習指導要領の改訂は、2012年 7 月に中央教育審議会初等中等教育分科会から公表された「共生社会の形成に向けたインクルーシブ教育システム構築のための特別支援教育の推進（報告）」（以下、「分科会報告」）以後、初めての改訂であった。「分科会報告」では、「インクルーシブ教育システムにおいては、同じ場で共に学ぶことを追求するとともに、個別の教育的ニーズのある幼児児童生徒に対して、自立と社会参加を見据えて、その時点で教育的ニーズに最も的確に応える指導を提供できる、多様で柔軟な仕組みを整備することが重要である。小・中学校における通常の学級、通級による指導、特別支援学級、特別支援学校といった、連続性のある『多様な学びの場』を用意しておくことが必要である」としている。

本章では、この考え方を背景として、今次改訂により改善が図られた「各教科等を合わせた指導」や「重複障害者等に関する教育課程の取扱い」、「知的障害者である子どものための各教科等」について、詳細に述べた。そして、障害種別に共通の教育課程という観点から自立活動の詳細についても本章で取り扱った。

特別支援学校では、複数の教育課程が同時に実施されている。この特別支援学校内の複数の教育課程を「多様な連続する学びの場」ととらえれば、教育課程間の連続性と学部間の接続による連続性としてとらえることができるようになったといえる。

これまで、特別支援学校（知的障害）の各教科等で代替される教育課程を用いていた知的障害特別支援学級では、特別支援学級での教育内容と交流及び共同学習による通常の学級での教育内容の段差が課題とされてきたが、今次改訂で改善が図られたことにより、「学びの連続性」を目指す土台がようやく整備されたといえる。それは、特別支援学校と幼稚園、小・中・高等学校といった学校種を超えた交流及び共同学習（特に居住地交流）においても同様といえる（阪木・木舩・阿部、2019）。

2013年の「障害のある児童生徒等に対する早期からの一貫した支援について（通知）」にある「就学時に決定した『学びの場』は、固定したものではなく、それぞれの児童生徒の発達の程度、適応の状況等を勘案しながら、柔軟に転学ができることを、すべての関係者の共通理解とすることが適当であること」とした就学手続きの改正や柔軟な転学への対応を教育課程から補強したといえる。まさに「学びの連続性」の実質化といえる（山中、2018）。

自立活動においても、通常の学級で教育課程として編成することはできないが、自立活動で示されている６区分27項目を、通常の学級の子どもたちの実態の把握や支援の手立ての視点として生かしていくという実践が行えるようになっている（中尾、2009）。これは自立活動の「学びの連続性」ともいえる。

「分科会報告」では、「それぞれの子どもが、授業内容が分かり学習活動に参加している実感・達成感を持ちながら、充実した時間を過ごしつつ、生きる力を身に付けていけるかどうか、これが最も本質的な視点であり、そのための環境整備が必要である」としている。特別支援学校の教育課程における「学びの連続性」の確保は、この本質的な視点に基づいた改善といえるだろう。

【引用･参考文献】
中尾繁樹（2009）『子どもの特性を知るアセスメントと指導・支援』明治図書出版.
阪木啓二・木舩憲幸・阿部敬信（2019）「特別支援教育における『学びの連続性』－平成29年４月告示の学習指導要領に基づいて」『人間科学』１，pp.49-59，九州産業大学人間科学会.
山中ともえ（2018）「特別支援学校から小・中学校への転学と新学習指導要領」『平成29年度特別支援学校新学習指導要領ポイント総整理特別支援教育』pp.64-65，東洋館出版.

第8章 特別支援学校（視覚障害）における教育の「学びの連続性」

本章の目的 視覚障害児の心理・生理・病理と特別支援学校（視覚障害）の教育課程について理解すること

キーワード 視覚障害、盲、弱視、歩行指導、点字指導

第1節　視覚障害とは

1. 教育における視覚障害の定義

視覚障害とは、眼球や付属器官に生じた眼疾患などにより、眼鏡などの光学的矯正によっても視機能（視力、視野、光覚、コントラスト感度、色覚、調節、眼球運動、両眼視など）が永続的に低下した状態の総称である。従って、視機能が一過性に低下した状態や、何らかの医学的な治療により回復可能な場合には視覚障害から除外している。

視覚障害の主な状態像としては、視力障害、視野障害及び色覚障害があげられるが、中でも視力の低下は共通した部分であるため、法令として以下のように定められている。

2013年の文部科学省の通知（学校教育法施行令第22条の３）によると、特別支援学校（視覚障害）への就学の基準となる視覚障害の程度は、「両眼の視力がおおむね〇・三未満のもの又は視力以外の視機能障害が高度のもののうち、拡大鏡等の使用によつても通常の文字、図形等の視覚による認識が不可能又は著しく困難な程度のもの」とされている。

なお、ここでの0.3という視力は、眼鏡やコンタクトレンズを使用して屈折異常を矯正した状態の視力のことである。

2. 盲と弱視の状態

これまで、視覚障害は主に視力値を基準にして、大きく盲と弱視の状態に分類されてきた。盲とは、主として聴覚や触覚を活用して学習や日常生活を行う状態にある。一般的に盲の児童生徒であれば、専門的な教育の場である特別支援学校（視覚障害）に在籍し、点字を常用している場合が多い。

一方、弱視とは矯正視力が0.3未満で、視覚を活用した学習や日常生活が可能な状態である。そのため、弱視の児童生徒は特別支援学校（視覚障害）の他にも弱視特別支援学級や通級などにおいて、拡大教材や視覚補助具を使用するなど、様々な手段による学習を行っている。

いずれにしても、視覚障害を視機能が永続的に低下した状態の総称ととらえた場合、

その実態の把握は視力や視野、色覚だけでは不十分である。一概に視覚障害といっても、個々の状態像は個人差が大きいことを前提に、総合的に理解する観点が重要である。

また、視覚障害は、日常生活の様々な場面で困難さを引き起こすことが考えられる。例えば歩行、日常生活動作（ADL；Activities of Daily Living)、コミュニケーションなどにおける活動制限、社会生活における参加の制約である。特に指導や支援においては、このような内容も含めた視覚障害にともなう個別のニーズを把握し、対象をとりまく人的・物的環境を調整することも必要となる。

第2節　視覚障害の心理・生理・病理

1. 眼の構造と視覚刺激の処理

図8-1は、右眼球の水平断面と視路の模式図である。眼球は外膜（角膜、強膜)、中膜（虹彩、毛様体、脈絡膜)、内膜（網膜）の3つの膜で囲まれている。その中に、房水、水晶体、硝子体が入っている。眼球の重さは約7 gで、直径が約24mm のほぼ球形をなしている。なお、中膜のことをぶどう膜ともいう。

角膜と水晶体は、外界から眼に入ってきた光を屈折する。ぶどう膜の最も前方にある虹彩では、眼球に入ってくる光量を加減している。虹彩の後にある毛様体は水晶体の形状を変えることで、焦点の調整を行っている。また、毛様体は角膜と水晶体に栄養を供給し、老廃物を排出する房水を産生している。

脈絡膜はぶどう膜の後方に位置し、強膜と網膜の間にある血管組織層である。虹彩、毛様体、脈絡膜からなるぶどう膜により、眼球の内部が一種の暗室状態に保たれている。それにより、良好な見え方が得られる。

内膜にあたる網膜の中央部分には、中心窩と呼ばれる凹んだ部分がある。ここには、明所で働き、視力や色覚を司る錐体（すいたい）細胞のみが分布している。一方、網膜の周辺部に向かっては、暗所で働き、光覚を司る桿体（かんたい）細胞が多く分布している。

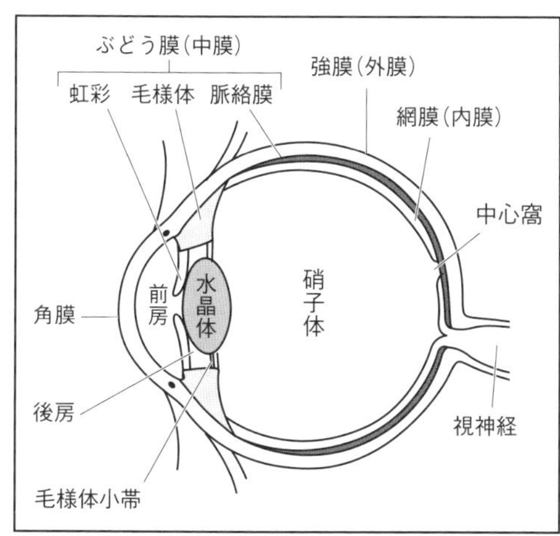

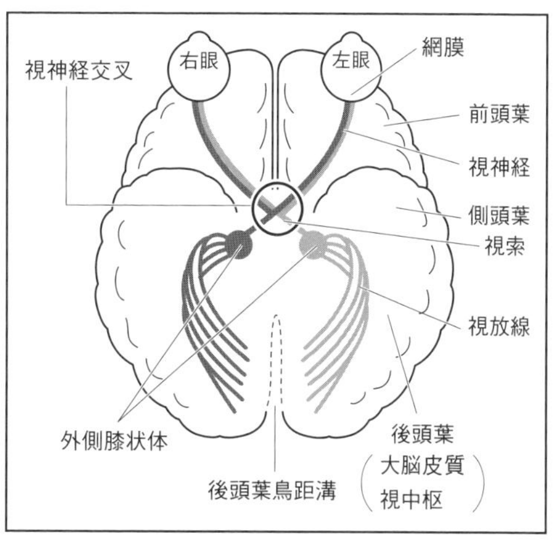

図8-1　右眼球の水平断面（左）と視路（右）の模式図

透光体（角膜、房水、水晶体、硝子体など）を通過した視覚刺激は、網膜の視細胞層に結像する。視細胞層で受容した情報は電気信号に変換され、視路にあたる視神経・視神経交叉・外側膝状体・視放線を通って、後頭葉の一次視覚野にいたる。その後、視覚刺激は、後頭頂葉に向かう背側皮質視覚路と下側頭葉に向かう腹側皮質視覚路に分かれて処理される。

2. 視機能の発達とその条件

まず、子どもの視機能が正常に発達するためには、①毎日ものを見るという学習が繰り返されること、②外界の像が眼底の網膜に鮮明に映ること、③両眼の視線を見ようとするものに同時に向けること、が必要である（加藤、1993）。

さらに、眼に入った視覚刺激が適切な時期に脳に伝わり、対応部位が視覚中枢として発達することで、視力は6～8歳頃、視野は12歳頃、色覚は10歳頃までにほぼ成人と同じレベルに達する。ただ、そこには適切な刺激であっても、視機能の発達にとって十分な効果が得られなくなる時期、つまり臨界期が存在することにも注意が必要である。

一方、眼疾患や視機能の低下がある場合、眼球を中心とした視機能はもちろんのこと、視覚刺激を十分に受容できない脳においても、見ることに関連した部位の機能が十分に発達しない、低下した状態にとどまってしまうことが予想される。また、視覚機能の発達に及ぼす環境の重要性について、①視機能の発達は眼疾患がなくても、環境が不適切だと阻害されてしまう可能性がある、②視機能が発達するためには特定の視覚刺激のみでは不十分である、との指摘がある（中野、2009）。この点についても、乳幼児期の育児環境を考える上で留意されたい。

3. 視覚障害児の発達を規定する要因

視覚障害児の発達を規定する要因として、「行動の制限」、「視覚的模倣の欠如」、「視覚情報の欠如」、「視覚障害児に対する態度」の4つがあげられている（五十嵐、2003）。

「行動の制限」は、身近な環境への興味・関心の弱さ、人や物への自発的な働きかけや探索行動の乏しさをもたらすことが考えられる。「視覚的模倣の欠如」は、動作模倣を必要とする運動への苦手感や運動の量的・質的不足、習慣的な礼儀作法などの学習の困難さに関連してくる。また、「視覚情報の欠如」により、言語理解の偏りや概念の形成に課題が生じることもある。さらに、周囲の人々の「視覚障害児に対する態度」は、時として情緒的な不安定さや自己肯定感の弱さを引き起こす要因にもなりかねない。

これらの要因は相互に関連しながら、視覚障害児の発達全般へ影響する可能性がある。ただし、医学的側面に起因する疾患のような1次的要因とはことなり、あくまでも2次的なものであるため、適切な教育や生活環境の工夫によっては状況が改善することもあり得る。

4. 視覚障害の医学的原因

（1）子どもの眼の特徴

まず、子どもの眼の特徴として、次の３点について注意が必要である。①子どもの視機能は発達段階にあるため、例えば検査データの変動が大きく、信頼性に乏しい傾向にある。②特に乳幼児では、自らの症状や経過を正しく説明することが難しく、疾病の発見が遅れることにもなりかねない。③そのため、個々の年齢による身体的・精神的・心理的な差異を十分に考慮しながら、子どもの眼疾患や発達の全体像を包括的かつていねいに把握すべきである。

（2）代表的な眼疾患

ここでは、視覚障害をもたらす代表的な眼疾患について概説する。眼球全体については無眼球・小眼球と緑内障、透光体については白内障、網脈絡膜については網膜色素変性症、黄斑変性症及び未熟児網膜症、全身疾患の中でも先天代謝異常については白子症を取り上げる。

①無眼球・小眼球

眼の先天異常のうち、第１次眼胞の形成異常により発症するものが無眼球・小眼球である。無眼球は、眼窩（眼球の収まる頭蓋骨のくぼみ）に眼球がない状態である。一方、小眼球は、眼球が通常の大きさより小さい状態の総称である。白内障や虹彩欠損などを合併することも多い。症状としては遠視や視野障害の他に、眼球振とう（眼球が自分の意思とは関係なく、不随意に揺れ動く状態。眼振）などをともなう場合がある。

②緑内障

緑内障は、徐々に視覚障害が進行する視神経症である。主な病因としては、眼球後方部の偏位・変形、視神経乳頭組織の喪失、網膜と視神経の形態変化があげられる。緑内障は、房水の産出と排出の調節機能低下にともなう眼圧の上昇により、視神経が障害されることで視力や視野のダメージを受けるタイプと、眼圧は正常範囲にもかかわらず、視機能の様々な低下が生じる正常圧緑内障に分けられる。また、この疾患は自覚症状が乏しいことに注意が必要である。

③白内障

白内障は、水晶体内の蛋白質の変性、繊維の膨化や破壊により、水晶体が白く混濁した状態である。大きくは、先天性と後天性の２つに分けられる。前者は、染色体異常や先天性の疾患にともなって生じる場合がある。この場合、水晶体の摘出など手術による早期の対応と屈折矯正が必要である。後者の多くは、老人性白内障である。その他、糖尿病やアトピー性皮膚炎に合併した白内障などがある。水晶体の混濁により光が散乱し、周りが暗く見え、コントラストの低下や羞明（しゅうめい）（まぶしい状態）が生じる。

④網膜色素変性症

網膜色素変性症は10代での発症率が高く、求心性視野狭窄をともなう遺伝性の疾患である。網膜の視細胞のうち、主に網膜周辺の桿体細胞の機能が障害され、中心部へと病状が進行する。この疾患の初期においては暗順応（明るい環境から暗い環境に移っても、徐々に視力が確保される機能）の低下が見られるものの、視力と色覚は比較的保たれている。しかし、視野狭窄が進むと、徐々に視力の低下が顕著になる。また、硝子体混濁により羞明をともなう場合がある。

⑤黄斑変性症

黄斑変性症は、網膜の黄斑部に密集する錐体細胞が進行的に変性・萎縮することで起こる。また、桿体細胞の障害をともなう場合には、錐体桿体ジストロフィという。発症の時期により、若年性と加齢性とに分けられる。近年、加齢黄斑変性症の増加が顕著である。主な症状として、中心視力の低下、中心暗点、色覚障害、羞明などが生じる。

⑥未熟児網膜症

未熟児網膜症は、未熟児の網膜血管末梢部で血管新生の異常増殖、溢出や出血が発生し、牽引性網膜剥離が起こった状態である。その結果、混濁状態、眼振、視野障害が生じ、他の様々な障害を合併することもある。重症の場合には、失明にいたることもある。出生時体重1600g 以下、在胎32週以下の未熟児に高頻度に発症し、在胎期間が短いほど重症化しやすい。

⑦白子症

全身白子症では、先天的な色素（メラニン）の欠乏により、眼、皮膚、毛髪の色が薄い。特に、眼白子は X 染色体劣性遺伝により、眼だけに色素欠乏が見られる。症状としては視力の低下、眼振、斜視、羞明などが生じる。

（3）眼疾患にともなう症状への配慮

眼疾患は、視覚に関する様々な症状を引き起こす。それは個人差が大きいため、日頃の教育や日常生活では細かな配慮が必要である。ここでは、弱視の状態における見え方の特徴（川嶋、2008；香川、2016）をもとに、教育上の留意点をまとめてみた。

①視力の低下

見え方：屈折異常などにともなう視力の低下により、ものの輪郭や細部がぼやけて見にくい状態。

留意点：例えば、文字学習においては、正確に文字のかたちを視認することや模写が困難となり、誤学習が生じやすい。そのため、拡大教材や拡大読書器などを用いて、文字や図形の網膜像を拡大することで、まず正確なかたちを視認させることが重要である。また、路上の段差や、床と階段の境目に気づきにくいため、生活環境への注意も必要である。

②混濁

見え方：角膜や水晶体の混濁により、コントラストが低下し、シャープな像が得にくい状態。

留意点：この場合、紙上のマスや罫線、細かな目盛り、コントラストが低い配色を視認することが困難となる。特に、羞明への配慮が必要である。そのため、照度を低下させる遮光眼鏡の使用、眼内への光量を制限することで対象となる文字のコントラストを向上させるタイポスコープ、白黒反転文字などが有効である。

③視野狭窄

見え方：特に、視野狭窄が進行した状態である求心性視野狭窄では、一度に見える範囲が極端に狭く、全体を把握することが困難な状態。

留意点：視野が狭いことにより、文字学習や広い地図などの全体像をとらえることが困難となる。そのため、文字の読み書きにおいては、適切な文字サイズの選択や、対象との視距離を離すことで多くの情報を有効な視野に入れる工夫が必要である。また、薄暗い場所や夜には見えにくさが増し（夜盲）、移動に支援が必要になることがある。

④中心暗点

見え方：中心視力の低下により、視線を向けたところが見えない、見たいものが見えない状態。

留意点：視力がかなり低下するため、文字の読み書きや図形の細部を認識することが困難となる。視力の低下への対応と同様に、拡大教材や拡大読書器などを用いて、対象の網膜像を拡大することが必要である。また、ケースによっては色覚障害や羞明などへの配慮も大切である。医療的な対応の一つとしては、見えにくい中心暗点（視野の中心部）を避けて、対象を見るトレーニング（偏心固視訓練）があげられる。

⑤その他

その他、両眼の同じ側に視野欠損が生じる同名半盲などの特殊な視野障害、眼球振とう、虹彩欠損やぶどう膜炎などによる眼球内の暗室不良状態、高次脳機能障害に関連した視空間認知障害なども、見えにくさが増す要因となるため注意が必要である。

第３節　視覚障害教育の基礎知識

1. 特別支援学校（視覚障害）の実態と課題

近年の文部科学省学校基本統計によると、特別支援学校（視覚障害）の在籍者数の推移は、盲学校義務制が完了した後の1959年をピークに、多少の増減があるものの減少傾向にある。その一方で、弱視特別支援学級の在籍者数については、全般的には増加傾向にある。

その実態の詳細について、1980年以降５年ごとに筑波大学を中心に実施されてきた全国視覚特別支援学校の実態調査（2015年調査）（柿澤、2016）をもとに、要点をまとめてみた。

○視覚特別支援学校に在籍する児童生徒数は、2010年調査よりさらに減少傾向にある。一方、重複障害児童生徒の割合は、1980年の調査開始以来、増加傾向にある。

○教育上の便宜的分類である盲の視力レベルが、従来の「0.02未満」から「0.01未満」へ移行している。

○視覚障害特別支援学校全体における視覚障害原因となる眼疾患の部位は、網脈絡膜疾患、眼球全体、視神経視路疾患、角膜疾患の順に割合が高い。眼疾患は、未熟児網膜症、網膜色素変性症、小眼球・虹彩欠損ならびに視神経萎縮、緑内障・水（牛）眼、視中枢障害の順である。

○未熟児網膜症の増加傾向は、視覚特別支援学校児童生徒の重複障害化・重度化との関連が推察される。

○重複障害は、未熟児網膜症や視神経視路疾患、すなわち中枢性障害を伴う場合が多い。

○重複障害の概ね５人中４人が知的障害を伴っている。

このような調査結果を踏まえて、以下の１）～３）を視覚障害教育の課題としてあげておきたい。

１）単一障害（視覚障害のみ）の児童生徒数の減少は、教師においては教科指導などに関する実践力を高める機会の不足をまねき、結果として視覚障害教育の専門性の維持・継承が困難な事態が生じている。また、重複障害のある児童生徒への専門教育のあり方についても、引き続き事例研究の蓄積と体系化が必要である。

２）次に、弱視特別支援学級の在籍者数は増加傾向にあることから、通常学校においても、さらに弱視教育に関する専門性をもった教師が求められている。そのためには、学校現場、教育委員会及び大学が連携をはかりながら、教師の研修支援システムの充実が必要である。

３）さらに、特別支援学校（視覚障害）の児童生徒においては、学校・寄宿舎の生活だけでは希薄となりがちな人間関係や社会性を補うためにも、交流学習や地域活動への参加が大切である。ここでは、「チーム学校」という視点からも、例えばスクールソーシャルワーカーとの連携をはかりながら、地域における支援ネットワークの構築が必要である。

2. 特別支援学校（視覚障害）における教育課程の編成

一般的に、視覚障害教育は視覚障害の状態に応じて、大きく「盲教育」と「弱視教育」に分けられる。さらに、視覚障害と他の障害を併せもつ重複障害の児童生徒への指導がある。

（1）盲教育

盲教育では、視覚を活用することが困難な場合、視覚以外の触覚や聴覚を用いた学習を行うことになる。指導においては、主に点字や点図（図表や地図などを、点字のように凸表示したもの）による教科書、立体コピーなどの触覚教材、音声教材などを用いる。

（2）弱視教育

弱視教育では、保有する視力を十分に活用しながら学習することが大切である。そこでは、拡大教材、弱視レンズや拡大読書器などの視覚補助具を使用することになる。その際、弱視の視覚認知は個人差が大きい点に、十分な配慮が必要である。

また、補助具の選定と使用にあたっては、まず本人のニーズと操作能力に合ったものであることに留意されたい。補助具は、本人が十分に使いこなせてこそ、学習や生活に活かすこともできる。そのためには、自立活動の時間も有効に活用した、教師によるていねいな指導が不可欠である。

（3）重複障害教育

視覚障害に関連した重複障害教育では、障害の重複パターンの頻度からいっても、知的障害を併せもつ児童生徒を対象とすることが多い。ただ、実際の一人一人の状態像は、知的障害と視覚障害の重複が主であっても、聴覚障害、病弱、肢体不自由など様々な要素が混在していることもあるため、実態の把握には総合的な観点が必要である。特に医療的ニーズの高い児童生徒に対しては、医師や看護師、リハビリ職も含めた多職種連携によるアプローチが求められる。

視覚障害に関係するいずれの指導においても基本となるのは、「保有する感覚の活用」、「イメージと言語化」、「主体的・能動的な体験活動」、「見通しをもった行動」、「適切な視覚補助具の活用」と学習環境の整備である。

（4）特別支援学校（視覚障害）における教育課程

特別支援学校小学部・中学部学習指導要領の「第１章　総則」の「第８節の３及び４」には、重複障害者等に関する教育課程の取り扱いについて規定されている。特別支援学校（視覚障害）においても、以下の基本的な①～④の教育課程を参考に、個々の実態に応じた柔軟な編成が必要である。

①幼稚園、小学校、中学校、高等学校に準ずる教育課程

当該学年の各教科の目標及び内容に準ずる学習を行う。

②下学年又は下学部に準ずる教育課程

当該学年の各教科の目標及び内容の全部又は一部を、下学年又は下学部の各教科の目標及び内容の全部又は一部に替えて学習をする。

③特別支援学校（知的障害）の教育課程を取り入れた教育課程

各教科の目標及び内容の全部又は一部を、当該教科に相当する特別支援学校（知的

障害）の各教科の目標及び内容の全部又は一部に替えて学習をする。

④自立活動を主とする教育課程

各教科、道徳、外国語活動もしくは特別活動の目標及び内容に関する事項の一部又は各教科、外国語活動もしくは総合的な学習の時間を替えて、自立活動を主として指導を行うことができるものとする。

第４節　視覚障害教育における自立活動

1. 自立活動の指導

自立活動の指導は、「個々の幼児児童生徒が自立を目指し、障害による学習上又は生活上の困難を主体的に改善・克服しようとする取組を促す教育活動であり、個々の幼児児童生徒の障害の状態や発達の段階等に即して指導を行うことが基本」（「特別支援学校教育要領・学習指導要領解説自立活動編（幼稚部・小学部・中学部）」）とされている。

自立活動はこの時間枠の中で、個々の実態に即して個別や小集団の指導形態で行う場合と、この内容の性格上、学校教育全般を通して行う場合が想定されるが、双方を関連づけることが大切である。また、指導にあたる教師間で情報を共有するためにも、指導すべき課題を明確にし、より具体的な個別の指導計画が作成されるべきである。

2. 自立活動の内容

自立活動の内容は、「１．健康の保持」、「２．心理的な安定」、「３．人間関係の形成」、「４．環境の把握」、「５．身体の動き」、「６．コミュニケーション」の６つに区分し、それぞれに３～５の項目、計27項目を位置づけている。

この区分は、あくまでも児童生徒の全体像を把握し、区分・項目間の関連から指導目標と内容を絞り込むプロセスを可視化するための手立てのようなものである。よって、指導内容の設定にあたっては、区分・項目の内容が関連づけられたかたちで、より具体的に記述されることが必要である。

指導実践は評価されることで、指導内容の改善へとつながる。評価においては毎回の授業評価とともに、中・長期的な期間での評価も大切である。継続的に、児童生徒の実態に即した授業内容の改善をはかるためには、まず教師による日頃の行動観察や定期的な検査等の実施が求められる。また、児童生徒のより主体的な学習を促すためにも、彼らによる自己評価の観点も大切である。

今後のGIGA（Global and Innovation Gateway for All）スクール構想に応じて、児童生徒の実態把握、指導内容及び評価結果を、継続的にデータベース化し、学校内外で共有化していくネットワークシステムの構築が有用であろう。このような情報環境の整備も、自立活動における「学びの連続性」の質を担保する上で重要と考える。

表８－１　歩行指導における区分・項目の整理

①「区分：環境の把握」→「項目：保有する感覚の活用、感覚を統合的に活用した周囲の状況の把握と状況に応じた行動」→「指導内容：ボディ・イメージの形成、音源定位、模型や触地図の利用、ルートマップの形成など」

②「区分：身体の動き」→「項目：姿勢と運動・動作の基本技能、日常生活に必要な基本動作、身体の移動能力」→「指導内容：姿勢バランス、安定した歩行、歩行中の障害物や危険の回避、白杖操作技術など」

3. 歩行指導

（１）基本的な考え方

自立活動の中でも、視覚障害のある児童生徒の歩行指導は代表的なものである。歩行指導の目的は、空間おける自分がいる場所と目的地との位置関係を認知地図として描き（空間定位能力：Orientation）、実際に身体を動かして、その目的地まで移動できる（移動能力：Mobility）ようにすることである。その際、「一人で」、「安全に」、「能率よく」歩けるようになることが最終的な目標となるが、何よりもまず安全な歩行であることが重要である。

実際の指導内容を検討する上では、この空間定位能力と移動能力の２つの観点の他に、児童生徒の状況によっては歩行能力の基礎となる健康、体力、知的能力、社会性などにも十分に配慮する必要がある。

（２）歩行指導における区分・項目の観点からの整理と評価

例えば、歩行指導の目標として「安全に歩く」を設定したとする。そこでは歩行指導に関連して、少なくとも自立活動の区分・項目の観点から、以下のような２つの手立ての整理（表８－１）が考えられる。また、これは先に述べた空間定位能力と移動能力の観点に即したものでもある。

指導実践のあとには、必ず評価とフォローアップを行うことが必要である。

次に紹介する筆者らの研究は、人の歩行を「安全性と安定性」の観点から総合的に分析し、適切な評価指標を検討した内容の一部である（Inoue et al., 2018; Suzuki et al., 2020; 門脇ら、2020）。これまで、歩行中における眼球運動、身体動揺の変動性及び床に対する両脚の足圧の変化を指標として、歩行の安定性や転倒・事故などの危険性を予測するシステムを開発してきた。実際に、このシステムを用いて、網膜色素変性症のある視覚障害者の歩行を分析した結果、歩行中のベアリング（視覚情報が欠如することで直進歩行が維持できず、曲がってしまう現象）や転倒の危険性の予測に、歩行の変動性と足圧による指標が有効であることが認められた。

このような障害種に関係なく、人の歩行そのものを評価できる指標は、長期的な観点からみた視覚障害者の歩行指導の評価にも、活用できるものと考えられる。

4. 点字指導

（1）点字の基本

点字は6つの点のパターンを触ることで文字を読む、いわゆる表音文字である。点字は、6つの点（縦3点、横2列）で、「マス」と呼ばれる文字の単位を構成している。1マスの6つの点は、その位置により、左の上から「1の点」、「2の点」、「3の点」、右の上から「4の点」、「5の点」、「6の点」と、順序数で呼んでいる（図8-2）。

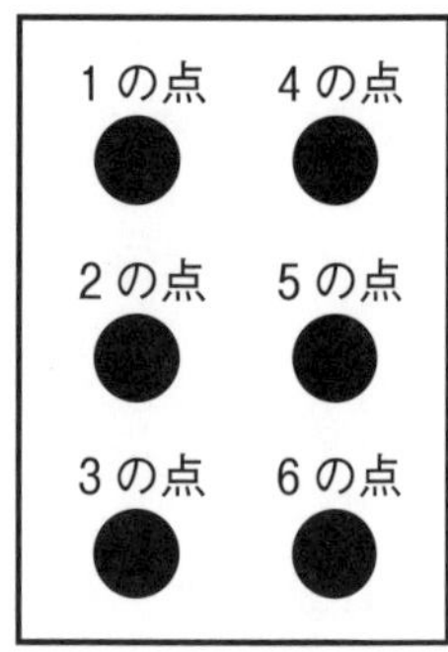

図8-2　点字1マス

日本点字は、母音を1、2、4の点で、子音を3、5、6の点で示し、その点の組み合わせによって文字を表している。また、濁音、半濁音、拗音は2マスを使い、清音の前にそれぞれの記号を書くことによって表す。さらに、外国語、数学記号、理科記号、音譜などを点字で表記することも可能である。

（2）点字による読み書きの指導

点字を学習するため準備段階としては、まず子どもが対象に触れ、手指を積極的に動かして能動的に触察する態度の形成が大切である。また、点字が文字であるため、特に話し言葉における一定の言語の発達、指先で触れる6つの点の位置関係を把握するための空間認知、触運動の統制と触覚による弁別能力、順序数といった数概念の理解、が必要とされる（牟田口、2016）。

一般に、点字の指導においては読みの学習を行い、ある程度のレベルまで点字の触読が可能になった段階から、書く学習へと進む。特に、導入期においては指先の腹を使い、軽い触圧で1マスの6点を同時に認識し、指先を真横へとスムーズに動かせるように指導することが求められる。その1つの方法として、他動スライディング法がある（藤谷、1986）。これは、教師が子どもの指を持ち、指先の動きをコントロールすることで、適切な触運動感覚を体得させ、指先の上下動や余分な動きの少ない効率的な触読を身につけさせようとするものである。また、点字の読みの指導においては、当初から左右両手で点字を読ませること、単語や文節（言葉を区切った際、意味が通じる最小単位）、文章のまとまりを意識しながら読ませることも、大切な点である。

6点の組み合わせを打ち出すことで、点字という文字を書くことができる。漢字のない表音文字である点字では、文章を正しく読んで理解するために、文節でマス空けを行う、「分かち書き」という表記法が用いられている。点字を書くための道具としては、点字盤と点筆、点字タイプライター、パソコン画面の文字を点字に変換できる点字ディスプレイ、点字電子手帳などがある。

なお、点字盤を用いる場合は、点字を右から左へと打っていくため、それを読むときには紙を表に返して、左から右に読むことになる。そのため、導入期の子どもには、点字盤の使用は負担が大きい。一方、点字タイプライターでは、点字の読みと書きの方向が左右逆にはならないため、当初は点字タイプライターを点字の書きの指導に用いることが多いようである。

第５節　特別支援学校（視覚障害）における各教科の指導の配慮事項

1. 特別支援学校（視覚障害）における各教科の指導と準ずる教育

特別支援学校小学部・中学部学習指導要領「第２章　各教科」の「第１款　視覚障害者、聴覚障害者、肢体不自由者又は病弱者である児童（又は生徒―筆者）に対する教育を行う特別支援学校」では、「小学校・中学校学習指導要領第２章に示すものに準ずる」と明記されている。これは、高等部についても同様である。つまり、視覚障害のある児童生徒の教科教育は、原則として小・中・高の教育課程にもとづく教科指導と同じであることから、このことを「準ずる教育」と称している。ただ、実際の指導においては、当然のことながら個々の実態に応じた工夫や配慮が必要である。

また、教科教育に関する「準ずる教育」では、知的障害は含まれていない。一方、学校教育法第72条には、知的障害も含め「準ずる教育を施す」とされている。この学校教育法の明記は、あくまでも教育基本法の理念にもとづく義務教育制度や目的といった大きな枠組みに、全ての子どもを含んでいることを意味している点に留意されたい。

2. 視覚障害のある児童・生徒に対する各教科の指導の配慮事項

（１）各教科の指導における具体的な配慮事項

特別支援学校小学部・中学部学習指導要領においては、視覚に障害のある児童生徒に対する教科教育の配慮事項として、以下の（１）～（５）をあげている。（６）は高等部に関して新たに追記された項目であり、若干の補足説明を加えた。

なお、（１）～（５）で重要と考えられる点に下線を付して、「児童生徒の特性」、「指導目標」、「指導法」の３つの観点から整理したのが、表８-２である。

「（１）児童が聴覚、触覚及び保有する視覚などを十分に活用して、具体的な事物・事象や動作と言葉とを結び付けて、的確な概念の形成を図り、言葉を正しく理解し活用できるようにすること」

視覚障害のある児童生徒は、視覚情報を活用することが困難なことによる知識や情報、体験についての制限から、言葉理解の偏りや概念形成に課題が生じやすい。それゆえに、ここでは体験による裏付けに乏しい、連想による言葉を多用する傾向を意味する「バーバリズム」への対応の重要性を指摘している。

具体的な体験を通してイメージを形成し、それを言語化するプロセスを学習する必要がある。また、このような体験学習は国語だけではなく、あらゆる教科・科目で意図的に行うことが大切である（鳥山、2020）。

「（２）児童の視覚障害の状態等に応じて、点字又は普通の文字の読み書きを系統的に指導し、習熟させること。なお、点字を常用して学習する児童に対しても、漢字・漢語の理解を促すため、児童の発達の段階等に応じて適切な指導が行われるようにすること」

まず、点字と普通文字のどちらを常用するかの判断は、視力や視野、眼疾患、学習の到達度及び学習能力の現状と今後の予測、そして本人の意思を十分に踏まえて総合的に行うべきである。点字であれば、表記法に沿った系統的な指導が求められる。また、漢字・漢語の意味や同音異義語の使い分けに関する指導も必要である。

普通文字の読みについては、文章理解の向上のためにも一定の読速度が必要であること、書きについては書き順や部首について意識させながら、最初の段階で正しい文字を習得させることが大切である。特に、漢字の読み書きについては、視認性が低いと、形の細部や全体像を誤学習してしまうことも多いため、ていねいに時間をかけて行うことに留意されたい。

「(3) 児童の視覚障害の状態等に応じて、指導内容を適切に精選し、基礎的・基本的な事項から着実に習得できるよう指導すること」

ここで重要なことは、視覚障害のある児童生徒の実態に応じて、指導内容を精選するとともに、体験学習や実験・観察、さらには実習における視覚補助具の活用や教材・教具の工夫である。また、個々の学習状況に即した指導内容の順序性や指導時間に対する配慮も必要である。精選された内容をていねいに指導することで、各教科に求められる本質的な理解を促すことが大切である。

「(4) 視覚補助具やコンピュータ等の情報機器、触覚教材、拡大教材及び音声教材等各種教材の効果的な活用を通して、児童が容易に情報を収集・整理し、主体的な学習ができるようにするなど、児童の視覚障害の状態等を考慮した指導方法を工夫すること」

一般に、複数の情報を同時に取り扱うことは、視覚障害のある児童生徒には負担が大きいため、視覚補助具やコンピュータ、視覚・聴覚・触覚を十分に活用することは重要である。今後は、主体的にICTなどの機器を活用することで情報収集を行い、問題解決のために必要な情報を取捨選択することができるように指導することが大切である。

「(5) 児童が場の状況や活動の過程等を的確に把握できるよう配慮することで、空間や時間の概念を養い、見通しをもって意欲的な学習活動を展開できるようにすること」

まず、空間の概念は空間認知に関連した内容である。空間といっても、点字や図形のような小空間から建物や街といった立体的な大空間まで様々だが、そこには系統的な指導が必要である。例えば、生活環境に対する空間認知の向上をはかるには、空間や建物の立体的な模型から簡略化した平面的な触地図へと指導内容や教材を順序化すること、身近な空間から未知空間へのイメージや認知地図の広がりを促すことが大切である。

また、時間の概念については、1カ月や1週間のスケジュール、今日の学校生活など時間の流れを意識しながら、本人がスケジュールを計画し、主体的に行動できるようにすることが必要である。

「(6) 高等学校等を卒業した者が、社会経験を経るなどした後に、専門学科又は専攻科に入学した場合においては、その社会経験等を踏まえた指導内容となるよう工夫すること」

表８－２　教科指導における配慮事項のポイント

① 児童生徒の特性
　（ア）視覚障害の実態や発達段階の把握
② 指導目標
　（ア）見通しをもって、主体的・意欲的に学ぶ姿勢
　（イ）概念の形成（言葉、空間や時間など）
③ 指導法
　（ア）聴覚、触覚及び保有する視覚などの活用
　（イ）具体的な事物・事象や動作と言葉とを結び付ける
　（ウ）点字又は普通の文字の読み書きを系統的に指導
　（エ）視覚補助具、コンピュータ等の情報機器及び各種教材の活用
　（オ）場の状況や活動の過程等を的確に把握

「特別支援学校高等部学習指導要領第２章第１節第２款の１」の大部分は、小学部・中学部とほぼ同じである。この（6）は、新たに追記された項目である。ここでは、高等学校等の既卒者が専門教育を中心とした理療科等で学ぶ際、教科教育における留意の必要性にふれている。

例えば、卒業後、社会生活の期間が長くなっている生徒では、科目・教科の目標や内容の範囲において、個々の実態とニーズに応じた指導内容の精選が必要である。特に、眼疾患の症状によっては、本人の視覚障害等に対する受容の程度や適切な視覚補助具の活用方法についても、十分に配慮することが大切である。

（2）各教科の指導の配慮事項と学びの連続性

これまで述べてきた（1）～（5）の配慮事項は、特別支援学校（視覚障害）における各教科の指導にのみあてはまるものではない。多様な学びの場の間の「学びの連続性」を確保するためには、通常の学校の特別支援学級（弱視）、通級による指導及び通常の学級における各教科の指導においても、重要な配慮事項となる。配慮事項の内容を十分に踏まえた指導実践の向上こそが、学びの場を超えた、子どもの教育的ニーズにもとづく確かな「学びの連続性」へつながるものと考える。

【引用･参考文献】

藤谷みちる（1986）「盲幼児の点字指導法に関する一研究」『視覚障害教育実践研究』２，pp.12-18.

五十嵐信敬（2003）「視覚障害児発達を規定する２次的要因」『視覚障害幼児の発達と指導（第４版）』pp.17-18，コレール社.

Inoue T., Kamijo K., Haraguchi K., Suzuki A., Noto M., Yamashita Y., & Nakamura T.（2018）Risk factors for falls in terms of attention during gait in community-dwelling older adults. *Geriatrics Gerontology International*, 18, pp. 1267-1271.

門脇弘樹・武田貴子・納戸美佐子・森正男・丹所忍・氏間和仁・中村貴志（2020）「網膜色素変性症を有する視覚障害者に対する歩行の変動性および足圧を指標とした歩行評価の試み」『福岡教育大学附属特別支援教育センター研究紀要』12，pp.1-11.

香川邦生（2016）「見えにくさの原因」『五訂版 視覚障害教育に携わる方のために』（香川邦生編著）pp.136-137，慶應義塾大学出版会.

柿澤敏文（2016）「全国盲学校児童生徒の視覚障害原因等の実態とその推移」『全国盲学校児童生徒の視覚障害原因等に関する調査研究－2015年調査－報告書』pp.1-18.
加藤和男（1993）「３歳時検診から就学時検診へ」『眼科・学校保健マニュアル』（金井淳・加藤和男・矢沢興司編）pp.183-196，診断と治療社.
川嶋英嗣（2008）「弱視児・者の見え方」『特別支援教育を学ぶ（第２版）』（岐阜大学教育学部特別支援教育研究会編）pp.110-111，ナカニシヤ出版.
牟田口辰己（2016）「点字の学習を開始する前段階の指導」『五訂版 視覚障害教育に携わる方のために』（香川邦生編著）pp.116-118，慶應義塾大学出版会.
中野泰志（2009）「見る機能の発達を阻害する要因」『小・中学校における視力の弱い子どもの学習支援』（香川邦生・千田耕基編）pp.52-58，教育出版.
Suzuki A., Takahashi K., Ohtaki Y., Kamio K., Inoue T., Noto M., & Nakamura T.（2020）Estimating cognitive function in elderly people using information from outdoor walking. *Mechanical Engineering Journal*, 15（2）, pp.1-7.
鳥山由子（2020）「学習指導要領に示された指導上の配慮事項」『新・視覚障害教育入門』（青柳まゆみ・鳥山由子編著）pp.70-71，ジアース教育新社.

第9章 特別支援学校（聴覚障害）における教育の「学びの連続性」

本章の目的 聴覚障害児の心理・生理・病理と特別支援学校（聴覚障害）の教育課程について理解すること

キーワード 聴覚障害、聴覚口話法、補聴器、人工内耳、言語指導

第1節　聴覚障害とは

聴覚障害とは、医学的には「音が耳介から外耳道を経て大脳の第一次聴覚野に伝わるまでの聴覚伝導経路のどこかに何らかの障害があり、音が聴こえない、または聴こえにくい状態をいう」となる。文部科学省初等中等教育局特別支援教育課が作成した「教育支援資料～障害のある子供の就学手続と早期からの一貫した支援の充実～」（2013年10月）では聴覚障害を「聴覚障害とは、身の周りの音や話し言葉が聞こえにくかったり、ほとんど聞こえなかったりする状態をいう。（後略）」と定義している。「聴覚障害」とは「聴覚に障害がある」ということであり、「音が聞こえない」わけである。ただ、完全に聞こえない人は、聴覚障害のある人の中でもごく少数であって、何らかの音はわずかでも聞こえたり、もしくは歪んで聞こえたりしていることが多い。この少しでも聞こえる状態があることを「残存聴力」や「保有している聴力」という。

聴覚障害のある人は、単に「音が聞こえない」わけではなく、「音が聞こえない」ことによって、「話し言葉が聞こえない」ことになり、それによって「耳からの言葉の習得が困難」となるために、学習上及び生活上に大きな困難をもたらすことになる。普段、私たちは何不自由なく言葉を使っていることから、なかなか気付かないが、話し言葉は、生まれた直後から周囲で話されている言葉を耳から聞くことで、自然に習得していく。「音が聞こえない」と、これができなくなるのである。目が見えるのだから、文字から学べばよいと考える人がいるかもしれない。文字による言葉である書き言葉は、話し言葉が十分に確立された後に、その話し言葉を基盤として、学校教育などの教育的な指導があることによってはじめて習得できるものであって、基盤となる話し言葉が十分に身に付けられていない場合には、書き言葉を身に付けることは大変困難なことなのである。

「言葉の習得が困難」となると、生活上または学習上の様々な困難が生じてくる。「意思疎通を図ることができない」、「読んだり書いたりができない」となり、さらに言葉は「考える」ために必要な道具であることから「思考を深めることができない」ことになる。また、感情を表現したり、コントロールしたりするための道具でもあることから自らの「行動を制御することができない」ことになる。これは生物学的なヒトが社会的な

存在である人になれないことともいえる。つまり、言葉はヒトが人として成長・発達していく上で欠かせないものであるにもかかわらず、「聴覚障害」によってそれが阻害されてしまうということになる。そのため、できる限り早期からの教育的な支援が必要となる。

❖第2節　聴覚障害の心理・生理・病理

1. 聴覚器の構造と聴覚障害の種類

音とは空気の振動である。その空気の振動が、耳介（耳たぶ）から外耳道といわれる管のような器官を通って、鼓膜という薄い膜を振動させる。その振動が耳小骨と呼ばれる3つの骨（ツチ骨・キヌタ骨・アブミ骨）の振動に変わり、アブミ骨が内耳といわれる箇所にある蝸牛（かぎゅう）についている窓に振動を伝える。すると、蝸牛にはリンパ液が入っていて、その液体が揺れ、蝸牛内部にある有毛細胞が揺れて電気信号が発生して、それが聴神経という脳につながっている神経を通して電気信号になって伝わり、大脳の第一次聴覚野といわれる領域で「音が聞こえた！」となる（図9-1）。

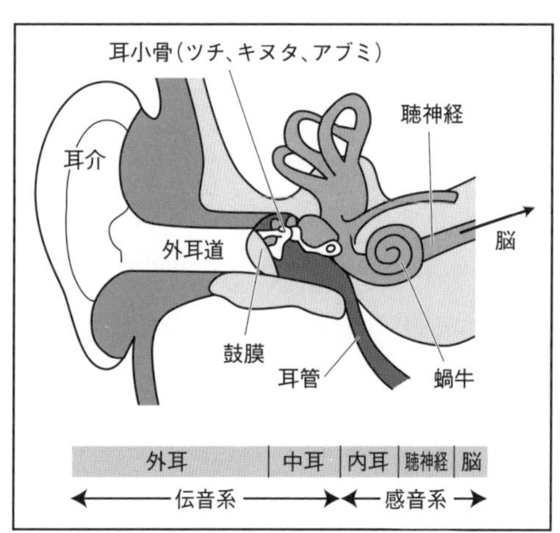

図9-1　聴覚器の構造

耳介から蝸牛までは物理的な振動である。ここに何らかの障害があり音が振動として伝わらなくなる聴覚障害のことを「伝音性難聴」という。蝸牛から大脳の第一次聴覚野といわれる領域までは音は電気信号となっている。ここに何らかの障害あり、音が電気信号として伝わらなくなる聴覚障害のことを「感音性難聴」という。

2. 平均聴力レベル

「聴覚障害」の程度は成人が音を聞き取ることができる最小の音の圧力である「音圧」を0として、その単位をdB（デシベル）と表している。つまり、大人がようやく聞き取る音を0dBとしている。おおよそ、1m離れて普通に会話している際の声の音圧レベルは60dBから70dBである（図9-2）。「聴覚障害」の実態把握で最も基本的なことは、保有する聴力の実態を把握することである。音は様々な周波数成分からなっている。音を構成する周波数成分ごとに聞き取ることができる聴力レベルをグラフにしたものを「オージオグラム」という（図9-3）。それを把握する機器を「オージオメーター」という。聴力レベルを測定する周波数は、125Hz、250Hz、500Hz、1000Hz、2000Hz、4000Hzで行うことが多い。このうち、500Hz、1000Hz、2000Hzの聴力レベルを用いて4分法と呼ばれる計算式によって平均聴力レベルを算出する。この平均聴力レベルを右耳と左耳について算出することによって、裸耳（らじ）の聞こえの程度を表すことになってい

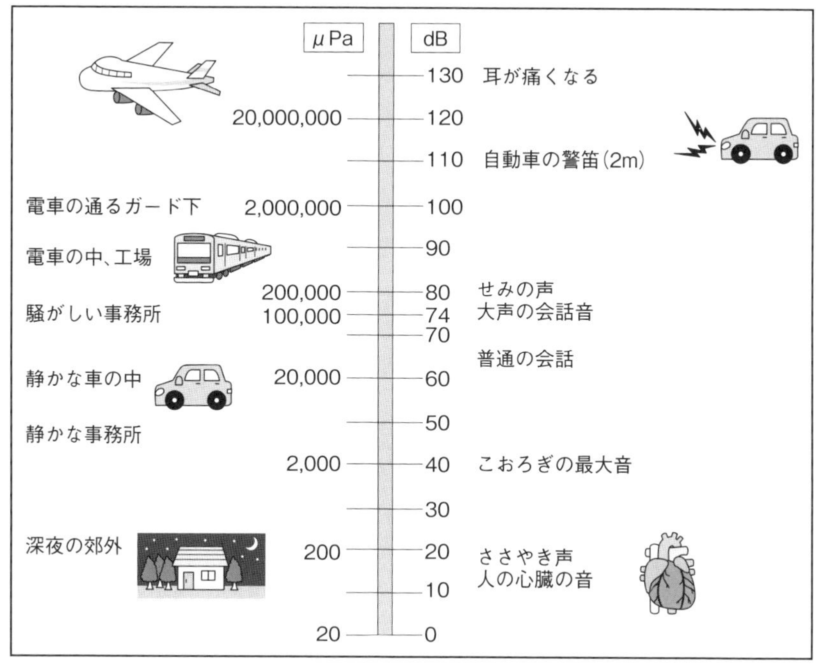

図9－2　音圧レベル dB（デシベル）の目安

※μPa（マイクロパスカル）は音圧の単位を表す

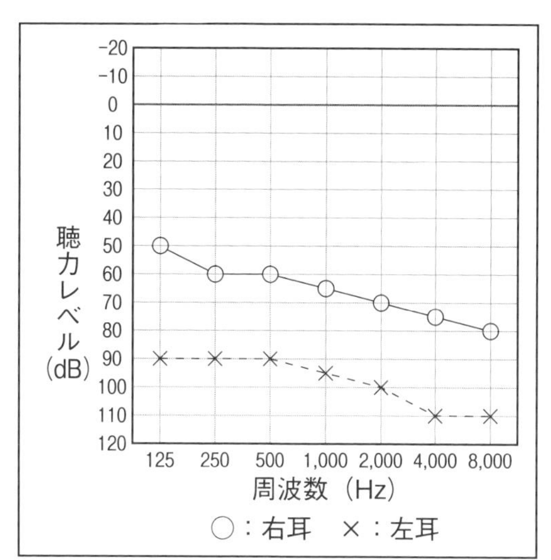

図9－3　オージオグラムの例

る。例えば、右耳の聴力レベルが500Hz で60dB、1000Hz で65dB、2000Hz で70dB とすると、4分法では、右耳の平均聴力レベルは65dB、左耳の聴力レベルが500Hz で90dB、1000Hz で95dB、2000Hz で100dB とすると、4分法では、左耳の平均聴力レベル95dB となる。つまり、図9－3のオージオグラムの子どもは通常の会話による音声が、両耳ともに全く聞き取ることができないレベルになる。

3. 特別支援学校（聴覚障害）の就学基準

第２章において特別支援学校（聴覚障害）に就学できる障害の程度が「学校教育法施行令第22条の３」の別表にあることを示した。別表には特別支援学校（聴覚障害）に就学できる「聴覚障害者」とは「両耳の聴力レベルがおおむね六〇デシベル以上のもののうち、補聴器等の使用によつても通常の話声を解することが不可能又は著しく困難な程度のもの」と示されている。つまり１m離れた距離での普通の会話の声がようやく聞こえるのが60dB であり、それ以上の聴力レベルの子どもは聴覚障害者を教育の対象とする特別支援学校へ就学できる障害の状態ということになる。通常の状態では話し言葉の聞き取りが困難な子どもたちということになる。ただ、実際に特別支援学校（聴覚障害）に在籍する子どもの聴力レベルは補聴器等がない状態（裸耳）で、90dB 以上がほとんどであり、中には120dB といったジェット飛行機が飛び立つときの音がようやく聞こえるといった子どもや聴力レベルが測定不能という子どももいる。そして、ほとんどが感音性難聴であり、音がほとんど聞こえないか、補聴器を用いてようやく音が聞こえても、それは著しく歪んでいることが多い。

4. 補聴器と人工内耳

そこで、このような保有する聴力を活用して、音声情報を届けようとするのが、聴覚補償機器と呼ばれるもので、実際に用いられているものとしては、補聴器と人工内耳がある。補聴器は、聴力を補うために、音の聞き取りを補助する補装具である。補装具は障害のある人に対して公的な補助によって購入できるように指定されている「身体の欠損又は損なわれた身体機能を補完・代替する用具」（厚生労働省「補装具費支給制度の概要」）のことである。補聴器は、マイクロフォン、アンプ、レシーバーから構成されており、電源は小さな空気電池が用いられる。外部からの音声をマイクロフォンで受信して、アンプで電気的に増幅し、レシーバーから再び音声情報として発信する。つまり音を大きくする機械である（図９-４）。ただ、単純に音を増幅するのではなく、個々の聴力レベルに合わせて調整することができるようになっている。近年は音の処理は全て内蔵されたマイクロプロセッサによってデジタル処理がされ、調整もPC に接続して専用のアプリケーションソフトで行うようになっており、１対１の会話や教室内、大きな会場での講演会といったように場面での切替も自動的にできるようになっている。形状や大きさも耳介の裏側にかける「耳かけ式補聴器」から、外耳道に挿入して外部からはほとんど見えないほど小型化された「耳あな式補聴器」もある。

人工内耳は外部に装用する機器と、インプラントと呼ばれる頭蓋内に外科的手術によって埋め込まれた機器によって構成される。外部機器はマイクロフォンとスピーチプロセッサと呼ばれる超小型のコンピュータで構成されており、マイクロフォンで集めた音声情報をスピーチプロセッサで解析・演算を行い電気信号に変換して、磁気コイルによって、内部のインプラントへ送る。そして、内耳の蝸牛に埋め込まれた電極からの電気信号によって、直接聴神経を刺激して、大脳の一次聴覚野に送る（図９-５）。補聴器に比べると格段に聴力が改善されることになった。人工内耳手術の子どもへの保険適用が

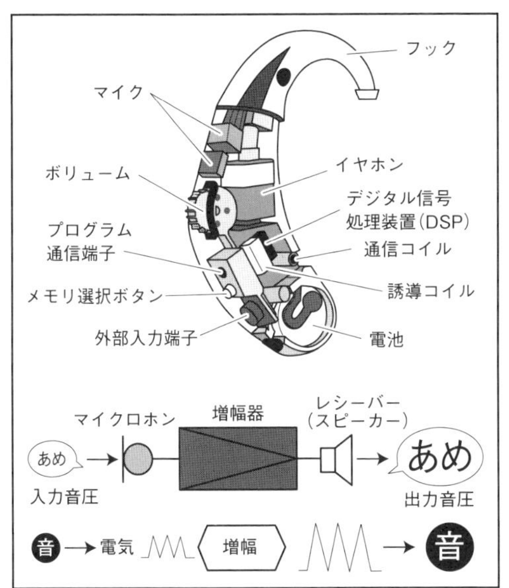

図9－4　補聴器の仕組

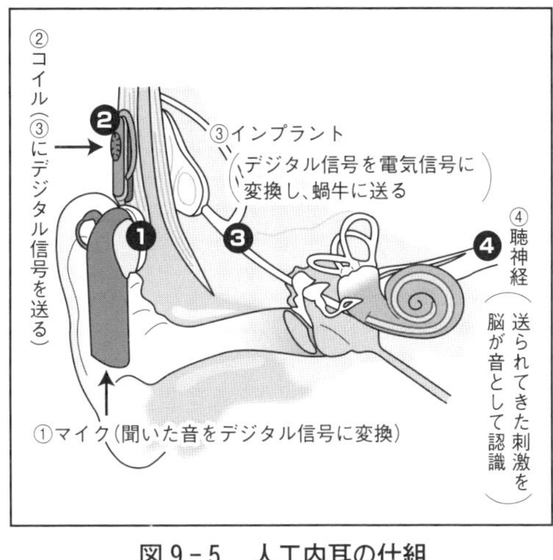

図9－5　人工内耳の仕組

されるようになって、二十数年が経ち、現代では多くの聴覚障害児が1歳から2歳までの間に手術を受け、病院や療育機関でのハビリテーションを受けるようになっている。

第3節　聴覚障害教育の基本的知識

1. 早期支援

補聴器や人工内耳といった聴覚補償機器を装用するにしても、すぐに音が聞こえるようになって、言語音の聴取が可能となり、会話ができるようになるわけではない。まず、聴覚障害の状態に合わせた機器の調整（人工内耳の場合は「マッピング」という）から始まる。そして環境音の認知から始まり、次に音声の認知、そして、音声の弁別へとハビリテーションが行われる。音声の弁別が進むと、次は単語の認知といったように段階を踏んで、長期間にわたっての言語のハビリテーションが行われる。人工内耳の場合は医療的な処置が必要なことから、最初は病院で行われ、音声の弁別あたりから、療育機関や聴覚障害特別支援学校の乳幼児教育相談で療育として行われる比重が高まってくる。その後、保育園や幼稚園と療育機関を掛け持ちして療育を続ける子どももいれば、特別支援学校（聴覚障害）幼稚部へ入学し、そこで専門的な教育を受ける子どももいる。

2. 多様なコミュニケーション手段の活用

教育的な指導に入ってくると、まず大切になってくるのはコミュニケーションを確立していくことである。それぞれの子どもの聴力の実態や、補聴器か人工内耳か、そして、家庭で手話を使っているのか、使っていないのか、子ども自身の適性などから、様々なコミュニケーション手段を用いてコミュニケーションを確立していくことが大切である。

聴覚障害教育におけるコミュニケーション手段としては、「口話・読話」、「手話」、「指文字」、「筆談」などが挙げられることが多い。「口話・読話」とは「口話は口から発せられる音声により意思を伝え合うこと。読話は相手の口の形や動きを見て音声を読み取ること」である。映画に登場するスパイなどが読唇術といってあたかも唇の形で何を言っているのか読み取ることができるスキルがあるようなことをしているが、日本語音声で口の形だけで判別できるのは母音とパ行・バ行・マ行程度であり、実際の読話は話されている文脈や補聴器等で入る音声を手掛かりにいくつかを判別しているに過ぎないことに留意する必要がある。

「手話」は「手の形状や動きと顎や視線、口の形などの顔の表情により意思の相互伝達を行うこと」であり、日本語を話しながら日本語の語順で行う「日本語対応手話」と独自の言語としての構造をもつ自然言語としての手話である「日本手話」があることに留意する必要がある。テレビの記者会見等でよくみられる手話通訳者の手話や特別支援学校（聴覚障害）で聞こえる教師が用いる手話は、前者の「日本語対応手話」であることが多い。

「指文字」は「手話」とともに用いられることが多いが、コミュニケーション手段としては別のものである。「指文字」は「日本語音韻である『あいうえお……』の五十音を手指の形や動きで表現すること」であり、文字を視覚的に表示する手段である。現在、日本で一般的に使用されている指文字は、戦前に大阪市立聾唖学校の教員だった大曽根源助が渡米した際にヘレン・ケラーから、アメリカ式指文字を学び、帰国後に日本語の五十音に応用して、普及していったものといわれている。

「筆談」は「語句や文を、交互に筆記することにより意思の相互伝達を行うこと」である。小さなメモ帳や筆談ボードに手書きで記入し、それを交換して意思疎通を図るわけだが、近年はコンピュータの音声認識技術の向上が著しく、話し言葉を自動的に漢字かな交じり文に変換して、それを画面やプロジェクターで表示することができるようになっている。それは文字通訳といわれるようになっている。スマートフォンのアプリにもほぼ間違いなくかつ遅れもなく文字に変換して表示してくれるようなアプリがあり、無料でダウンロードできるものもある。

3. 聴覚障害教育における指導法

特別支援学校（聴覚障害）では、これらのコミュニケーション手段や聴覚補償機器を用いて教師と子ども、子ども相互のコミュニケーションを図りながら、言葉を育てつつ教育的な指導を行っていくことになる。本書第2章で述べたとおり「準ずる教育」においては小学部であれば小学校に準じた教育を行うことになり、小学校と同じ教科書を用いて、同じ学習内容の教科指導を受ける。

コミュニケーション手段や聴覚補償機器の活用の方法によっていくつかの指導法が類型化されている。我が国の特別支援学校（聴覚障害）で最も広く行われているのは、「聴覚口話法」である。「聴覚口話法」は一人一人の幼児児童生徒の聴力損失の程度に、適切にフィッティングされた補聴器等による保有する聴力の最大限の活用といった聴覚活用によって、音声言語を習得し、この習得したコミュニケーション手段によって学習をすすめる方法のことである。話し手の口の動きや文脈からの類推などに、聴覚活用による内容理解による読話や口声模倣、触覚や筋運動感覚による構音パターンの取得による発語といったトレーニングを行うことで、音声日本語を習得させることが基本となる。ただし、聴力損失の程度が重度の児童生徒には聴覚活用だけでは困難である。

そこで、我が国では1980年代後半以降に「トータル・コミュニケーション」という考え方が広まった。それは聴覚活用だけでは音声日本語の習得が困難な幼児児童生徒がいることから、聴覚口話法をベースにして、視覚的な手指サインを聴覚障害児の実態に応じて組み合わせ、まずはコミュニケーションを成立させることを重視し、音声言語を習得させようとする教育的理念のことをいう。視覚的な手指サインには各学校で考え出された「発音誘導サイン」、「キュード・スピーチ」や、成人聴覚障害者が用いてきた「指文字」、そして、栃木県立聾学校が日本語指導のために開発した「同時法的手話」などがある。

また、特別支援学校（聴覚障害）の指導場面で「手話」という場合には、音声日本語を使いながら、手話単語を表出する「日本語対応手話」であることがほとんどである。「同時法的手話」も同様に日本語を話しながら手話単語を表出するが、助詞や動詞の活用に指文字を付加することがあらかじめ定められている。これらの手指サインの実際の運用は、教師個々に委ねられていることがほとんどで、指導場面や幼児児童生徒の実態に応じて使い分けたり、同時に使用したりするなど、様々である（小田・原田・牧野、2008）。

現在の我が国の特別支援学校（聴覚障害）は聴覚口話法をベースにして、このような視覚的な手指サインを組み合わせたり、使い分けたりして教育を行っているといえる。また、近年は人工内耳を装用する幼児児童生徒が増えており、３割から５割の幼児児童生徒が人工内耳を装用しているといわれている。人工内耳により聴力の改善が進み、聴覚口話法による指導に適性をもつ子どもが増えている。一方で視覚的な情報に有意な反応を示す子どもも一定数存在しており、少なくとも授業中は「日本語対応手話」などの視覚的な手指サインも必ず併用することにしていることが多い。

独自の言語としての構造をもつ自然言語としての手話である「日本手話」を第一言語として習得させ、第一言語である手話で培った認知的な力や言語力を生かして第二言語として日本語の主に読み書きを習得させるというバイリンガルろう教育という指導法もある。聴覚口話法をはじめとする聴覚障害教育の方法はあくまでも言葉とは日本語であり、その日本語をいかに習得させるかが目的となっているが、バイリンガルろう教育は、聴覚障害のある子どもが視覚から自然に習得できる手話の習得を目指すことが最初の目的になっていることが大きな相違点である。我が国では私立の特別支援学校（聴覚障害）である明晴学園のみがバイリンガルろう教育を実践している。

第４節　聴覚障害教育における自立活動

特別支援学校（聴覚障害）の自立活動は、言語指導を中心として行う。早期からの聴覚活用や発音誘導サイン・キューサイン、口形文字をはじめとする視覚的な手段を用いて言語指導の初期の段階ともいえる発音・発語指導を行う。話し手の口の動きや文脈からの類推などに、聴覚活用による内容理解による読話や、口声模倣、触覚や筋運動感覚による構音パターンの取得による発語といった学習を行う。遊びや絵本の読み聞かせ、トピックスという生活経験のスピーチなどに入れ込んで指導を行うことが求められる。

幼稚部においては、朝のお集まりの前や帰りのお集まりの後に、個別指導の時間を設けて、遊びやゲーム的要素を取り入れながら指導を行っている学校がほとんどである。小学部以上の学部においても発音・発語指導は行われる。習得した発音要領や環境音や言語音の聞き取りを自覚的に把握して維持・向上させることを目的として行われる。さらに補聴器等の自己管理や聞こえの仕組を学習する。時間割の中に設けられている自立活動の時間に一斉指導で行ったり、放課後や取り出しで個別指導を受けたりすることもある（齋藤、2018）。

そして、小学部以上の学部では、自立活動の時間だけでなく各教科等の指導においても、言語指導が実践される。年齢相当の発達という観点からみると、語彙（ごい）の不足や文法の誤用がみられるので、教科などで学習した言葉を日常生活で使ったり、プリント学習で反復したりすることで、定着を図ることが大切である。具体的には、新たに出てきた「言葉」の概念を、子どもの体験や、既習の学習内容などをもとに教師が解説したり、子ども同士の話し合いの中で理解させたりすることが行われる。さらに、学習によって知識として覚えた「言葉」を学校や家庭での生活において使用する場面を意図的に設定して、実際の中で繰り返し使用することで定着させること、日記や作文、連絡帳などで自分の行動や生活、感情を文章として書かせる機会を増やすことで「書き言葉」としての定着を図ることなどが行われている。このとき、視覚的にとらえやすい傍線、矢印の記号や色分け、文字カードなどを用いて黒板を視覚的に構造化して使ったり、「紙板書」と呼ばれる教材文を模造紙に大きく写して示したりする方法も用いられる（庄司、2014）。

中学部・高等部では、聴覚障害者として生き方を考える学習や、聴覚障害のために情報を得ることに制約を受けていることを考慮して、福祉制度の活用や社会人生活を送る上でのマナーの学習などが行われる。

❖ 第5節　特別支援学校（聴覚障害）における指導の留意事項及び配慮事項

特別支援学校学習指導要領等には、聴覚障害教育における留意事項及び配慮事項として、特別支援学校幼稚部教育要領に１点、特別支援学校小学部・中学部学習指導要領に６点が示されている。

1. 特別支援学校幼稚部教育要領における指導の留意事項

特別支援学校幼稚部教育要領の「第１章　総則」の「第６　特に留意する事項」の４には、「(２) 聴覚障害者である幼児に対する教育を行う特別支援学校においては、早期からの教育相談との関連を図り、保有する聴覚や視覚的な情報などを十分に活用して言葉の習得と概念の形成を図る指導を進めること。また、言葉を用いて人との関わりを深めたり、日常生活に必要な知識を広げたりする態度や習慣を育てること」と示されている。

補聴器や人工内耳を活用して、さらに視覚的なサインや提示する教材を併せて用いて、言葉の習得と概念の形成を図る指導を行い、幼児自らが言葉を用いて人との関わりを深めたり、日常生活に必要な知識を広げようとするような態度や習慣を身に付けたりするように指導しなければならないということである。

2. 特別支援学校小学部・中学部学習指導要領における各教科の指導の配慮事項

特別支援学校小学部・中学部学習指導要領の「第２章　各教科」の「第１節　小学部」の「第１款　視覚障害者、聴覚障害者、肢体不自由者又は病弱者である児童に対する教育を行う特別支援学校」には、「２　聴覚障害者である児童に対する教育を行う特別支援学校」として特別支援学校（聴覚障害）における各教科の指導の配慮事項が示されている（表９-１）。

「（１）体験的な活動を通して、学習の基盤となる語句などについて的確な言語概念の形成を図り、児童の発達に応じた思考力の育成に努めること」と、学習の基盤となる言語概念の形成と思考力の育成が示されており、特別支援学校（聴覚障害）における指導の最も基本的な考え方がここにあることが分かる。

次には「（２）児童の言語発達の程度に応じて、主体的に読書に親しんだり、書いて表現したりする態度を養うよう工夫すること」と、読書に親しみ書いて表現する態度の育成が示されている。聴覚障害のある子どもがフルにアクセスできるのが文字情報である。子ども自ら本を読んだり、文を書いたりする態度を養うことが大切であることが示されている。

そして、「（３）児童の聴覚障害の状態等に応じて、音声、文字、手話、指文字等を適切に活用して、発表や児童同士の話し合いなどの学習活動を積極的に取り入れ、的確な意思の相互伝達が行われるよう指導方法を工夫すること」と、多様なコミュニケーション手段が例示された上で、それらによる意思の相互伝達を授業の中に取り入れることが示されている。教師からの一方通行になりがちな授業ではなく、子ども同士が積極的にコミュニケーションを図り相互に学び合う場面をできる限り多くつくる必要があるということである。

そのために、次に「（４）児童の聴覚障害の状態等に応じて、補聴器や人工内耳等の利用により、児童の保有する聴覚を最大限に活用し、効果的な学習活動が展開できるようにすること」と、保有する聴覚の活用を図ることが示されている。近年は人工内耳を装用する子どもが増えており、日常会話がスムーズに行われているように思われる場合がある。しかし、周囲が騒々しい場所での聞き取りが難しかったり、聞き慣れない言葉だと正確に聴き取れなかったりすることがあることに十分留意する必要がある。自分の聞こえを自覚して、保有する聴覚を最大限に生かせるような指導を行う必要がある。

表 9－1　特別支援学校小学部・中学部学習指導要領における各教科の指導の配慮事項

（1）体験的な活動を通して、学習の基盤となる語句などについて的確な言語概念の形成を図り、児童の発達に応じた思考力の育成に努めること。
（2）児童の言語発達の程度に応じて、主体的に読書に親しんだり、書いて表現したりする態度を養うよう工夫すること。
（3）児童の聴覚障害の状態等に応じて、音声、文字、手話、指文字等を適切に活用して、発表や児童同士の話し合いなどの学習活動を積極的に取り入れ、的確な意思の相互伝達が行われるよう指導方法を工夫すること。
（4）児童の聴覚障害の状態等に応じて、補聴器や人工内耳等の利用により、児童の保有する聴覚を最大限に活用し、効果的な学習活動が展開できるようにすること。
（5）児童の言語概念や読み書きの力などに応じて、指導内容を適切に精選し、基礎的・基本的な事項に重点を置くなど指導を工夫すること。
（6）視覚的に情報を獲得しやすい教材・教具やその活用方法等を工夫するとともに、コンピュータ等の情報機器などを有効に活用し、指導の効果を高めるようにすること。

また、「（5）児童の言語概念や読み書きの力などに応じて、指導内容を適切に精選し、基礎的・基本的な事項に重点を置くなど指導を工夫すること」と、基礎的・基本的な事項に重点を置いて、指導内容の精選を図ることが示されている。これは、特別支援学校（聴覚障害）だけに限ったことではないが、「準ずる教育」に加えて「自立活動」の指導を学校の教育活動全体を通じて行わなければならないことから、個別の指導計画の充実と活用を図ることによって、個々の子どもの実態から指導内容の精選を図る必要があるということである。

最後には「（6）視覚的に情報を獲得しやすい教材・教具やその活用方法等を工夫するとともに、コンピュータ等の情報機器などを有効に活用し、指導の効果を高めるようにすること」と、教材・教具やコンピュータ等の活用を図ることが示されている。これまでも図版、文字カード、文カード、紙板書、色分け、傍線等の視覚的な情報提示が授業の工夫としてされてきたが、それらに加え、ICT 機器の導入によって、液晶プロジェクターや大型モニターでデジタル教材やインターネット教材を、教室前方に投影して用いることができるようになり、視覚教材が比較的容易に使えるようになっている。視覚的な情報を教室内で共有して授業を進めることができる。それぞれの授業の目標に則してこれらを活用していくことが大切である。

以上をまとめると、聴覚障害教育における指導の配慮事項として、特に言語の指導は、学校生活全般にわたって留意して指導を行う必要があり、格段の配慮を必要としているといえる。様々なコミュニケーション手段を組み合わせたり、使い分けたりしながら、幼稚部の遊びや生活での指導、小学部以上の各教科の指導や生徒指導に当たっては、常にその基本となる言葉で考え、言葉で表現する指導を行わなければならないことに配慮していく必要があるといえる（中山、2006）。

❖ 第6節　聴覚障害教育における「学びの連続性」

聴覚障害のある子どもの教育の場としては、義務教育就学前の段階として、小児難聴専門の耳鼻咽喉科を置く医療機関、以前は難聴幼児通園施設とよばれていたが、現在は難聴幼児を主な対象としている児童発達支援センター、そして特別支援学校（聴覚障害）が行っている乳幼児教育相談と、それに続く幼稚部がある。多くの聴覚障害のある乳幼児は、これらの専門機関を、それぞれの施設の目的に応じて利用している。専門機関間も保護者を介して、もしくは職員間で直接的な連携を頻繁に行って、聴覚障害のある乳幼児の療育・教育が行われる。

義務教育以降の聴覚障害のある子どもの教育の場は、特別支援学校（聴覚障害）、小学校、中学校に設置される難聴特別支援学級、難聴児を対象とする通級による指導、そして、通常の学級がある。特別支援学校（聴覚障害）では、近隣の学校との学校間交流や、居住地校交流を盛んに行っている。また難聴特別支援学校も、特定の通常の学級を交流学級と定めて、各教科、道徳科、外国語活動（小学校のみ）、総合的な学習の時間及び特別活動で、交流及び共同学習をかなりの時間数を割いて行っている。

通常の学級のみに在籍している聴覚障害のある子どもも相当数在籍していると思われるが、その実態は不明である。人工内耳手術が一般的になり、就学時には聞こえる子どもと同等の言語力を身に付けることができるといわれていることから、小学校の通常の学級で学ぶことが増えている。聞こえの支援としてデジタルワイヤレス補聴援助システムを使ったり、自治体によっては保護者の要望で、教科の指導の際に特別支援教育支援員として手話通訳者を付けたり、ノートテイカーを付けたりするなどの支援を行っているところもある（美濃・鳥越、2007）。

このように、聴覚障害教育においては、インクルーシブ教育システムのいう「多様な学びの場」が機能していると思われる面もあるが、コミュニケーションの障害でもある聴覚障害の子どもにとっては、一定数の同じ聴覚障害のある子どもの集団を形成できる場を維持することが必要ではないかと指摘されている面もある（小田、2016）。

【引用・参考文献】

美濃孝枝・鳥越隆士（2007）「インテグレーションをしている聴覚障害児童・生徒に対する支援のあり方に関する調査—本人の語りからの分析」『ろう教育科学』49（2），pp.47-66.

中山哲志（2006）「聾学校における教育の内容と方法」『聴覚障害教育の基本と実際』（中野善達・根本匡文編著）pp.86-101，田研出版.

小田侯朗（2016）「ろう教育における手話の位置づけと『権利としての手話』」『リハビリテーション研究』46（1），pp.10-15.

小田侯朗・原田公人・牧野泰美（2008）「聾学校における言語とコミュニケーションに関する調査．聾学校におけるコミュニケーション手段に関する研究—手話を用いた指導法と教材の検討を中心に」『国立特別支援教育総合研究所課題別研究報告書』pp.91-114

齋藤佐和（2018）「日本の聴覚障害教育の変化—言語指導法を中心に」『聴覚言語障害』47（1），pp.1-20.

庄司美千代（2014）「聴覚障害教育における教科指導等の充実に資する教材活用に関する研究—専門性の継承，共有を目指して（B-286）」『国立特別支援教育総合研究所研究成果報告書』

第10章 特別支援学校（知的障害）における教育の「学びの連続性」

本章の目的 知的障害児の心理・生理・病理と特別支援学校（知的障害）の教育課程について理解すること

キーワード 知的障害、教科別の指導、各教科等を合わせた指導、応用行動分析

第1節　知的障害とは

1. 知的障害の定義

知的障害について、その定義として統一的に示されたものは見当たらないが、前章出の「教育支援資料～障害のある子供の就学手続と早期からの一貫した支援の充実～」では、「知的障害とは、知的機能の発達に明らかな遅れと、適応行動の困難性を伴う状態が、発達期に起こるものをいう」と示されている。

医学の分野における定義としてよく引用される文献にアメリカ精神医学会（APA；American Psychiatric Association）の精神疾患の診断・統計マニュアル（DSM；Diagnostic and Statistical Manual of Mental Disorders）がある。その第５版（DSM-5）では、「①知的機能の欠陥」、「②適応機能の欠陥あるいは不全」、及び「③発達期の間に発症」という３つの診断基準を挙げている。

2. 知的障害の用語

知的障害について、教育の分野では精神薄弱と呼ばれていた。しかし、差別感を含む語感であったことなどから、1999年の知的障害者福祉法制定以来、「障害者に対する国民の理解を深め、もって障害者の福祉の向上に資するため」に知的障害という用語が教育・行政用語として使用されるようになった。

医学の分野では精神遅滞と呼ばれていたが、DSM-5が2013年に改訂され、それ以降は知的能力障害（知的発達症／知的発達障害）（Intellectual Disability[Intellectual Developmental Disability]）と呼ばれることが多くなった。

3. 知的障害の特性

知的機能の発達に明らかな遅れとは、DSM-5（2013）では、論理的思考、問題解決、計画、抽象的思考、学校での学習、及び経験からの学習など、知的機能の欠陥と説明がされており、これらの状態像が同年齢の児童生徒と比較して平均的水準より有意に遅れがあることをいう。

表10-1　適応行動面の困難さ
（特別支援学校学習指導要領解説 各教科等編（小学部・中学部）より作成）

○　概念的スキルの困難性
言語発達：言語理解、言語表出能力など 学習技能：読字、書字、計算、推論など
○　社会的スキルの困難性
対人スキル：友達関係など 社会的行動：社会的ルールの理解、集団行動など
○　実用的スキルの困難性
日常生活習慣行動：食事、排泄、衣服の着脱、清潔行動など ライフスキル：買い物、乗り物の利用、公共機関の利用など 運動機能：協調運動、運動動作技能、持久力など

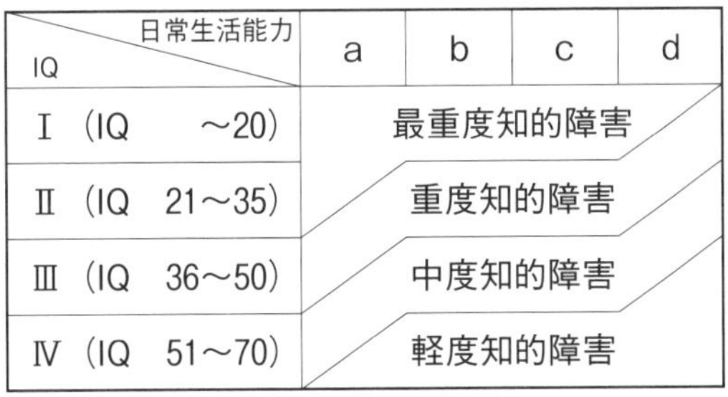

図10-1　知的障害の程度の診断基準（平成17年度厚生労働省知的障害児（者）基礎調査より）

適応行動の面では、表10-1で示すような困難さがあるために、日常生活の様々な面で支障をきたすことをいう。

4. 知的障害の程度

知的障害の程度については、例えば平成17年厚生労働省知的障害児（者）基礎調査では、日常生活能力水準を重視しつつ、知能水準（IQ）を参考にしながら「最重度」、「重度」、「中度」、「軽度」などの程度で規定をしている（図10-1）。日常生活能力水準のa～dはaに近いほど自立した生活を営むことへの困難度が高く、dに近いほど自立した生活が容易であることを示している。

学校教育に関する知的障害の程度については、学校教育法施行令において特別支援学校（知的障害）相当（表10-2）ならびに知的障害特別支援学級相当（表10-3）の程度の基準が次のように示されていることから、これらを1つの目安にすることが可能であると考えられる。

表10-2　特別支援学校の対象となる障害の程度（学校教育法施行令第22条の3より）

特別支援学校（知的障害）
知的障害者
一　知的発達の遅滞があり、他人との意思疎通が困難で日常生活を営むのに頻繁に援助を必要とする程度のもの
二　知的発達の遅滞の程度が前号に掲げる程度に達しないもののうち、社会生活への適応が著しく困難なもの

表10-3　特別支援学級の対象となる障害の程度
（平成25年10月4日付け25文科初第756号初等中等教育局長通知より）

特別支援学級
知的障害者
知的発達の遅滞があり、他人との意思疎通に軽度の困難があり日常生活を営むのに一部援助が必要で、社会生活への適応が困難である程度のもの

第2節　知的障害の心理・生理・病理

1. 心理・行動

知的機能の遅れといった状態の把握については、標準化された知能検査や発達検査を用いることが必要である。知能検査や発達検査の結果は、精神年齢（MA：Mental Age）または発達年齢（DA：Developmental Age）、知能指数（IQ：Intelligence Quotient）、発達指数（DQ：Developmental Quotient）などで表される。個別式検査の代表的なものとしては、田中ビネー知能検査Ⅴ、新版K式発達検査、WPPSI-Ⅲ、WISC-Ⅳなどがあげられる。

学習の発達段階の階層として、エバーソールら（1983）は運動・知覚・概念を用いて学習する発達段階を提唱している。この特徴は、運動を用いた学習から知覚を用いた学習へ、そして概念を用いた学習へと発達していくという点にある。つまりは学習の発達段階は認知の発達段階であるともいわれており、知的能力を理解し支援することにつながると考えられる。

また、知的障害者の場合、その特性によりいろいろな場面で失敗する経験が多く、失敗の積み重ねにより活動への取り組み意欲が十分に育っていないことが多い。習得した知識やスキルが実際の生活場面では応用されにくいなどの特性もあるため、スモールステップによる具体的あるいは実用的な成功体験の増加など、心的特性に注意をはらった関わりが必要となる。

2. 生理・病理

知的障害の要因となるものには、生理的要因（生理型）と病理的要因（病理型）とが

ある。

生理的要因は病理的異変がなく、知的機能の不全という状態で知能の低いほうへ偏った場合の知的障害である。身体障害を伴うことは少ない。

病理的要因は脳に何らかの病理基盤を持ち、それにより知的障害が生じる場合である。先天性代謝異常、染色体異常、胎児期の感染、外因によるものなどがあり、比較的重度の場合が多い。例えば、染色体異常によるものは、受精した卵細胞の段階で何らかの器質的な要因によって遺伝子や染色体に異常をきたす場合で、それによって脳に障害が発生する場合を指す。

外因によるものには、風疹や梅毒など妊娠中の母胎が外部からの有害な影響を受ける胎生期の問題、仮死出産による酸素欠乏症などによる周産期の問題、一酸化炭素中毒や予防接種後後遺症による脳炎などによる出生後の問題がある。

3. 運動面

知的障害の場合、知的機能に限らず全般的に発育が遅いことが多い。運動面では、動作が緩慢で、俊敏性に欠けたり、不器用だったり、筋力が弱いことが多い。運動への苦手意識やルール理解の困難さによる参加の難しさなどもあり、運動不足さらにはその結果として肥満になる傾向もみられる。一方で、肥満についてはプラダー・ウィリ症候群のように内分泌学的異常により肥満になることもあるので、一概に運動不足だけとはいいきれない点もあり、注意が必要である。

❖ 第3節　知的障害教育の基本的知識

1. 知的障害教育の場

知的障害がある児童生徒を対象とした教育の場としては、特別支援学校（知的障害）や知的障害特別支援学級が設置されている。それぞれに相応する障害の程度は第1節に記したとおりである。

特別支援学校（知的障害）には、幼稚部、小学部、中学部、高等部が設けられており、高等部には普通科のほかに家政、農業、工業等の職業教育を主とする学科が設けられていることがある。「文部科学省特別支援教育資料」（平成30年度）によると、特別支援学校（知的障害）学校数、学級数及び在籍者数は表10-4、知的障害特別支援学級数及び在籍者数は表10-5に示すとおりである。幼稚部、小学部、中学部、高等部の4学部全てに設置されていることは少なく、特に幼稚部が設置されている特別支援学校（知的障害）は非常に少ない状況である。

2006年度以降の特別支援学校（知的障害）の在籍者数及び特別支援学級在籍者数の推移については図10-2及び図10-3に示すとおりである。特別支援学校（知的障害）の在籍者数は10年前と比べて1.4倍、特別支援学級在籍者数は2.5倍となっている。義務教育段階の児童生徒数は減少傾向にある中、特別支援学校（知的障害）及び知的障害特別支援学級の在籍者数は増加傾向にあることが分かる。

表10-4　特別支援学校（知的障害）学校数、特別支援学校（知的障害）設置学級数及び在籍者数（国・公・私立計）

	学校数	学級数	在籍者数				
			計	幼稚部	小学部	中学部	高等部
知的障害	781	31,277	130,817	226	39,169	12,198	64,224

表10-5　特別支援学級数及び特別支援学級在籍者数（国・公・私立計）

障害種別	小学校		中学校		義務教育学校		計	
	学級数	児童数	学級数	生徒数	学級数	生徒数	学級数	児童生徒数
知的障害	19,190	84,140	8,785	36,452	136	568	28,111	121,160

なお、特別な場で受ける指導形態に通級による指導があるが、知的障害はその対象には入っていない。知的障害者に対する学習上又は生活上の困難の改善・克服に必要な指導は、生活に結びつく実際的・具体的な内容を継続して指導することが必要であることから、一定の時間のみ取り出して行うことにはなじまない（文部科学省、2018）という理由からである。

2. 知的障害のある児童生徒の学習上の特性と教育的対応

特別支援学校学習指導要領解説各教科等編（小学部・中学部）（2018年３月）には、知的障害のある児童生徒の学習上の特性と教育的な対応として、表10-6が挙げられている。

表10-6における「教育的対応に加え、教材・教具、補助用具やジグ（冶具―筆者）等を含めた学習環境の効果的な設定をはじめとして、児童生徒への関わり方の一貫性や継続性の確保などの教育的対応」により、「知的障害のある児童生徒の学習活動への主体的な参加や経験の拡大を促していくことも大切である」。「また、近年では、タブレット端末等の情報機器等を有効に活用することで、児童生徒のもつ可能性」をさらに引き出そうとしている。

3. 教育課程、年間指導計画、単元計画、学習内容表

学校教育において、「何を、いつ、どのように教えるか」といった総合的な教育計画に相当するものは教育課程である。特別支援学校小学部・中学部学習指導要領（2017年４月告示）で示されているように、特別支援学校においても、教育課程は教科等により編成されている。

しかし、特別支援学校（知的障害）においては、後述するように特に必要がある場合には、各教科等を合わせた指導という指導形態をとることができる。これは前項で述べ

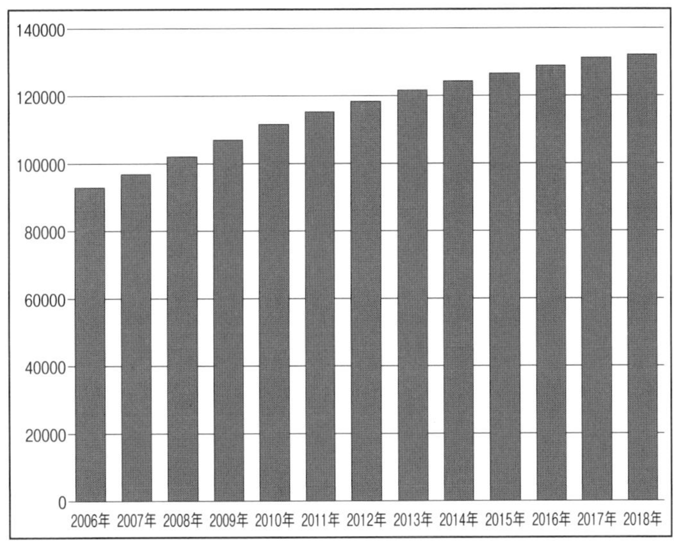

図10-２　特別支援学校（知的障害）在籍者数

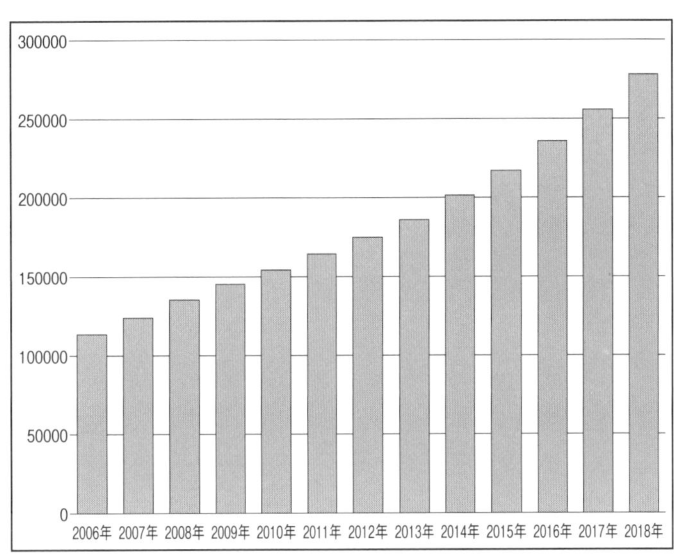

図10-３　特別支援学級在籍者数

た「知的障害のある児童生徒の学習上の特性」に応じて指導できるようにした指導形態である。小学部においては、この指導形態が全授業時数の８割近くから６割、中学部においても６割近く、高等部でも５割以上を占めている（小澤、2004）。この指導形態では、生活や経験上のかたまりで単元を組織する教育課程編成が可能となっている。

各教科等を合わせた指導で、「何を、いつ、どのように教えるか」は、各学校において教育課程編成の基準である特別支援学校小学部・中学部学習指導要領の各教科等の内容から、児童生徒の実態に応じて選定し、それをどのような生活や経験上のかたまりで組織していくのか、つまりどのような単元計画を作成していくのかということになる。しかし、経験や活動で教育課程を編成すると、教科では排列で担保されていた系統性があいまいになりがちである。そこで、特別支援学校（知的障害）では、系統的かつ計画

表10-6　知的障害のある児童生徒の学習上の特性と教育的対応
（特別支援学校学習指導要領解説各教科等編（小学部・中学部）（2018年3月）p.26を参考に筆者作成）

学習上の特性	教育的対応
○学習によって得た知識や技能が断片的になりやすく、実際の生活の場面の中で生かすことが難しい	実際の生活場面に即しながら、繰り返して学習することにより、必要な知識や技能等を身に付けられるようにする継続的、段階的な指導が重要となる。
○成功経験が少ないことなどにより、主体的に活動に取り組む意欲が十分に育っていないことが多い	学習の過程では、児童生徒が頑張っているところやできたところを細かく認めたり、称賛したりすることで、児童生徒の自信や主体的に取り組む意欲を育むことが重要となる。
○抽象的な内容の指導では教育的な効果を上げにくい	実際的な生活場面の中で、具体的に思考や判断、表現できるようにする指導が効果的である。

的に内容を学ぶことができるようにするために学習内容表を作成することが多い。「何を」が学習内容表であり、「いつ」が年間指導計画や単元計画を配列した表であり、「どのように」が単元計画である。そして、それらから児童生徒一人一人の実態に応じて作成される指導計画が個別の指導計画となる。

このように、特別支援学校（知的障害）では、知的障害のある児童生徒の学習上の特性に合わせた弾力的な指導形態をとることができるようになっているため、実際の指導を行うにあたって、指導内容を組織するツールとして単元計画や学習内容表が各学校で作成・活用されていることが多い（木村、2004）。

4. 応用行動分析（ABA；Applied Behavior Analysis）の活用

知的障害のある児童生徒の指導法として、よく用いられるのがABAの手法である。ABAとは、学習理論のオペラント条件づけを基礎とした適正な行動を形成していくための理論である。オペラント条件づけでは、行動を単独ではなく、前後関係を含めて捉える。行動の形態（噛む、叩く、叫ぶ、ごみをポイ捨てするなど）や頻度や持続時間だけではなく、環境との相互作用から行動の機能（目的、働き）に注目していく。これを機能的アセスメント（functional assessment）という。どのような条件（A；先行条件）のもとで、どのような行動（B；行動）が生起し、どのような結果（C；結果）が伴ったのかという3つの枠組みで行動をとらえる。これを三項随伴性といい、ABC（Antecedents—Behavior—Consequences）分析という。

ある行動（B）を行い、望ましい結果（C）が伴えば、その行動の頻度は高まる。これを強化といい、望ましい結果を強化子という。反対に、ある行動（B）を行い、望ましくない結果（C）が伴えば、その行動の頻度は減少する。これを弱化といい、望ましくない結果を弱化子という。

知的障害のある児童生徒の日常生活への適応行動を形成する際に、直接的な言語教示などでは、なかなか行動が生起したり、頻度が高まったりしない。そこで、ABA によって行動形成を図る。望ましい行動を増やし、望ましくない行動を減らすために、強化と弱化の原理を応用する。これを分化強化という。三項随伴性において、ある状況（A）で適切な行動（B）が見られたら強化し、不適切な行動（B）が見られたら弱化していくのである（ミルテンバーガー、2006）。

表10-６の教育的対応をこの分化強化でみると「児童生徒が頑張っているところやできたところを細かく認めたり、称賛したりする」というのは、「頑張っている」行動や「できた」行動が適切な行動（B）であり、それに対して教師が「細かく認めたり、称賛したりする」行動が児童生徒にとっては望ましい結果（C）となり、「頑張っている」行動や「できた」行動が強化されるとなる。その様子を観察した教師は「児童生徒の自信や主体的に取り組む意欲」をもって取り組んでいると評価することになる。

知的障害のある児童生徒は日常生活や社会生活への適応行動に困難が見られる。そこで ABA の分化強化によって適応行動を形成していくことで、生活の質が改善されると考えられる。

❖ 第４節　特別支援学校（知的障害）における自立活動

1. 特別支援学校（知的障害）における自立活動の基本的な考え方

特別支援学校教育要領・学習指導要領解説自立活動編（幼稚部・小学部・中学部・高等部）の「第３章　自立活動の意義と指導の基本」の「２　自立活動の指導の基本」の「（４）知的障害者である幼児児童生徒に対する教育を行う特別支援学校の自立活動」には、その基本的な考え方として「全般的な知的発達の程度や適応行動の状態に比較して、言語、運動、動作、情緒、行動等の特定の分野に、顕著な発達の遅れや特に配慮を必要とする様々な状態が知的障害に随伴して見られる。そのような障害の状態による困難の改善等を図るためには、自立活動の指導を効果的に行う必要がある」と示されている。

例えば、言語面では、言語の理解は知的発達の程度に相応であるが、言語の表出面で発音が明瞭でなかったり、言葉と言葉を組み合わせ文法的な語連鎖を話すことが難しかったりする場合に、口声模倣をさせたり、口形の写真を提示して言わせたり、語彙カードを組み合わせて、それを見ながら文法的な語彙連鎖で話す学習をしたりすることが考えられる。運動や動作面では、走る、跳ぶなどの粗大運動は発達年齢に相当した運動が可能であるが、手先の巧緻性に不器用さが見られ、衣服のボタンを掛け合わせることができない場合に、小さめのジグソーパズルをしたり、ブロックで特定の形を作ったりすることが考えられる。

知的障害のある児童生徒は、実際の生活場面に即しながら、繰り返して学習することにより、必要な知識や技能等を身に付けられるようにする継続的、段階的な指導が必要となる。自立活動の指導で目標とする技能の習得も、実際の生活場面の中で、児童生徒にとって意味のある若しくは必然性のある活動として取り上げて指導することによって定着させやすくなる。このことから特別支援学校（知的障害）では、各教科等を合わせた指導の中で自立活動を指導することが多い。各教科等を合わせた指導における指導の目標と、自立活動の個別の指導計画の個別の目標を関連付けて指導することが大切になってくる。

2. 特別支援学校（知的障害）における自立活動の時間の指導

特別支援学校（知的障害）では、各教科等を合わせた指導という指導形態があり、自立活動の指導内容についても、実際の生活場面や活動場面で、児童生徒にとって意味のある若しくは必然性のある活動内容として自立活動の指導内容を取り上げた方が効果的であり、定着もさせやすい。そのため、自立活動の時間の指導を設け、生活場面や活動場面から切り離して、自立活動の指導内容を指導しても効果が得られにくいと考えられていることから、特別支援学校（知的障害）では自立活動の時間を設定していないことが多い。

特別支援学校（知的障害）で自立活動の時間を設定している場合は、視覚障害、聴覚障害、運動機能障害、言語障害、自閉症などの知的障害に併せ有している障害の改善・克服を目指したり、情緒的・心理的な問題に働きかける、スヌーズレン*1、動作法、教育的カウンセリングを行い、それらの軽減をねらったりすることがある。

自閉症を併せ有する知的障害のある児童生徒に対する自立活動の時間の指導では、TEACCH（Treatment Education of Autistic and related Communication handicapped Children）による視覚的構造化（Structured TEACCHing）を用いてアクティビティシステムをつくり、ペグさし、型はめ、絵カード、マッチング等の個別課題を遂行させることを自立活動の指導内容としていることがある（メジボフ・シェア・ショプラー、2007；林、2019)。自閉症のある児童生徒自身が自分で判断して、次の活動を主体的に行うことをねらった指導内容であるといえる。

❖ 第５節　特別支援学校（知的障害）における各教科等の指導形態

1. 教科別の指導

特別支援学校小学部・中学部学習指導要領の「第２章　各教科」の「第１節　小学部」では、「第１款　視覚障害者、聴覚障害者、肢体不自由者又は病弱者である児童に対する教育を行う特別支援学校」（以下、「第１款」）と「第２款　知的障害者である児童に対する教育を行う特別支援学校」（以下、「第２款」）の２つに分かれている。「第１款」では、最初に「各教科の目標、各学年の目標及び内容並びに指導計画の作成と内容の取扱いについては、小学校学習指導要領第２章に示すものに準ずるものとする」と示

＊1　スヌーズレン（snoezelen）とは、1970年代にオランダの知的障害施設から始まった、重度知的障害児者に対して、「光」、「音」、「香り」、「振動」、「温度」、「触覚の素材」などの感覚刺激を組み合わせて、それを楽しんだり、リラックスしたり、自ら選んで活動したりする理念と取り組みのことである。

されている。つまり、視覚障害者、聴覚障害者、肢体不自由者又は病弱者である児童には、小学校学習指導要領に示されている各教科と同じ教育を施しなさいということである。そして、続けて「1　視覚障害者である児童に対する教育を行う特別支援学校」、「2　聴覚障害者である児童に対する教育を行う特別支援学校」、「3　肢体不自由者である児童に対する教育を行う特別支援学校」、「4　病弱者である児童に対する教育を行う特別支援学校」の4つに分かれており、そこには「各教科の指導の配慮事項」が5点から6点ほど示されている。

「第2款」には、「第1　各教科の目標及び内容」として生活、国語、算数、音楽、図画工作及び体育の各教科の目標及び内容が示されている。小学校学習指導要領の第2章で示されている各教科とは大きく異なっている。つまり、特別支援学校（知的障害）の小学部では、小学校や知的障害以外の4つの障害を教育の対象とする特別支援学校小学部とは異なった各教科となっている。生活は小学校学習指導要領には第1学年と第2学年に生活とあるが、特別支援学校（知的障害）小学部では、6年間設定されており、目標も内容も異なっている。さらに、特別支援学校（知的障害）には、社会、理科、家庭、外国語がない。また、内容の示し方も、小学校学習指導要領では、学年ごとに目標と内容を示しているが、「第2款」では、第1段階から第3段階で示されている。学年ごとではない。

「第2節　中学部」でも「第1節　小学部」と同じように「第1款」と「第2款」に分かれている。「第2款」の「第1　各教科の目標及び内容」は、国語、社会、数学、理科、音楽、美術、保健体育及び職業・家庭の各教科が示されている。中学校学習指導要領には技術・家庭と外国語があるが、特別支援学校（知的障害）中学部では、職業・家庭という異なる教科となっており、外国語は「必要がある場合には、外国語科を加えて教育課程を編成できる」としており、選択教科となっている。また、内容の示し方も、中学校学習指導要領では、学年ごとに目標と内容を示しているが、「第2款」では、第1段階と第2段階で示されている。学年ごとではない。

このような教科を、教科ごとの時間を設けて指導を行う場合は、「教科別の指導」と呼ぶ。知的障害のある児童生徒の実態は一人一人が大きく異なる。教科別の指導を行う場合には、少人数の学級であっても、一人一人の実態に合わせて、個別的に選択し、排列していかねばならない。学級で一斉に指導しているように見えても、実は個別の目標と指導内容が設定されていることがほとんどであり、一斉の指導の中で個別の指導を行っている。そのため、興味関心や学習状況、経験等を十分に考慮して、個別の指導計画を活用して、目標と指導内容を設定することが大切である。特別支援学校（知的障害）小学部では、音楽、図画工作、体育を教科別の指導で行うことが多い。高学年になると、先の教科に加えて国語、算数を教科別の指導とする。特別支援学校（中学部）では、国語、数学、音楽、美術、保健体育を教科別の指導として行うことが多い。

2. 道徳科、外国語活動、特別活動の時間を設けての指導

特別支援学校（知的障害）では、各教科以外の道徳科、外国語活動、特別活動、自立

活動については、後述する各教科等を合わせた指導の中で、その全部を合わせて指導することが多いが、一部の特別支援学校（知的障害）では、時間割の中に、別に指導の時間を設けていることがある。

道徳科については、特別支援学校小学部・中学部学習指導要領の「第３章　特別の教科　道徳」に「小学部又は中学部の道徳科の目標、内容及び指導計画の作成と内容の取扱いについては、それぞれ小学校学習指導要領第３章又は中学校学習指導要領第３章に示すものに準ずる」として、指導の留意事項を３点示しているが、特に特別支援学校（知的障害）においては、その３点目に「（道徳科の）内容の指導に当たっては、個々の児童又は生徒の知的障害の状態、生活年齢、学習状況及び経験等に応じて、適切に指導の重点を定め、指導内容を具体化し、体験的な活動を取り入れるなどの工夫を行うこと」と示している。児童生徒の生活に則した具体的な内容を体験的に学習できるように配慮するとなっている。身近な体験を、劇にしたり、紙芝居にしたりして、動作化して、時々の心情を言葉や感情として表して、それをビデオや写真で振り返ることによって指導することが考えられる。

外国語活動については、特別支援学校（知的障害）においては、2017年の特別支援学校小学部・中学部学習指導要領から新設された。ただし、学校教育法施行規則第126条第２項に「必要がある場合には、外国語活動を加えて教育課程を編成することができる」とされており、選択領域となっている。これを受けて、特別支援学校小学部・中学部学習指導要領の「第４章　外国語活動」に、「第２章　各教科」と同様に「第１款」と「第２款」に分けて示されることになった。「第２款」に示されている外国語活動は、小学校学習指導要領の「第４章　外国語活動」とは、目標も内容も異なっている。特別支援学校（知的障害）小学部の第３学年以降の児童を対象とし、国語科の３段階の目標及び内容との関連を図ることが示されている。よって、外国語活動の段階は示されていない、つまり１段階しか設定されていないが、それはおおむね各教科における３段階とみなされていると考えられる。知的障害のある児童が興味関心を示す題材をもとに、ALT（外国語指導助手）などのネイティブスピーカーと楽しくコミュニケーションをとるような活動が考えられる。

特別活動については、特別支援学校小学部・中学部学習指導要領の「第６章　特別活動」に「小学部又は中学部の特別活動の目標、各活動・学校行事の目標及び内容並びに指導計画の作成と内容の取扱いについては、それぞれ小学校学習指導要領第６章又は中学校学習指導要領第５章に示すものに準ずる」として、指導の留意事項を３点示しているが、特に特別支援学校（知的障害）においては、その３点目に「（特別活動の）内容の指導に当たっては、個々の児童又は生徒の知的障害の状態、生活年齢、学習状況及び経験等に応じて、適切に指導の重点を定め、具体的に指導する必要があること」と示されている。

3. 総合的な学習の時間の指導

特別支援学校（知的障害）においては、総合的な学習の時間は中学部のみに設定されており、小学部には設定されていないことに留意する必要がある。さらに、総合的な学習の時間は、学校教育法施行規則第130条第２項に定める各教科等を合わせた指導に、一部及び全部を合わせることができないことに留意する必要がある。

特別支援学校小学部・中学部学習指導要領の「第５章　総合的な学習の時間」には、「小学部又は中学部における総合的な学習の時間の目標、各学校において定める目標及び内容並びに指導計画の作成と内容の取扱いについては、それぞれ小学校学習指導要領第５章又は中学校学習指導要領第４章に示すものに準ずる」としており、指導の留意事項を３点示しているが、特に特別支援学校（知的障害）においては、その３点目に特別支援学校（知的障害）中学部で「探究的な学習を行う場合には、知的障害のある生徒の学習上の特性として、学習によって得た知識や技能が断片的になりやすいことなどを踏まえ、各教科等の学習で培われた資質・能力を総合的に関連付けながら、具体的に指導内容を設定し、生徒が自らの課題を解決できるように配慮すること」と示している。

総合的な学習の時間の指導は、国際理解で外国人留学生らとの交流体験、環境における地域清掃活動、地域のバリアフリー化の調査といった生徒の興味関心に基づいた題材が探求的学習のテーマとして取り上げられることが多い。また、指導の留意事項の２点目でも示されているが、地域の中学校との交流及び共同学習が取り上げられることも多い。

4. 各教科等を合わせた指導

学校教育法施行規則第130条第２項に、特別支援学校において「知的障害者である児童若しくは生徒又は複数の種類の障害を併せ有する児童若しくは生徒を教育する場合において特に必要があるときは、各教科、特別の教科である道徳科（特別支援学校の高等部にあっては、前条に規定する特別支援学校高等部学習指導要領で定める道徳）、外国語活動、特別活動及び自立活動の全部又は一部について、合わせて授業を行うことができる」とされている。これを、各教科等を合わせた指導という。知的障害のある児童生徒の学習上の特性としては、学習によって得た知識や技能が断片的になりやすく、実際の生活の場面の中で生かすことが難しいことが挙げられる。そのため、実際の生活場面に即しながら、繰り返して学習することにより、必要な知識や技能等を身に付けられるようにする継続的、段階的な指導が必要となる。そこで、特別支援学校（知的障害）においては、知的障害のある児童生徒は、学校での生活を基盤として、学習や生活の流れに即して学んでいくことが効果的であることから、従前から、各教科等を合わせた指導として日常生活の指導、遊びの指導、生活単元学習、作業学習などが実践されてきた（表10-７）。

各教科等を合わせた指導のコアとなる科目は、小学部では生活、中学部では、社会、理科、職業・家庭となる。よって、これらの教科を教科別の指導として設定することは少ない。

以上の教科別の指導、時間を設けての指導、総合的な学習の時間の指導及び各教科等を合わせた指導、それに自立活動の扱いを加えると、図10-４及び図10-５のとおりとなる。

表10-7　各教科等を合わせた指導の指導形態
（特別支援学校学習指導要領解説各教科等編（小学部・中学部）（2018年３月）p.30-35を参考に筆者作成）

日常生活の指導	児童生徒の日常生活が充実し、高まるように日常生活の諸活動について、知的障害の状態、生活年齢、学習状況や経験等を踏まえながら計画的に指導するものである。 日常生活の指導は、生活科を中心として、特別活動の学級活動など広範囲に、各教科等の内容が扱われる。 衣服の着脱、洗面、手洗い、排泄、食事、清潔など基本的生活習慣の内容や、挨拶、言葉遣い、礼儀作法、時間を守ること、きまりを守ることなどの日常生活や社会生活において、習慣的に繰り返される。そのため、登校直後の時間、給食時間とその前後の時間、下校前の時間に曜日に関係なく、帯の時間として設定されることが多い。
遊びの指導	主に小学部の段階において、遊びを学習指導の中心に据えて取り組み、身体活動を活発にし、仲間との関わりを促し、意欲的な活動を育み、心身の発達を促していくものである。遊びの指導では、生活科の内容をはじめ、体育科など各教科等にかかわる広範囲の内容が扱われる。 特に小学部の就学直後をはじめとする低学年においては、幼稚部等における学習との関連性や発展性を考慮する上でも効果的な指導の形態となる場合がみられ、午前の時間帯と給食後の時間帯に曜日に関係なく、帯の時間として設定されることが多い。 遊びの指導では、生活科の内容をはじめ、体育科など各教科等に関わる広範囲の内容が扱われ、場や遊具等が限定されることなく、児童が比較的自由に取り組むものから、期間や時間設定、題材や集団構成などに一定の条件を設定し活動するといった比較的制約性が高い遊びまで連続的に設定される。 また、遊びの指導の成果を各教科別の指導につながるようにすることや、諸活動に向き合う意欲、学習面、生活面の基盤となるよう、計画的な指導を行うことが大切である。
生活単元学習	生活単元学習は、児童生徒が生活上の目標を達成したり、課題を解決したりするために、一連の活動を組織的・体系的に経験することによって、自立や社会参加のために必要な事柄を実際的・総合的に学習するものである。 生活単元学習では、広範囲に各教科等の目標や内容が扱われる。小学部では、児童が見通しをもてるように、曜日に関係なく、同じ時間帯に繰り返し指導できるように帯で指導の時間を設定することが多い。 生活単元学習の指導では、児童生徒の学習活動は、実際の生活上の目標や課題に沿って指導目標や指導内容が組織されるように、生活のまとまりで単元計画を作成することが大切である。「学校行事と関連づけた単元」、「季節や季節の行事と関連づけた単元」、「生活上の課題をもとにした単元」、「生活上の偶発的な事柄をもとにした単元」等の単元がある（文部省、1986）。 個々の児童生徒の自立と社会参加を視野に入れ、個別の指導計画に基づき、計画・実施することが大切である。
作業学習	作業学習は、作業活動を学習活動の中心にしながら、児童生徒の働く意欲を培い、将来の職業生活や社会自立に必要な事柄を総合的に学習するものである。 とりわけ、作業学習の成果を直接、児童生徒の将来の進路等に直結させることよりも、児童生徒の働く意欲を培いながら、将来の職業生活や社会自立に向けて基盤となる資質・能力を育むことができるようにしていくことが重要である。 作業学習の指導は、中学部では職業・家庭科の目標及び内容が中心となるほか、高等部では職業科、家庭科及び情報科の目標及び内容や、主として専門学科において開設される各教科の目標及び内容を中心とした学習へとつながるものである。なお、小学部の段階では、生活科の目標及び内容を中心として作業学習を行うことも考えられるが、児童の生活年齢や発達の段階等を踏まえれば、学習に意欲的に取り組むことや、集団への参加が円滑にできるようにしていくことが重要となることから、生活単元学習の中で、道具の準備や後片付け、必要な道具の使い方など、作業学習につながる基礎的な内容を含みながら単元を構成することが効果的である。 作業学習で取り扱われる作業活動の種類は、農耕、園芸、紙工、木工、縫製、織物、金工、窯業、セメント加工、印刷、調理、食品加工、クリーニングなどのほか、事務、販売、清掃、接客なども含み多種多様である。作業活動の種類は、生徒が自立と社会参加を果たしていく社会の動向なども踏まえ、地域や産業界との連携を図りながら、学校として検討していくことが大切である。

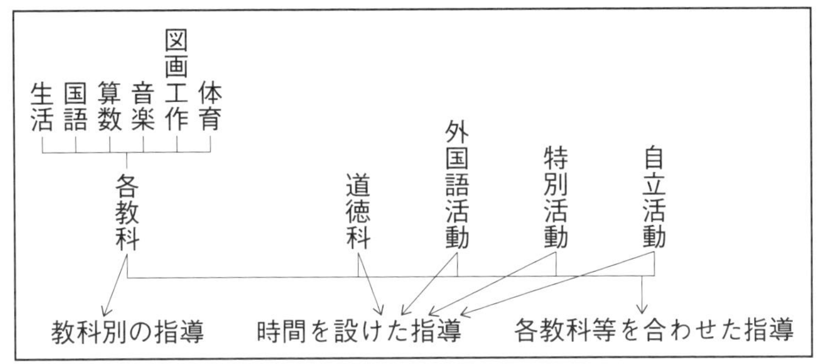

図10-4　特別支援学校（知的障害）小学部における各教科等を合わせた指導

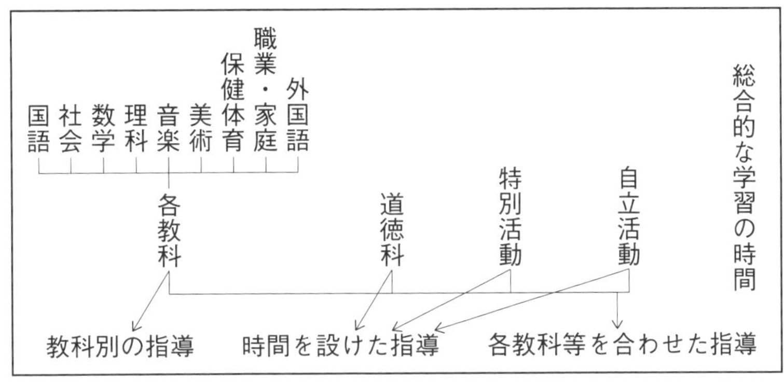

図10-5　特別支援学校（知的障害）中学部における各教科等を合わせた指導

各教科等を合わせた指導と、教科別の指導といった指導形態が混在している場合には、個別の指導計画により、各教科等を合わせた指導と教科別の指導を相互に関連付けて、往還させるように指導することが大切になってくる。例えば、「お好み焼きパーティーをしよう」という生活単元学習で材料をスーパーで買うことがある時は、算数の教科別の指導で児童の実態に合わせて、数の数え方や金銭の取扱いを系統的に扱ったり、国語の教科別の指導で、材料の名称を読んだり書いたりできるように扱ったりすることが考えられる。

❖第６節　知的障害教育における「学びの連続性」

2017年の特別支援学校教育要領・学習指導要領における改訂のポイントの一つとして、「障害のある子供たちの学びの場の柔軟な選択を踏まえ、幼稚園、小・中・高等学校の教育課程との連続性を重視」がある。インクルーシブ教育システムの構築の進展を踏まえ、連続性のある「多様な学びの場」における子どもたちの十分な学びを確保していく観点から、特別支援学校（知的障害）と小学校等の双方の各教科の目標及び内容を照らし合わせ、その系統性と関連性の整理をし、円滑に接続していくことが求められる。

これまで特別支援学校小学部・中学部学習指導要領や特別支援学校高等部学習指導要

領において、特別支援学校（知的障害）の各教科は、目標と内容について小学校や中学校とは異なる示し方をしてきた。しかし、今回の改訂においては、「学びの連続性」を重視する観点から見直しが図られ、小学校、中学校等の全ての教科等において育成を目指す資質・能力の３つの柱で、各教科の目標が整理されたことを踏まえ、特別支援学校（知的障害）の各教科等の目標や内容についても同様に、資質・能力の３つの柱で段階ごとに示されることになった。また、小学部にはこれまでなかった外国語活動が必要に応じて設定することができるようになり、中学部の各教科はこれまで１段階であったのが、２段階となった。

さらに、小学部の３段階、中学部の２段階の目標に到達した児童生徒は、特に必要がある場合は個別の指導計画を活用することにより、小学部もしくは中学部の各教科の内容等を一部取り入れることが可能となった。

これは、特別支援学校と小学校、中学校等と学びの場は異なっていても、資質・能力の３つの柱で目標を示したことによって、学びの連続性を説明することができるようになったといえるのである。小学校、中学校においても知的障害特別支援学級において特別支援学校（知的障害）の各教科等による教育課程を編成していても、通常の学級での交流及び共同学習における学びの連続性が説明できるようになったともいえる。特別支援学校（知的障害）の各教科に、個別の指導計画の活用によって、必要に応じて小学校や中学校の教科の内容の一部を取り入れることができるというのも、連続性のある「多様な学びの場」を教育内容の連続性という観点で説明することができることとなったといえる。

近年、特別支援学校（知的障害）の在籍児童生徒数が増加していると述べた。その一因に、小学校、中学校からの転学や、高等部への入学があると考えられる。小学校、中学校の教科等で編成された教育課程で学んだ児童生徒が、高等部段階で特別支援学校（知的障害）の教育課程で学んでいるのである。これはまさにインクルーシブ教育システムの構築における学びの連続性を確保していくことに他ならないと考えられる。

2017年４月に文部科学省は「障害者の生涯を通じた多様な学習活動の充実について（依頼）」を各都道府県教育長に発出するとともに、「特別支援教育の生涯学習化に向けて」と題する大臣メッセージを公表した。知的障害をはじめとする障害のある子どもが、学齢期だけでなく、卒業後も含めたその一生を通じて、自らの可能性を追求できる環境を整え、地域の一員として豊かな人生を送ることができるようにすることが示されている。学びの連続性を生涯学習としてとらえていくことも大切なこととなってきている。

【引用・参考文献】

エバーソール，マリーロウ・ケッファート，ニューウェル・エバーソール，ジェームス（1983）「学習障害児の教育―ガイドブック」Ebersole, M. , Kephart, N. C. , & Ebersole, J. B.（1968）*Steps to achievement for the slow learner*, 山下勲・木舩憲幸（訳），ナカニシヤ出版.

林（2019）『TEACCH プログラムに基づく自閉症児・者のための自立活動アイデア集』諏訪利明（監修），中央法規.

木村宣孝（2004）「生活単元学習の考え方」『生活単元学習を実践する教師のためのガイドブック～「これまで」，そして「これから」～』国立特殊教育総合研究所，pp.84-93.

メジボフ，ゲーリー・シェア，ビクトリア・ショプラー，エリック（2007）「自閉症スペクトラム障害の人へのトータル・アプローチ―TEACCH とは何か」Mesibov, Gary B., Shea, Victria, and Schopler, Eric（2004）*The TEACCH approach to autism spectrum disorders*, 服巻智子・服巻繁（訳），エンパワメント研究所.
文部省（1986）『生活単元学習の手引』慶応通信.
文部科学省（2018）『改訂第3版　障害に応じた通級による指導の手引―解説と Q&A』海文堂出版.
ミルテンバーガー，レイモンド（2006）「行動変容法入門」Miltenberger, Raymond G.（2004）*Behavior Modification: Principles and Procedures,* 園山繁樹・野呂文行・渡部匡隆・大石幸二（訳），二瓶社.
小澤至賢（2004）「知的障害養護学校における教育課程の編成状況」『生活単元学習を実践する教師のためのガイドブック～「これまで」，そして「これから」～』国立特殊教育総合研究所，pp.5-6.

第11章 特別支援学校（肢体不自由）における教育の「学びの連続性」

本章の目的　肢体不自由の心理・生理・病理と特別支援学校（肢体不自由）の教育課程について理解すること

キーワード　肢体不自由、姿勢と運動、認知特性（認知の特性）

第1節　肢体不自由とは

文部科学省初等中等教育局特別支援教育課が作成した「教育支援資料～障害のある子供の就学手続と早期からの一貫した支援の充実～」（以下、「教育支援資料」）では、肢体不自由を次のように定義している。「肢体不自由とは、身体の動きに関する器官が、病気やけがで損なわれ、歩行や筆記などの日常生活動作が困難な状態をいう」。

「歩行や筆記などの日常生活動作が困難な状態」について考えてみる。歩行も筆記も運動である。運動と一口にいっても、歩行は下肢を中心とした粗大運動といえるし、筆記は上肢による微細運動といえる。従って、「歩行や筆記などの日常生活動作が困難な状態」とは様々な運動が困難な状態と言いかえることができる。

次に運動をする際の姿勢について考えてみる。歩行する際には姿勢としては立位を保っていることが必要である。筆記の際には、たいていの場合に座位を保って筆記をすることが多い。つまり、立位や座位などの姿勢を保って運動を行う。従って、「歩行や筆記などの日常生活動作が困難な状態」には姿勢保持が困難な状態も含まれるといえる。このように考えてみると、「歩行や筆記などの日常生活動作が困難な状態」とは簡単に述べると姿勢と運動の困難な状態ということができる。

第2節　肢体不自由の心理・生理・病理

1. 姿勢と運動の発達

姿勢の発達にはいくつかの段階がある。姿勢は、まず臥位（寝た状態）の段階から始まり、ついで肘位（うつぶせから肘で支えて顔を挙げた状態）の段階、手位（腹ばいの状態から腕をまっすぐ伸ばして手のひらで支えた状態）の段階、座位（座った状態）の段階、四つ這い位（腕と膝で支えた状態）の段階、立位（立った状態）の段階と発達していく。この発達段階に合わせて、様々な運動が発達していく。表11-1に姿勢の発達段階と各発達段階において見られる代表的な運動を例示した。

表11-1　姿勢の発達段階と各発達段階において見られる代表的な運動の例示

姿勢の発達段階	臥位（腹臥位と背臥位）	肘位	手位	座位	四つ這い位	立位
代表的な運動の例	頭の回旋 寝返り	腹這い移動	腹這い移動	手の操作	四つ這い移動	歩行

表11-2　肢体不自由から起こる多様な困難の例

肢体不自由

（1）学習関係の困難
学習に必要な姿勢保持と上肢操作の困難
見つめる：注視・追視等の眼球運動と頭の回旋の困難
発声・発語のための運動等の困難

（2）コミュニケーションの困難
発声・発語の困難
相手を見つめる（眼球運動）ことの困難
ジェスチャーのための運動の困難

（3）環境の把握の困難
見つめる（眼球運動、頭の回旋等）ことの困難
音源へ向く（同上）ことの困難
触る・操作して確かめることの困難

（4）健康の保持の困難
摂食のための運動の困難
嚥下のための運動の困難
呼吸のための運動の困難

注：木舩（2011）より引用

2. 肢体不自由から派生する学習上又は生活上の困難（自立活動の６つの区分の相互関連について）

「教育支援資料」では、肢体不自由は日常生活動作の困難と定義されている。日常生活動作が困難であることは自立活動の６つの区分でいえば、身体の動きの困難にあたる。ここで気をつけなければならないことは、身体の動きの困難が他の５つの区分の困難をもたらす場合が多々あることである。例えば、身体の動きの困難が、コミュニケーションの困難や環境の把握の困難などをもたらす。また、身体の動きの困難が学習の困難をもたらすこともある。木舩（2011）は肢体不自由から起こる多様な困難の例について表11-２のようにまとめている。

表11-２から分かるように、肢体不自由においては自立活動の６つの区分が相互に関連しており、６つの区分の全てにわたって困難を起こす場合もあることから、自立活動の指導にあたっては６つの区分の相互関連に留意して６つの区分の調和的発達を目指す指導が大事であるといえる。

表11-3　肢体不自由の医学的原因の例

疾患の分類	疾患の例
中枢神経系（脳と脊髄）の疾患	脳性まひ、二分脊椎
筋原性疾患	進行性筋ジストロフィー
骨・関節系疾患	骨形成不全症
四肢切断	事故などによる四肢の切断

注：木舩（2011）より引用

3. 肢体不自由の医学的原因

「教育支援資料」では肢体不自由の原因について次のように述べている。「肢体不自由とは、身体の動きに関する器官が、病気やけがで損なわれ、歩行や筆記などの日常生活動作が困難な状態をいう」。ここでは、身体の動きを損なう病気やけが、つまり肢体不自由の原因となる主な疾患について説明する。肢体不自由の原因となる疾患を大きく分類すると、中枢神経系の疾患、筋の疾患、骨・関節の疾患、四肢の切断がある。これらの疾患について木舩（2011）は表11-3のようにまとめている。

❖ 第3節　肢体不自由教育の基本的知識

1. 特別支援学校（肢体不自由）における障害の重複化

（1）重複障害学級在籍率

特別支援学校には5つの障害種の学校がある。視覚障害・聴覚障害・知的障害・肢体不自由・病弱の特別支援学校の5つである。表11-4に文部科学省の「特別支援教育資料」（令和元年度）に基づいて5つの特別支援学校の重複障害学級在籍率を示した。

表11-4から特別支援学校（肢体不自由）においては、重複障害者の割合が他の4つの特別支援学校に比べて非常に高いという現状が見て取れる。

（2）特別支援学校（肢体不自由）における教育課程の編成の留意点

特別支援学校（肢体不自由）における重複障害者の在籍率が高いことから、教育課程の編成にあたっては特別支援学校小学部・中学部学習指導要領の「第1章　総則」の「第8節　重複障害者等に関する教育課程の取扱い」に示されている特別の教育課程（表11-5参照）に基づいて編成する必要があることに留意しなければならない。

❖ 第4節　特別支援学校（肢体不自由）における自立活動

1. 多様な困難に留意して、調和的発達を目指した指導を行う

特別支援学校（肢体不自由）における自立活動の指導にあたっては、肢体不自由という障害だけに注目するのではなく、肢体不自由が多様な困難をもたらす場合が多くある

表11-4　特別支援学校における重複障害学級在籍率（国・公・私立計）

特別支援学校	小学部	中学部	高等部	合計
視覚障害	47.2%	41.2%	17.6%	28.8%
聴覚障害	27.4%	20.4%	17.3%	22.3%
知的障害	22.7%	20.3%	10.5%	15.9%
肢体不自由	86.7%	83.4%	77.0%	82.9%
病弱	40.7%	29.1%	38.0%	36.1%

注：文部科学省「特別支援教育資料（令和元年度）第１部データ編」より、１つの障害だけを教育領域として指定している特別支援学校のみを抽出した。

表11-5　重複障害者等に関する特別の教育課程

①障害の状態により特に必要な場合の教育課程
②知的障害児で小学部の各教科などの３段階・中学部の各教科の２段階を達成している者の教育課程
③視覚障害・聴覚障害・肢体不自由・病弱のいずれかと知的障害を併せ有する児童・生徒の各教科などに関する教育課程（知的障害特別支援学校の各教科などの代替による教育課程）
④自立活動を主とした教育課程
⑤訪問教育に関する教育課程

注：本書「第７章　特別支援学校の教育課程における『学びの連続性』」より再掲した。

ことに留意する必要がある。

肢体不自由から派生する多様な学習上又は生活上の困難については、本章「第２節　肢体不自由の心理・生理・病理」の「２．肢体不自由から派生する学習上又は生活上の困難」において述べているので、参照されたい。その内容を要約すると、身体の動きの困難が、コミュニケーションの困難や環境の把握の困難などの自立活動の他の５つの区分の困難や学習の困難をもたらす場合が多々あるということである。従って、自立活動の指導にあたっては調和的発達を大事にした指導を心がける必要がある。

2．調和的発達を大事にした身体の動きの指導

本節の「１．多様な困難に留意して、調和的発達を目指した指導を行う」で述べた調和的発達を大事にした指導を行うためには、身体の動きの指導において座位の保持と立位の保持のための指導に特に重点を置くことが良い。姿勢の発達段階として臥位⇒肘位⇒手位⇒座位⇒四つ這い位⇒立位の順番に発達していくことについては、第２節において述べた。これらの６つの姿勢のうち、中でも特に座位の保持と立位の保持の指導が重要である理由について次に述べる。

座位が保持できると、体幹が直立しているために視野が広がり、周囲の環境の把握に良い効果がある。また、周囲の人を認知しやすくなり人間関係の形成・コミュニケーションも効果的に行われやすくなる。さらに、体幹が直立した座位では上肢の操作が容易

になって目と手の協応がしやすくなり、学習活動全般にわたって良い効果が期待できるようになる。立位が保持できると、歩行のための指導に入ることができて、生活空間が広がり多様な経験を積むことが可能となっていく。

❖第５節　特別支援学校（肢体不自由）における各教科の指導の配慮事項

1. 特別支援学校（肢体不自由）における各教科の指導

（1）特別支援学校（肢体不自由）における各教科の指導と準ずる教育

特別支援学校小学部・中学部学習指導要領の「第２章　各教科」の「第１款　視覚障害者、聴覚障害者、肢体不自由者又は病弱者である児童（又は生徒—筆者）に対する教育を行う特別支援学校」では、例えば小学部については「各教科の目標、各学年の目標及び内容並びに指導計画の作成と内容の取扱いについては、小学校学習指導要領第２章に示すものに準ずるものとする」と述べている。

このように特別支援学校（肢体不自由）における各教科の指導は、通常の学校の学習指導要領に準じて行われる。つまり、特別支援学校（肢体不自由）における各教科の指導は、通常の学校の教育課程に準ずる教育であることをしっかりと認識しておくことが必要である。

（2）準ずる教育と学びの連続性

学校教育法第72条では、「特別支援学校は、視覚障害者、聴覚障害者、知的障害者、肢体不自由者又は病弱者（身体虚弱者を含む。以下同じ）に対して、幼稚園、小学校、中学校又は高等学校に準ずる教育を施すとともに、障害による学習上又は生活上の困難を克服し自立を図るために必要な知識技能を授けることを目的とする」と述べている。特別支援学校における準ずる教育は、通常の学校の学習指導要領に準じて行われるものである。従って、特別支援学校（肢体不自由）における各教科の指導においては通常の学校における各教科の指導との学びの連続性が確保されることが大事である。

2. 特別支援学校（肢体不自由）における各教科の指導の配慮事項

（1）各教科の指導における具体的な配慮事項

特別支援学校小学部・中学部学習指導要領「第２章　各教科」の「第１款　視覚障害者、聴覚障害者、肢体不自由者又は病弱者である児童に対する教育を行う特別支援学校」では「指導計画の作成と各学年にわたる内容の取扱いに当たっては、児童の障害の状態や特性及び心身の発達の段階等を十分考慮するとともに、特に次の事項に配慮するものとする」と述べている。そして「３　肢体不自由者である児童に対する教育を行う特別支援学校」において、以下の表11-６に記載した５項目の配慮事項をあげている。この５項目について指導上の重要なポイントと筆者が考えた箇所のいくつかにアンダーラインを付している。そして、アンダーラインを付したポイントを【児童生徒の特性な

表11-6　肢体不自由のある児童生徒に対する各教科の指導の配慮事項

（1）体験的な活動を通して言語概念等の形成を的確に図り、児童の障害の状態や発達の段階に応じた思考力、判断力、表現力等の育成に努めること。
（2）児童の身体の動きの状態や認知の特性、各教科の内容の習得状況等を考慮して、指導内容を適切に設定し、重点を置く事項に時間を多く配当するなど計画的に指導すること。
（3）児童の学習時の姿勢や認知の特性等に応じて、指導方法を工夫すること。
（4）児童の身体の動きや意思の表出の状態等に応じて、適切な補助具や補助的手段を工夫するとともに、コンピュータ等の情報機器などを有効に活用し、指導の効果を高めるようにすること。
（5）各教科の指導に当たっては、特に自立活動における時間の指導との密接な関連を保ち、学習効果を一層高めるようにすること。

注：小学部についての記述であり、中学部及び高等部では「児童」を「生徒」に置き換えて読みとること。

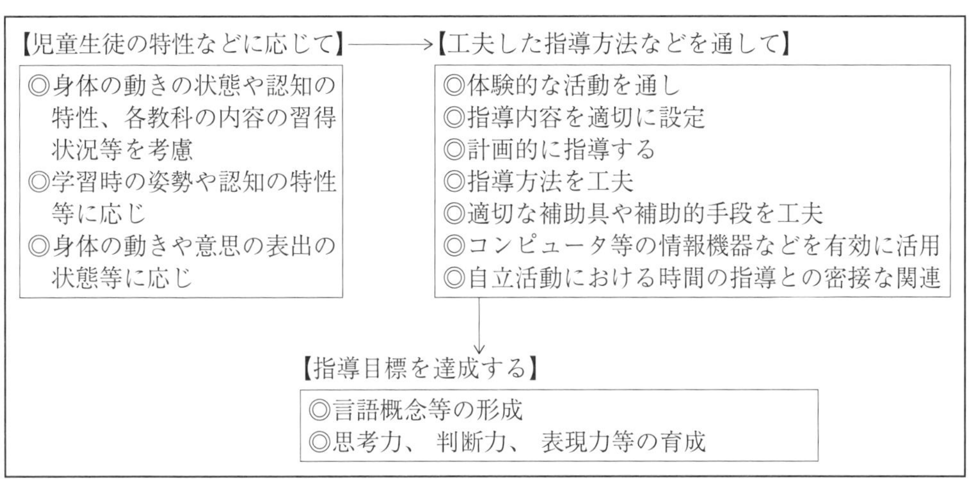

図11-1　肢体不自由のある児童・生徒に対する各教科の指導の配慮事項のポイントの分類

どに応じて】【工夫した指導方法などを通して】及び【指導目標を達成する】の３種類に分類して図11-１にまとめた。

（2）各教科の指導の配慮事項と学びの連続性

特別支援学校（肢体不自由）における各教科の配慮事項は、特別支援学校小学部・中学部学習指導要領「第２章　各教科」の「第１款　視覚障害者、聴覚障害者、肢体不自由者又は病弱者である児童に対する教育を行う特別支援学校」の「３　肢体不自由者である児童に対する教育を行う特別支援学校」で示されている。前述の「（1）各教科の指導における具体的な配慮事項」で述べてきた５項目の指導の配慮事項は特別支援学校（肢体不自由）における各教科の指導にのみあてはまるものではない。多様な学びの場の間の「学びの連続性」を確保するためには、通常の学校の特別支援学級（肢体不自由）・通常の学級及び通級による指導（肢体不自由）における各教科の指導においても重要な配慮事項となる。

【引用・参考文献】
木舩憲幸（2011）『脳性まひ児の発達支援〜調和的発達を目指して〜』北大路書房.

特別支援学校（病弱）における教育の「学びの連続性」

本章の目的　病弱児の心理・生理・病理と特別支援学校（病弱）における教育課程を理解する

キーワード　病弱、入院期間の短期化、在宅医療、学校不適応、復学支援

第1節　病弱とは

1. 病弱と病弱教育

病弱者は、学校教育法施行令一部改正（2002）により、同第22条の3において次のように示されている。

一　慢性の呼吸器疾患、腎臓疾患及び神経疾患、悪性新生物その他の疾患の状態が継続して医療又は生活規制を必要とする程度のもの
二　身体虚弱の状態が継続して生活規制を必要とする程度のもの

「教育支援資料」では、病気の子どものための教育を「病弱・身体虚弱」教育、総称して「病弱教育」とし、「病弱とは心身の病気のため弱っている状態を表している。また、身体虚弱とは病気ではないが身体が不調な状態が続く、病気にかかりやすいといった状態を表している」と定義している。病弱、身体虚弱は医学的な用語ではなく、一般的な用語であるが、病気の子どもの学校教育に関連した法令・制度で使用される。さらに、「教育支援資料」では「このような状態が継続して起こる、又は繰り返し起こる場合に用いられており、例えば風邪のように一時的な場合は該当しない」と説明されている。

病弱・身体虚弱者の教育は、特殊教育に位置づけられてきたが、すでに、厚生労働省児童家庭局（1992）以来、義務教育段階にある小児慢性特定疾患治療研究事業の対象者の85.5%は通常学級に在籍していることが明らかになっている（武田、2012：猪狩、2015）。そのため、通常の学校・学級を含めた特別支援教育としての整備が求められている。

また、病弱者・身体虚弱者は、同じ疾患であっても治療・病状・生活等は一人一人異なり、流動的である。それに応じて教育的ニーズも変化することが特徴である。つまり、多くの場合、地元の学校と入院先の学校との転出入があり、教育の場の移行に対する支援を含めた「学びの連続性」がきわめて重要になっている。特殊教育は「障害の種類と

程度に応じた特別な場での教育」であったが、「一人一人のニーズに応じる教育」である特別支援教育によって、「学びの連続性」が実現することが期待されている。

2. 病弱教育の場と対象

病弱者のための教育を専門的に担う場（以下、病弱教育専門機関）には、「特別支援学校（病弱）」のほか、小・中学校の「病弱・身体虚弱特別支援学級」(病院内に設置された院内学級を含む)、「通級による指導」がある。

（1）特別支援学校（病弱）の対象となる病弱者

前述のように特別支援学校の対象となる病弱の程度は、学校教育法施行令第22条の3「病弱者」として「一　慢性の呼吸器疾患、腎臓疾患及び神経疾患、悪性新生物その他（下線―筆者）の疾患の状態が継続して医療又は生活規制を必要とする程度のもの　二　身体虚弱の状態が継続して生活規制を必要とする程度のもの」とされている。第1項「その他」に含まれる疾患名は、「教育支援資料」には「糖尿病等の内分泌疾患、再生不良性貧血、重症のアトピー性皮膚炎等の疾患、心身症、うつ病や適応障害等の精神疾患、高次脳機能障害など」が例示されている。このことから身体の病気だけでなく、精神疾患などを含む多様な疾患を対象としていることがわかる。

同施行令第22条の3では、改正前の対象規定には「六月以上の医療又は生活規制を必要とするもの」とされていたが、改正により「継続して医療又は生活規制を必要とするもの」と変更された。これは、「教育支援資料」によれば、「医療の進歩等により、治療開始時の予想以上に急速に回復する場合があることや、治療の効果に個人差があり医療や生活規制を要する期間を予見することが困難であること、たとえ短期間であっても子供が継続して学習できない状態は問題であること、短期間であっても特別支援学校（病弱）で教育を受けることについてのニーズが高いことなどから、平成14年に『六月以上』という規定を改め、『継続して』とした」ものである。また、入院だけでなく、通院・服薬等の自宅療養期間を含むことも確認されてきた。

（2）病弱・身体虚弱特別支援学級と通級による指導

小・中学校の「病弱・身体虚弱特別支援学級」の対象は「病弱者及び身体虚弱者」として、2013年の文部科学省初等中等教育局長通知「障害のある児童生徒等に対する早期からの一貫した支援について（通知)」(以下、「通知」) に次のように示されている（文部科学省初等中等教育局特別支援教育課、2013b)。

> 一　慢性の呼吸器疾患その他疾患の状態が持続的又は間欠的に医療又は生活の管理を必要とする程度のもの
> 二　身体虚弱の状態が持続的に生活の管理を必要とする程度のもの

学校教育法第81条第2項には、特別支援学級の対象として第3号に「身体虚弱者」が示されているが、第２項第６号に「その他の障害のある者で、特別支援学級において教育を行うことが適当なもの」とあり、これに基づき前述の「通知」で、身体虚弱者だけでなく「病弱者及び身体虚弱者」が対象として明記されている。一般的に、特別支援学校と特別支援学級は、障害の程度で対象区分を行うが、特別支援学級に含まれる院内学級の対象は、専門的かつ集中的な入院治療を必要としており、「通知」では特別支援学校と同じく「病弱者」を明記したといえる。特別支援学級の対象となる障害の程度が特別支援学校と同等を含むという点は、病弱教育の特徴である。

小・中学校の「通級による指導」では、「通知」によって「通常の学級での学習におおむね参加でき、一部特別な指導を必要とする程度のもの」として、病弱・身体虚弱の児童生徒もその対象とされている。

❖ 第２節　病弱児の心理・生理・病理

1. 病弱・身体虚弱の心理特性

（1）病弱の子どもの抱える心理的不安

学校教育の場では、病弱の子どもに対して、子どもの病気、治療など医療面のニーズに注意が払われがちである。また、病気によって生じる学習空白を防ぎ、元の学校（以下、地元校と表記する場合も含む）に戻ったときに学習が遅れないようにすることが病弱教育の役割と理解されてきた。

しかし、1990年代以降、小児がん等の入院中の子どもの教育が広がるなかで、病気の子どもの抱える心理的不安とその改善に対する教育・教員の役割の重要性が明らかになってきた。

「病気」という状態が継続することは、病気や治療による痛みや不安のほか、今までできていたことをあきらめたり、がまんしたりしながら、これまでとは違う生活をしていくことになる。生活環境のほか「これまでの自分・夢や希望・関係性」などが突然、断ち切られる状況に直面するのである。様々な不安や苛立ち、恐怖、自己肯定感の低下などの心理的反応が生じがちであり、それが身体症状となって現れることもある。これらは、疾病の種類や病状、あるいは今後の見通し、生活・行動の制限、本人の疾病や治療に対する理解などによって多様であり、個々の子どもの年齢や発達段階、家族や周囲の環境などをふまえた支援が求められる。

1947年の学校教育法制定当時は、教育より治療を優先すべきという考えが一般的であったため、同法に病弱者、病弱養護学校は規定されず、病弱者は就学猶予・免除の対象とされた。1960年代に入り同法が改正され「病弱者」と病弱養護学校が規定され、各地に病弱養護学校が開設されていった。

1990年代を迎えようやく入院中の子どもの教育が始まったが、その背景には、小児がん治療などに携わる医療関係者から、治療だけに専念しているより、学校教育を導入した子どもの方が闘病意欲の高まりや治療効果が見られると評価されたことがあった。患者である前に一人の子どもとして、年齢にふさわしい学習が保障されることによって、

「元の学校に帰る」、「卒業・進学していく」という希望・意欲が生まれ、辛い治療を頑張る力になることが提唱された。それを受けて、入院中の子どもの保護者をはじめとする関係者から院内教育を求める声が高まり、文科省における調査研究協力者会議の審議を経て1994年12月には「病気療養児の教育について（通知）」（文部科学省初等中等教育局長、1994）が発表された。ここで国として初めて入院中の教育の意義が明確に打ち出され、以後、国立大学附属病院等への院内学級設置が進んだ。「治療優先」、「学校は治療が終わってから」ではなく、病気だからこそ、入院中だからこそ必要な教育があることへの理解が広がっていったのである。

（2）身体虚弱の子どもの抱える心理的不安

同時期に、身体虚弱の子どもの課題も顕著になってきた。不登校で長期欠席となっていた子どもの一つの居場所として特別支援学校（病弱）が重要な役割を果たすようになって今日に至っている（中村・金子他、2012）。「教育支援資料」でも「近年は、自閉症や注意欠陥多動性障害と診断されていた子供が、うつ病や適応障害等の診断を受けて、年度途中に特別支援学校（病弱）に転入してくることが増えており、その中には不登校の経験や、いじめ、虐待を受けた経験のある子供が多い」ことが紹介されている。

これらの子どもの身体症状の背景には心理的ストレスがあり、学習不振、友人関係のつまずき、養育環境の困難などが複雑に絡み合っている。明確な医療上の原因が見えないだけに、自己肯定感を持ちきれないまま、苦しんでいる子どもである。こうした子どもにとっても、特別支援学校（病弱）は、わかる勉強や生活リズムの確立、おとなや友だちとの信頼関係の回復によって彼らの安心と自分づくりを支える場になっている。

（3）入院から退院へ―地元校復学時の不安

しかし、早く退院して「元の学校」に戻りたいと願っている子どもの地元校復学には、問題が生じがちである。「元の学校」は、現実には、様々な経験をして「未来に進んだ学校」だからである。期待と現実のギャップが、退院後の学校不適応につながることも少なくない。とくに、地域・学校のなかでの福祉的支援が十分ではないため、家庭環境・養育に困難をかかえる子どもの場合、復学後の学校生活に様々な困難が生じがちである。

復学は、多くの子どもにとって治療を頑張る目標であるが、病院のなかの学校と地元の学校という２つの場の移行には困難も多く、復学支援が重要である。転出入のときの引き継ぎだけではなく、入院したときから「帰ってくる」子ども、「帰っていく」子どもであることを前提にした学校間連携が不可欠であり、とりわけ、病弱教育専門機関からの積極的な働きかけが求められている。

2．病弱児・身体虚弱児の生理・病理

子どもの病気については、厚生労働省において各種データが集計されており、治療費や治療研究の助成が行われている。その１つ、治療期間が長期で高額の医療費負担が発

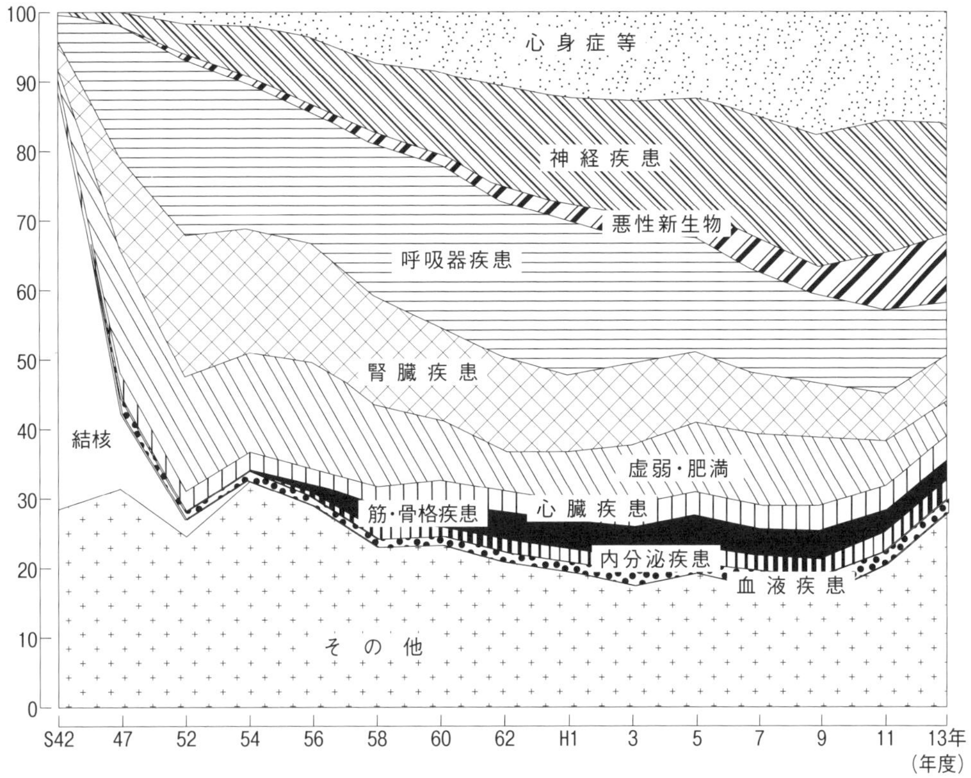

図12-１　病弱教育対象児童生徒の病気の種類の推移
（横田雅史・全国病弱養護学校校長会（2002）を参考に筆者作成）

生する「小児慢性特定疾病」は、厚生労働大臣の指定により治療の確立・普及、治療費自己負担の軽減のための助成対象となっている。また身体障害者福祉法では「身体障害」のなかに「内部疾患」として心臓や腎臓などの７つの機能障害が指定されている。

学校教育では文部科学省「学校保健統計調査」が学校における幼児児童生徒の発育・健康等に関する調査と報告を行っているほか、全国病弱虚弱教育研究連盟「全国病類調査」が隔年で病弱教育専門機関に在籍している児童生徒の疾病の分類と集計を行っている。その経年変化から病弱教育の対象となる疾患は、戦後から今日まで大きく変化していることがわかる（図12-１）。

1960年代までの代表的疾患は結核であったが、結核の治療と予防が進み結核は激減した。代わって心臓疾患・腎臓疾患等の慢性疾患が病弱教育の中心的疾患となり、心理面・教育面の援助の必要性が着目されるようになってきた。慢性疾患は長期間（多くは生涯）にわたる治療や生活制限が必要であり、努力して治療をしていても悪化したり、社会参加に困難が生じたりするため、精神的負担は大きい。小児医療の進歩で長期生存は可能になったものの、こうした不安を抱えながら社会的自立を目指すことになる。辛い治療、生活の不安を背負いながら生きていく葛藤への理解と支援の必要性が明らかになってきた。

さらに、1990年代後半、病弱教育の対象疾患は多様化しており、気管支喘息・腎臓疾患などの慢性疾患や小児がんのほか、転入前に地元校で不登校を経験した心身症、不安障害等の情緒及び行動の障害の増加傾向が見られる（武田、2012）。特別支援学校（病弱）では、入院期間の短期化により従来からの慢性疾患に代わって、これまでの指導法だけでは対応できない発達障害、精神疾患を併せ有する割合が増加している（中村・金子ら、2012）。

このように、時代とともに子どもの疾病構造の変化が見られるが、いずれの場合も、それぞれの子どもの教育ニーズに応じた学校段階の教育と、学校から社会への移行に対する支援が重要であり、自らの健康状態を把握し適切な対処ができる力、自分のよさに気づき人と関わる力を育みながら、積極的な社会参加に向かうキャリア支援が求められている。

❖ 第3節　病弱教育の基本的知識

1. 病弱教育と地元校との転出入

今日、「医療や生活規制を必要とする」子どものほとんどは病弱教育専門機関ではなく、通常の学級に在籍している。さらに、病弱以外を対象とする特別支援学校にも、病気治療中の子どもが少なくない。入院時には特別支援学校（病弱）を利用することになるが、こうした子どもにとっては日頃通う特別支援学校が地元校である。そうした意味で、病弱教育専門機関だけでなく、全ての学校教育の場で病弱への理解と適切な配慮・支援が求められている（猪狩、2015）。

病弱教育では、「病状や治療の変化」に伴って、地元の学校との転出入を伴うことが多い。今日、我が国の子どもの平均入院期間は2週間を下回っており、入院治療が継続する場合も、子どものQOL（Quality of Life ＝クオリティ・オブ・ライフ）や診療報酬上の視点から、いったん退院して経過を見ながら再入院するなど、入退院を繰り返すことになる。入院の短期化、頻回化は院内学級で一層顕著である。しかし、地元校に籍は戻っても通学することが難しく、欠席が続くケースも少なくない（文部科学省初等中等教育局特別支援教育課長、2013a）。

以上のような状況から、病弱教育専門機関と地元校との連携が不可欠であるが、地元校では、病弱教育の制度や指導方法に関する経験・知識が不足しており、ともすれば安全のために体育や校外学習で過剰な制限が要請されるなど、健康面の配慮や学習保障に関する問題が生じている（猪狩、2016）。

また、入院や病気治療の実態に応じて、病弱教育専門機関への転校が必要になるが、他の障害と異なり、どの自治体でも同じように病弱教育専門機関が設置されているのではなく、病弱児が利用できる教育の場の設置状況や制度の運用などには自治体格差がある。

さらに、入院期間が短期化し、地元校での教育の比重が大きくなっている。地元校から学籍は移さずに、入院や自宅療養中の教育を受けたいという要望も強く、一部の自治体でそうした試みが始まっている。

こうしたなかで、病弱教育専門機関の在籍者が減少し、特別支援学校（病弱）は学校数、在籍者数とも他の障害に比べて減少傾向にある。院内教育が行われていない病院に入院する場合や、家庭療養中に地元校に通学できない場合の教育保障のためには、訪問教育や訪問形態の教育の拡充を含む、子どもの実態に合った新たなシステムと運用が求められている。

2. 医療的ケアと病弱教育

医療と不可分である病弱教育では、①医療技術の進歩と救命・長期生存、②入院期間の短期化と在宅医療という動きのなかで、子どもの実態とニーズが大きく変化してきている。

これらを象徴する状況として、吸引・経管栄養・人工呼吸器などの医療的ケアを必要とする子ども（以下、医療的ケア必要児）の増加がある。かつての重症心身障害児は運動障害と知的障害が重度で重複する状態であったが、今日では、呼吸や栄養摂取、排泄など生命の維持に医療的ケアを必要とする状態が多く含まれている。また、かつての重症心身障害児は医療と福祉を提供する重症児施設で生活し、主に訪問教育の対象であったが、現在、そうした子どもの多くが家族とともに地域で生活し、特別支援学校や特別支援学級に通学する割合が高まっている。通常の学級に在籍する事例も見られ、重複障害の子どもだけでなく、医療的ケアを活用しながら学校生活を送る子どもの幅が広がっている。

1990年代に差し掛かる頃、横浜や東京・大阪など一部の自治体で「医療行為を必要とする子ども」が就学を迎えたが、医療行為の実施者には法的に医療資格が求められるため、保護者の付き添いを前提とした通学、または訪問教育という選択しかなかった。子どもの健康・安全と教育権保障の視点から、医療機関ではない学校での実施について、そうした自治体で国に先駆けた模索が始まった。その検討の過程で提案されたのが「日常の生活場面で行われている医行為」としての「医療的ケア」という用語であった。医療的ケア必要児の就学は瞬く間に全国的に広がり、文科省・厚労省等での検討が進められ、学校教育だけでなく、成人・高齢者を含む制度検討が行われて今日に至っている（厚生労働省、2012）。

養護学校における看護師配置を含む医療的ケア実施体制の拡充は、出席日数の安定的増加等による医療的ケア必要児の成長発達を実現した。さらに、医療的ケア必要児だけでなく学校全体の子どもの健康・安全を守る教職員の専門性向上にもつながったことが報告されている。今後も、保護者に依存しない医療的ケア実施体制の一層の整備と、教育内容・教育方法の充実が求められており、医療と教育の連携と同時に、教育としての専門性の向上が課題である。

3. 病弱教育における後期中等教育、幼児教育

1990年代初めに、まず整備が急がれたのは義務教育段階の入院中の子どもの教育であった。今日、義務教育段階の病弱教育は一定、整備されたが、後期中等教育や幼児教育の整備は大幅に遅れている。

（1）高校段階の病弱教育

特別支援学校（病弱）では、高等部が設置されていない学校が少なくない。特別支援学校（病弱）に全く高等部がない自治体も残っている。また、入院中の教育を中心的に担っている院内学級（病弱・身体虚弱特別支援学級）は、高校の特別支援学級が制度化されていないため、高校生の入院に対応できていない。現在、我が国の後期中等教育への進学率は98％を超えており、高校進学は当たり前の時代を迎えている。慢性疾患の子どもの多くが、思春期を過ぎ、成人期を迎えていく現在、義務教育から高校段階の教育へのスムーズな移行は不可欠であり、病気とともに生きる自らの生き方を確立していく重要な時期として高校段階の教育保障は、本人・家族の切実な要望になっている（文部科学省初等中等教育局特別支援教育課長、2013a）。

（2）乳幼児のための病弱教育

就学前の幼児教育・保育についても整備が急がれる。特別支援学校（病弱）で幼稚部を設置しているのは１校のみ（宮崎県立赤江まつばら支援学校）であるが、長らく幼児の入学がないため実質的に休止状態である。小児科に入院している乳幼児は学齢児より多いにもかかわらず、病気のときは保護者（とくに母親）付き添いが当然という考え方で、家族に委ねられてしまいがちで、保護者の心身の疲労や経済的負担も大きい。病気であっても、乳幼児期にふさわしい遊びや基本的生活習慣の確立に対する専門的な援助が求められている（斎藤・坂上、2004）。

特別支援学校（病弱）の一部では、教育相談の一環として幼児や保護者への遊びの援助を行っているが、教員配置はなく、授業の合間に実施する形にとどまっている。一部の病院で「病棟保育士」が導入され（帆足・高野ら、1995）、その後、医療保育学会が発足し、同学会による「医療保育専門士」の資格認定が始まっている。しかし、保育士のいない病院が圧倒的に多く、いても一人程度がほとんどである。欧米では「チャイルドライフスペシャリスト」等の専門職も養成・配置されている。生涯発達の視点から乳幼児からの発達支援についても一層整備していく必要がある。

❖第４節　特別支援学校（病弱）における教育課程の編成

1. 病弱の児童生徒の抱える学習上の困難

病弱の子どもの実態や教育の場は様々であるが、病弱教育の基本となる特別支援学校（病弱）の教育課程は、特別支援学校小学部・中学部学習指導要領に基づいて編成されており、学校教育法施行規則第138条及び第140条で規定されているように、特別支援学級や通級による指導においても「特別の教育課程」を編成する場合に参考とすることができる。特別支援学校のセンター的役割は、教育指導においても発揮される必要がある。ここでは、特別支援学校（病弱）における教育課程をみていくこととする。

特別支援学校では、一人一人のニーズに応じた教育が追求されているが、とくに病弱教育の場合、病気だけでなく、児童生徒の多様な実態に対する様々な配慮が求められる。

表12-1　特別支援学校（病弱）における教育課程と集団編成

①学年相当の学習を基本とする教育課程
②下学年、下学部の教育課程
③病弱と知的障害を併せ有する児童生徒の各教科に関する教育課程（特別支援学校（知的障害）の各教科の代替による教育課程）
④自立活動を主とする教育課程
※学校によっては、さらに疾病の特性や入院環境に応じた教育課程・集団編成を工夫している場合がある（例　筋ジストロフィー、精神疾患など）。

疾病の種類・状態も様々であるが、病状や治療による学習時間の制約、これまでの学習空白や遅れ 、また身体活動の制限等がある。転出入は不定期で、児童生徒の在籍期間が異なることや、小・中学校からの転学者の学習進度や使用教科書の違いにも配慮していく必要がある。とくに、学習空白は、そこだけ補えばよいというわけではなく、系統的な学び、関連する学習に波及し、誤った理解につながることもある。病弱教育では「学習空白」改善のための指導を重視し、工夫している。

2. 基本となる「準ずる教育」

特別支援学校（病弱）は、小学部１年入学時から在籍する児童は少なく、病状や治療により地元校への通学が難しくなった段階で転入してくるケースが多い。地元校の教育課程で学習してきており、その多くは病状が落ち着けば地元校に帰ることを希望している。特別支援学校でも、地元校に帰ることを見通して指導を進める。そうした点で、基本となる教育課程は「準ずる教育」、小・中学校、高等学校の教育課程である。

3. 複数の教育課程

病弱教育の対象となる児童生徒の実態は幅が広く、重度重複障害の児童生徒から小・中学校、高等学校に準ずる教育が必要な児童生徒まで多様である。そのため、学年相当の教育をベースとした教育課程、指導内容を用意し、通常の学校における学年に応じた教材・教具を用いながら、個々の児童生徒の学習課題（学力や意欲・興味・関心）、病状や健康状態、生活・治療環境を考慮して工夫していく。

また、児童生徒の多様な実態に対応するため、先述のように、特別支援学校小学部・中学部学習指導要領第１章第８節「重複障害者等に関する教育課程の取扱い」に基づき、「児童又は生徒の障害の状態により特に必要がある場合」には弾力的な教育課程を編成している。

そのため、特別支援学校（病弱）では表12-１に示す複数の教育課程と集団編成が行われる。

また、病気や障害により通学して教育を受けることが困難な児童生徒に対しては、教員を派遣して教育を行う訪問教育が行われる。児童生徒の実態により、慢性疾患に対応した「準ずる教育」を行う訪問教育と、「自立活動を主とした教育課程」に基づく訪問教育がある。後者は全国の訪問学級設置校で行われているが、入院中の児童生徒の教科学習を主とした病院訪問教育を行っている自治体は都市部の一部に限られており、自宅療養中の教科学習に訪問教育を活用している自治体はさらに少ないのが現状である。

訪問教育では個々の実態に応じ弾力的な教育課程編成ができるよう、重複障害でなくても「重複障害者等に関する教育課程の取扱い」によること、また「実情に応じた授業時数を適切に定めることができる」とされている。

❖ 第5節　病弱教育における自立活動

特別支援学校（病弱）では、その発足時から養護・体育として健康の維持増進のための学習と、病識学習といわれる自分の健康状態の把握と適切な対処方法の学習が、病弱に対する指導の2本柱として取り入れられてきた。

その後、1990年代にはいると、特別支援学校（病弱）では慢性疾患の児童生徒が減少し、次第に不登校を経験し心理面の不適応・対人関係の困難を示す児童生徒が増えてきた。そのため、自立活動では心理的な安定・コミュニケーション・人間関係の形成が中心課題となってきた。心理的な安定を図るためには学校生活全体で行う自立活動を中心にして、学習や学校生活全般を通して、自信をつけ自己肯定感を高める指導が行われていたが、近年、発達障害を併せ有する児童生徒の増加に伴って自立活動の時間の指導では、個別・集団で取り組むソーシャルスキルトレーニング（SST）が積極的に行われるようになってきている。

2015年12月の「中央教育審議会教育課程部会特別支援教育部会資料」によると、中央教育審議会での新学習指導要領の検討過程では、病弱の幼児児童生徒の自立活動として「病気の原因や回復を図るために必要な食事や運動制限の理解、長期入院などからくる不安状態の改善に関する指導」が例示されている。子どもの実態の変化によって、自立活動の実際も変化してきたが、○子どもが自らの病気と必要な対処行動について理解・納得し、主体的に取り組む、○病気とともに生活していく不安を改善し自信をもって自立を目指す、という2点は、特別支援学校（病弱）における自立活動の一貫した重点になっている。

❖ 第6節　特別支援学校（病弱）における各教科の指導の配慮事項

1. 特別支援学校（病弱）における各教科の指導と「準ずる教育」

本書第2章で述べたように、特別支援学校小学部・中学部学習指導要領「第1章総則」の「第1節　教育目標」では「小学部・中学部における教育については、学校教育法第72条に定める目的を実現するため」「1　小学部においては、学校教育法第30条第1項に規定する小学校教育の目標　2　中学部においては、学校教育法第46条に規定する中学校教育の目標」の「達成に努めなければならない」と明確に示されており、「第

表12-2　病弱者である児童生徒に対する各教科の指導の配慮事項（下線は筆者）

（1）個々の児童（又は生徒─筆者）の学習状況や病気の状態、授業時数の制約等に応じて、指導内容を適切に精選し、基礎的・基本的な事項に重点を置くとともに、指導内容の連続性に配慮した工夫を行ったり、各教科等相互の関連を図ったりして、効果的な学習活動が展開できるようにすること。
（2）健康状態の維持や管理、改善に関する内容の指導に当たっては、自己理解を深めながら学びに向かう力を高めるために、自立活動における指導との密接な関連を保ち、学習効果を一層高めるようにすること。
（3）体験的な活動を伴う内容の指導に当たっては、児童の病気の状態や学習環境に応じて、間接体験や疑似体験、仮想体験等を取り入れるなど、指導方法を工夫し、効果的な学習活動が展開できるようにすること。
（4）児童の身体活動の制限や認知の特性、学習環境等に応じて、教材・教具や入力支援機器等の補助用具を工夫するとともに、コンピュータ等の情報機器などを有効に活用し、指導の効果を高めるようにすること。
（5）児童の病気の状態等を考慮し、学習活動が負担過重となる又は必要以上に制限することがないようにすること。
（6）病気のため、姿勢の保持や長時間の学習活動が困難な児童については、姿勢の変換や適切な休養の確保などに留意すること。

２章　各教科」でも同様である。特にインクルーシブ教育システム構築が今後の方向性となっている2017年４月の新しい学習指導要領においては、重要な実践上の課題だといえる。

これまで述べてきたように、特別支援学校（病弱）はじめ病弱教育を受ける児童生徒にとって、各教科の指導が通常の学校の教育課程に「準ずる教育」であることはきわめて切実な願いである。小・中学校、高等学校で学んでいた児童・生徒が病弱教育専門機関に転編入し、健康が回復すれば地元校に戻っていく。そうした点で、病弱教育では「準ずる教育」を、健康状態への配慮と一体的に進めることが不可欠だといえる。学校教育法第72条が掲げる「準ずる教育」と「障害による学習上及び生活上の困難を克服し自立を図るために必要な知識技能を授けること」という特別支援学校の目的をふまえた指導・教育活動を一層深める必要がある。

2. 病弱者である児童・生徒に対する各教科の指導の配慮事項

特別支援学校における「準ずる教育」は、幼稚園教育要領、小・中学校及び高等学校の学習指導要領に準じて行われるものである。従って、特別支援学校（病弱）における教科の指導においても、通常の学校における教科の指導との「学びの連続性」が確保されなくてはならない。同時に個々の児童生徒が必要とする様々な支援・配慮を適切に取り入れながら、各教科の指導を行う必要がある。

特別支援学校小学部・中学部学習指導要領「第２章　各教科」の「第１款　視覚障害者、聴覚障害者、肢体不自由者又は病弱者である児童（又は生徒─筆者）に対する教育を行う特別支援学校」では「指導計画の作成と各学年にわたる内容の取扱いに当たっては、児童の障害の状態や特性及び心身の発達の段階等を十分考慮するとともに、特に次の事項に配慮するものとする」として、各教科の指導における配慮事項が具体的に示されている。病弱である児童生徒の場合は、表12-2に示す6点が述べられている。

これらの配慮事項は、各教科の指導において、児童生徒が病弱の特性に対する配慮を受けながら学習を適切に行うためのものである。特別支援学校（病弱）における各教科の指導での配慮事項として示されているが、これら6つの視点は、今後、通常の学校・学級でも取り入れることにより、病弱のある児童生徒がいつでも、どこでも安心して教育を受けられるための、一貫性のある「学びの連続性」を実現する重要な土台になるといえよう。

❖ 第7節　病弱教育における「学びの連続性」

本章では、病弱の子どもの特徴と、通常の学校を含めた「学びの連続性」の必要性と、それを実現するための今日的課題について述べてきた。

小児医療の進歩・社会状況の変化のなかで、病弱教育の対象となる疾患や子どもの姿は多様化している。入院が短期化し、入退院を繰り返す子どもが増加するなど、その教育はもはや病弱教育専門機関で完結するものではなく、地元校とのつながり・連続が不可欠である。学校教育法第72条に掲げられている「準ずる教育」の追求がこれまで以上に重要になっている。教育の場と場をつなぐ「学びの連続性」、就学前から卒業後に向けた「学びの連続性」、教育・医療・福祉・労働等を含めた「学びの連続性」など縦横の連続によって、個々の子どものなかで学びが豊かにつながり、連続して自己実現につながっていくことが望まれる。

しかし、「準ずる教育」や「学びの連続性」の追求は、通常の学校の教育課程・教育内容・教育方法を特別支援学校等に一方的に持ち込むということではなく、いつでも、どこでも、誰でも、全ての子どもが安心して安全に生き生きと学べる学校教育を目指すものである。特別支援学校等で蓄積された到達点を通常の学校に還流するものでなくてはならない。「各教科の指導における配慮事項」はじめ特別支援学校のなかで留意していくべき内容についても、今後、全ての学校教育の場で活用されていくことになるだろう。

病弱教育においても、実践を深めながら、「学びの連続性」を実体のある確かなものとしていく実践と研究が求められている。

【引用・参考文献】

猪狩恵美子（2015）「通常学級における病気療養児の教育保障に関する研究動向」『特殊教育学研究』53（2），pp. 107-115.

猪狩恵美子（2016）『通常学級在籍の病気の子どもと特別な教育的配慮の研究』風間書房.

厚生労働省児童家庭局（1992）「小児慢性特定疾患対策調査結果」.

厚生労働省（2012）「介護職員等によるたんの吸引等の実施のための制度について（社会福祉士及び介護福祉士法の一部改正）」.

斎藤淑子・坂上和子（2004）『病院で子どもが輝いた日』あけび書房.
武田鉄郎（2012）「病弱教育の現状と今日的役割」『障害者問題研究』40（2），pp.27-35.
中村知史・金子郁江・益田玲子・植木田潤・滝川国芳・西牧謙吾（2012）「特別支援学校（病弱）における慢性疾患のある児童生徒の教育に関する実態調査」『小児保健研究』71（2），pp.316-321.
帆足英一・高野幸子・小田文江・山上佳代子・土居眞（1995）「病児への保育―サポートシステムの構築に向けて」『日本保育学会大会研究論文集』48，xxiii.
文部科学省初等中等教育局長（1994）「病気療養児の教育について（通知）」（平成６年12月）.
文部科学省初等中等教育局特別支援教育課長（2013a）「病気療養児に対する教育の充実について（通知）」（平成25年３月）.
文部科学省初等中等教育局特別支援教育課（2013b）「教育支援資料～障害のある子供の就学手続と早期からの一貫した支援の充実～」（参考資料）（平成25年10月）
横田雅史監修・全国病弱養護学校長会編著（2002）『病弱教育 Q&A PART 1 改訂版　病弱教育の道標』ジアース教育新社，p.9.

幼児教育・保育における特別支援教育の推進

本章の目的 幼児教育・保育における特別な配慮が必要な子どもに対する適切な指導と必要な支援や保護者への対応について理解すること

キーワード 幼児教育、保育、問題のある行動、ABC 分析、保護者対応（保護者への対応）

第1節　幼児教育・保育における特別支援教育—「集団的」と「個別的」

1. 幼児教育・保育とは

義務教育就学前の乳幼児を対象とした教育を幼児教育といったり、保育といったりする。それを扱う専門機関としては、我が国には幼稚園と保育所がある*1。幼稚園は学校教育法第１条に定める学校であり、幼稚園における教育は学校教育である。保育所は児童福祉法第７条に定める児童福祉施設であり、同法第39条により「保育を必要とする乳児・幼児を日々保護者の下から通わせて保育を行うことを目的とする施設」とされている。ここでいう保育所の「保育」とは、「養護及び教育」を一体的に行うこととされている。ただし、この場合の「教育」とは、児童福祉法第６条の３第７項の「保育」の定義中の「教育」の規定により、「義務教育及びその後の教育の基礎を培うものとしての満三歳以上の幼児に対する教育」（第39条の２）を行うものではない。つまり、幼稚園における教育を幼児教育とするなら、幼児教育と保育という名称は相互補完的な関係にある。そこで、本書では、義務教育就学前の乳幼児を対象とした広義の教育を、幼児教育・保育ということにする。

なお、主要な先進国が加盟している経済協力開発機構（OECD）は、2001年に幼児教育・保育に関する調査報告書 Starting Strong（人生の始まりこそ力強く）を公表した。それ以後、数次にわたる報告書を公表する中で、幼児教育・保育の質の向上へ向けて、加盟各国の幼児教育・保育の調査・分析や政策への提言を行っている。そこでは、幼児教育・保育を指す名称として ECEC；Early Childhood Education and Care という用語を用いている。

---

*1　他に認定こども園がある。認定こども園は幼稚園と保育所の双方の性格を併せ有する幼児教育・保育の専門機関である。認定こども園の１つのタイプである幼保連携型認定こども園には、「幼保連携型認定こども園教育・保育要領」が内閣府・文部科学省・厚生労働省から示されているが、幼児教育に関する記述は、ほぼ幼稚園教育要領と同様であることから、本書では特に取り上げなかった。

2. 幼児教育・保育における特別支援教育

幼稚園教育要領（2017年３月告示）においては、「第１章　総則」の「第５　特別な配慮を必要とする幼児への指導」の「１　障害のある幼児などへの指導」において「障害のある幼児などへの指導に当たっては、集団の中で生活することを通して全体的な発達を促していくことに配慮し、特別支援学校などの助言又は援助を活用しつつ、個々の幼児の障害の状態などに応じた指導内容や指導方法の工夫を組織的かつ計画的に行うものとする」と示されている。これは、本書第５章の特別支援学校のセンター的機能において、特別支援学校のセンター的機能を活用するという主旨で既に示した。幼稚園教育要領では、続けて「また、家庭、地域及び医療や福祉、保健等の業務を行う関係機関との連携を図り、長期的な視点で幼児への教育的支援を行うために、個別の教育支援計画を作成し活用することに努めるとともに、個々の幼児の実態を的確に把握し、個別の指導計画を作成し活用することに努めるものとする」と示している。これは第６章の「個別の教育支援計画」と「個別の指導計画」で同様に示したところである。

では、幼児教育・保育を幼稚園とともに担っている機関である保育所においてはどのようになっているのであろうか。保育所保育指針（2017年３月告示）には、「第１章　総則」の「３　保育の計画及び評価」の「（２）指導計画の作成」において、「キ　障害のある子どもの保育については、一人一人の子どもの発達過程や障害の状態を把握し、適切な環境の下で、障害のある子どもが他の子どもとの生活を通して共に成長できるよう、指導計画の中に位置付けること。また、子どもの状況に応じた保育を実施する観点から、家庭や関係機関と連携した支援のための計画を個別に作成するなど適切な対応を図ること」と示している。

幼稚園と保育所におけるこの２つの特別支援教育に係る規定について、共通していることは何だろうか。１つは「集団的」視点である。幼稚園教育要領においては、「集団の中で生活することを通して全体的な発達を促していくことに配慮」とあり、保育所保育指針においては「適切な環境の下で、障害のある子どもが他の子どもとの生活を通して共に成長」とある。どちらも集団の中で成長・発達できるように指導していくと記述されているといえる。

もう１つは「個別的」視点である。幼稚園教育要領においては「個々の幼児の障害の状態などに応じた指導内容や指導方法の工夫」とあり、保育所保育指針においては「一人一人の子どもの発達過程や障害の状態を把握」、「指導計画の中に位置付ける」とある。どちらも個別の実態把握から指導方法や指導内容を計画して実施していくと記述されているといえる。

「集団的」と「個別的」と一見対立するような指導の視点が記述されているが、幼児教育・保育では特別な配慮が必要な子どもに「個別的」な関わりだけでなく「集団的」な関わりの中で成長・発達させることが求められていると考えることができるのである。これまでも述べてきたとおり、小学校以降の教育の場における特別支援教育は個別的な関わりが強調されているが、特に幼児教育・保育では「集団的」視点を欠かすことのないように成長・発達への指導・支援を行っていくことが重視されているといえるのである。

第2節　幼児教育・保育における特別な配慮が必要な子どもの実態把握の在り方

1. 保育所保育指針解説では

幼児教育・保育における特別な配慮が必要な子どもの実態把握について、保育所保育指針解説（2018年2月）では、「一人一人の障害や発達上の課題は様々であり、その状態も多様であることから、保育士等は、子どもが発達してきた過程や心身の状態を把握するとともに、保育所の生活の中で考えられる育ちや困難の状態を理解することが大切である」と示している。つまり、「発達の過程」と「心身の状態」を把握することによって、「生活の中で」の「育ちや困難の状態」を理解することとなっている。保育所の生活の中にいる目の前の子どもの具体的な状態や行動、発言がどのような「発達の過程」や「心身の状態」から示されているのかを把握することが求められている。

2. 実態把握の方法

そのための具体的な方法としては、大きくは2つある。1つは「保育者の継続的な観察による行動観察票による把握」である。これには「観察の視点を定めた行動観察」という方法を「定期的かつ継続的」に行うことで、行動を把握するのである。「定期的かつ継続的」な記録が客観性をもたらすといえる。実際にある保育所で用いられている行動観察の記録様式を示す（図13-1）。

「行動・発言の記録（子どもの様子）」の欄には、「食事」、「排泄」、「着脱」、「睡眠（午睡）」、「言葉」、「あそび」と行動観察の視点が明示されている。1日の全ての行動を記録するのは不可能に近いことであるし、それだけの時間もない。このようにあらかじめ定められた視点に基づいて、必要最低限のことだけを簡潔に記録していくことがこの行動観察の記録様式のポイントである。そして「行動・発言の記録（子どもの様子）」だけではなく「反省・考察」欄が別に設けられており、事実として記述される「行動・発言の記録（子どもの様子）」にある行動や発言とは分けて、保育者の考えたことである考察を記入できるようにしているのがもう1つのポイントになる。1日1回は行動の記録をとりながら、自身がその時に考えたこと、そして、今後どう対応すればよいのかと考える振り返りをもって、それを文字にしておくことは大切である。そして、これらを継続的に記入する。積み重ねられた行動の記録によって客観性を保つことができるようになる（阿部・小久保・本庄・山下、2013）。

もう1つは「チェックリスト等の標準化された検査による把握」である。個別に実施する発達検査は専門的なトレーニングを受けた専門家が実施すべきものであり、幼児教育・保育の現場にいる担任の保育者ができる検査ではない。そこで現場の保育者ができるチェックリスト形式の検査を用いることが有用である。簡便にできる上に、一定の客観性は確保されている。

実際に幼児教育・保育現場で古くからよく使われている代表的なものには「遠城寺式

行動観察の記録

令和○○年　●月●●日（水）

児童氏名	□□　□□	担当保育士名	■■　■■
行動・発言の記録（子どもの様子）		反省・考察	
〈食事〉 ・食具を使って食べることが上手になった。 ・一部、手づかみで食べることがあった。		・食具を使っている時にはその姿を認める言葉かけを行う。	
〈排泄〉 ・午睡後にトイレに連れていくと排尿があった。		・午睡後は毎日成功しているので、トイレへ連れていく時間を決めて、他の時間も成功を目指す。	
〈着脱〉 ・Tシャツの着脱は手助けが必要であった。		・徐々に保育士による手助けをする部分を減らして、自分でできる部分を増やしていく必要がある。	
〈睡眠（午睡）〉 ・特になし。しっかり寝ていた。			
〈言葉〉 ・「□□ね、食べたよ」等の２語文で話していた。 ・「これ、何」と数回尋ねてきた。		・相づちをうったり、答えてあげたりして、言葉が伝わっていることが実感できるようにする。	
〈あそび〉 ・ボールを投げたり、蹴ったりして遊んでいた。		・笑顔いっぱいで遊んでいた。体を動かすことが好きなのだと思う。	

図13-１　行動観察の記録様式

乳幼児分析的発達検査法」と「津守式乳幼児精神発達診断法」がある。「遠城寺式」は対象年齢が０カ月から４歳７カ月となっており、運動・社会性・言語の３分野から質問項目を構成し、「移動運動・手の運動・基本的習慣・対人関係・発語・言語理解」の６つの領域で発達の実態をプロフィールとして示すことができるようになっている。「津守式」は０カ月から12カ月用、１歳から３歳用、３歳から７歳用の年齢に応じた質問紙があり、発達の過程を、「運動・探索・社会・生活習慣・言語」の５つの領域のプロフィールで示すことができる。

3. チェックリスト形式の検査から何を読み取るのか

例えば、「遠城寺式」では、６つの領域ごとに下の検査問題に保育者が回答していく。普段の姿から「これはできる」と判断したなら「合格」として○を付ける。「うん、これは難しい」と判断したのなら「不合格」として×を付ける。「不合格」が３つ続いたらその領域は終了である。最後に「合格」となった検査問題の交点に点を打つ。６つの領域が終わったら、「暦年齢」とあわせて７つの点を直線で結び折れ線グラフをつくる。これが子どもの発達のプロフィールになる。

定型発達の子どもであれば、暦年齢前後で多少凸凹がありながらも、ほぼ水平に近くなるが、発達の偏りがあると凸凹が激しくなるとともに右肩下がりのプロフィールになることが多い。運動である「移動運動」や「手の運動」に比べると言語の領域である

「発語」や「言語理解」はどうしても遅れがちになるからである。自閉症スペクトラム障害の子どもになると、「対人関係」や「発語」が遅れることが多くなる。一方、肢体不自由の子どもになると、「移動運動」や「手の運動」が遅れがちになってプロフィールがV字のようになることが多い。

ここで重要なことは、全体の発達水準の遅ればかりに着目するのではなく、個人内の得意な点、不得意な点を見出すことである。得意な点を生かした活動や遊びを取り入れることで、意欲的に活動や遊びに取り組むようにして、不得意な点を伸ばす指導をするなど、指導に生かすことが大切である。言語が遅れがちであれば、体を動かすような遊びの中で、コミュニケーションをする機会を増やすことに配慮した遊びになるように工夫するなどである。

❖ 第3節　実態把握から指導・支援へ

1. 幼児教育・保育の場の特徴

では、実態把握をした後に、具体的にはどのような指導・支援を考えていけばいいのだろうか。

幼児教育・保育の現場における子どもの活動や子どもへの関わり方の特徴としては、まず「日課」が挙げられる。毎日の決まった活動を繰り返すことによって、生活リズムを整え、生活習慣が身に付きやすいという特徴がある。同じことを同じ順番で同じ時間に行うので、子どもにとっては見通しがもちやすい。そして繰り返すので少しずつでもできるようになっていく。

次に「集団」があることが挙げられる。周りに同年代の子どもたちが多くいる。その友だちの動きを模倣することで、周りの子どもたちと同じことができているという楽しさを体験することができ、自分でやっていこうとする主体性が身に付きやすい。

そして「ルール」がある。集団で行動するので、そこには生活や学習のルールが存在する。それは決して見えることはないが、子どもの周りに存在する。集団の中で、生活や学習の場面や状況に応じた行動が求められるようになる。そこでは必然的にルールを学ばないといけなくなる。集団の中で、自分で判断して適切な行動をしようとする力が身に付きやすい。特別な配慮が必要な子どもに対して保育者は、身辺自立が難しい、集団で生活することが難しい、ルールが守れないと思いがちである。簡単にそう思ってあきらめるのではなく、だからこそ、このような幼児教育・保育現場での特徴を生かして、指導・支援を行うことが求められる（石塚、2010）。

2. 特別な配慮が必要な子どもの視点から考える

そのためには、子どもにとって「わかりやすい」ことが求められる。子どもが理解できる伝え方を工夫し、子ども自身が動き出せるような手がかりに気付かせることが大切である。それはある子どもには手振り・身振りであったり、ある子どもでは記号や図版のカードであったりするかもしれない。

次には、子どもが「うまくできる」ことが求められる。子どもが今できるやり方で指導を行い、参加を促すことが大切になってくる。保育者や友だちが手をつないであげることが必要かもしれない。言葉による指示を個別にもう一度行うことが必要かもしれない。その子ども一人では難しいが、周りにいる子どもや大人の少しの援助でできるようになることを「足場かけ」とか「スキャフォールディング（scaffolding）」とよんでいる。子どもが、少しの援助でできるようになる引き出しを多くもっておくことが求められる。そして、子どもが今できる方法で促すことが大切である。

そして、子ども自身が「手応えがある」と感じることが大切になる。活動や遊びの最初から最後までを繰り返ししっかりと体験させる。始まったのがいつで、終わったのがいつなのかを子どもに分かるように示すことが求められる。終わった時に、子どもなりに全てをやり終えたという気持ちになるようにすることが必要となる。そのためにサインやカードで始まりと終わりを示すことが必要になるかもしれない。終わった時の子どもの気持ちをくみ取って、子どもと視線を合わせた言葉かけの中で、気持ちを言語化することが必要になるかもしれない。この場合は、終わった後すぐに言葉かけを行うことが大切である。

第４節　「問題のある行動」への対応─誰にとっての「問題」なのか

1. 問題行動のある子どもの実態把握の方法

次に問題行動のある子どもの実態把握について、行動観察をもとに行う方法について述べる。ある子どもの「問題のある行動」だけを記録しがちであるが、実際にはその問題のある行動の前後がどのような様子だったのかを記録することが重要なのである。

図13-２が問題行動のある子どもの実態を把握するための記録様式である。Ｂ欄には「問題のある行動」を記録する。その前のＡ欄には「問題のある行動」の前の教室の状況や場面、本人の様子を記録する。そして、その後のＣ欄には子どもの「問題のある行動」の後の保育者の対応や教室の状況を記録するのである。Ｂ欄に記述されている問題のある行動が同じようなときに、継続して記録しておく。

この記録がいくつか集まった時点で、この記録用紙を横に並べてみる。すると、Ａの欄に共通した状況があるかもしれない。もし、あったとすれば、それがＢの欄に記入されている問題のある行動が起こるきっかけとなっていると考えられる。また、Ｃの欄に共通する状況があった場合、もしかすると、その状況を求めて、その子どもはその行動を起こしているのかもしれないと推測できる。そうなると、Ａの欄に記入されている状況になると、Ｂの欄に記入されているある特定の問題のある行動を起こすことが予想できるので、Ａの欄に記入されている状況にならないようにするとか、問題のある行動への備えをするとかできるであろう。すなわち未然の予防ができるようになる。

Ｃの欄に記入されていることを求めてＢの欄の問題のある行動を起こしているのかもしれない。つまり、Ｃの欄の結果を求めて、Ｂの欄の問題のある行動を繰り返し、さら

問題のある行動の記録

クラス：年中組　名前：ヒトミちゃん

行動前の状況・場面（A）
・クラスの女の子５名がままごとコーナーに集まって、楽しく家族のふり遊びをしていた。 ・ミホちゃんが赤ちゃん人形を抱いていた。

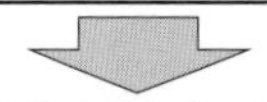

問題のある行動（B）
・ヒトミちゃんが、突然ミホちゃんの背後から背中を強く押した。

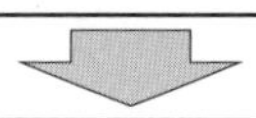

行動後の結果（C）
・ミホちゃんは倒れて大きな声で泣き出した。 ・ヒトミちゃんは、ミホちゃんが持っていた赤ちゃん人形を取り上げ、何事もなかったかのようにして抱っこをして遊び始めた。

図13-２　問題行動のある子どもの記録様式

にエスカレートさせているのかもしれない。これを行動の「強化」と呼んでいる。逆にCの欄を止めてしまうと、その子どもの求めた状況にならないのだから、Bの欄の問題のある行動を起こすのを無駄だと子ども自身が判断して止めるようになるかもしれない。これを行動の「消去」という。

また、B欄の問題のある行動を、その場で適切な行動に徐々に置き換えることもできる。これを行動の「置換」とよんでいる。これをこのような記録様式から、問題のある行動の要因や結果を推測し、特定の問題のある行動の予防をしたり、問題のある行動そのものをなくしたり、その場での適切な行動に置き換えたりすることを、ABC（Antecedent-Behavior-Consequence）分析または機能分析という（平澤、2005）。

2.「注目」・「要求」・「感覚刺激」

この分析からCの欄を分類すると、子どもは問題のある行動をどうして引き起こすのかが分かり、主に３つに分類されている。

１つめは「注目」である。注目が少ない状況で、その行動をすると周囲の注目が得られるために、問題のある行動を起こす。大きな声を出して教室を走り回ると、友だち全員が自分を見てくれて、先生が声をかけてくれる（先生からすると、それは怒っているのだが）から、また次に自分を見てほしい、先生に声をかけてほしいと思った時にその行動を起こすようになるわけである。

２つめはモノや活動を得るためである。つまり「要求」である。例えば、さきほどと同様に大きな声を出して教室を走り回ると、「どうしたの？」と隣の教室の大好きな先生が現れて、その子どもの手を握って一緒にいてくれる、自分が遊びたいと思っていたおもちゃをもっている子を突き飛ばすとそのおもちゃが手に入るといったことが挙げられる。どちらも大好きな先生といたいとか、お気に入りのおもちゃを手に入れたいといった目的のために、大人から見ると問題があるといえる行動を起こすのである。

３つめは「感覚刺激」を得るためである。子どもにとって何もすることがない状況で、もしくは全く興味がない活動を他の友だちが行っている状況で、手をひらひらさせたり、換気扇のようなまわるものをじっと見たり、ぴょんぴょん飛び跳ねてみたりすると、その子どもにとっては快の感覚を得られることがあることから、このような一見するとその場に合っていない奇異に見える行動を起こすのである。保育者からすると楽しい工作をしていたり、楽しく一緒に歌を歌っていたりして、子どもたちが楽しいと思える活動を一生懸命考えて行っているのであるが、その子どもにとっては全く興味がなかったり、何をしているのか意味が分からなかったり、もしくは大きな音がイヤといった不快の感情を引き起こす刺激となっていたりすることがある。このように、他の子どもは一緒にできるのに、他の子どもは楽しんでいるのに、どうしてこの子だけはできないのだろう、してくれないのだろうと考えてしまうのは大人の視点でしか見ていないということになる。

子どもの視点から見ると、発達の偏りからくる、刺激や情報の偏りがあって、その子どもにとってどのように感じられているのだろうか、どのように理解しているのだろうか、どのように見えているのだろうかと考えないかぎり、子どもの「問題のある行動」はいつまでも「問題のある行動」となる。すなわち、周囲の大人が「問題のある」と考えているだけであって、子ども本人はというと、子ども自身の理由や意味があって行動しているだけなのである。

3. パニックや暴言への対応

子ども自身の理由や意味があるから何をしてもいいのだと言っているわけではない。子ども自身や周囲の子ども、そして教員の身の安全や安心が脅かされる行動はすぐに制止しなくてはならない。周りに危険を及ぼしたり、子ども自身が危険に遭ったりしそうな時に、まず、理由をつかんでから、対応しましょうというわけにはいかないこともある。急に物理的に止めさせることで、その子どもが暴言を吐いたり、暴れたりして、パニック状態になってしまうこともある。そんなときは、互いの身の安全を確保しながら、パニック状態が収まるのを待つしかない。教室の片隅やドアのすぐ外の廊下などのクールダウンできる場所に身を移してしばらく待つしかない。そして、落ち着いてから、言葉かけなど本人が理解できる方法で、パニックになるまでの自分の行動を思い起こして振り返らせる。次にパニックになりそうなときはどのような行動をとるのかを言わせる。文字が理解できる子どもであれば、それをメモにして残しておく。パニックを起こしそうになったら、自分で決まった場所に行けるようにして、落ち着いたら教室に戻ってくることができるように、徐々に指導をしていくことが求められる。

第5節　保護者への対応

1. 保護者の反応仮説モデル

一般に、どこの保育所でも、幼稚園でも、保護者への対応が課題として述べられることが多い。特に障害のある子どもの保護者や発達に偏りや遅れがある子どもの保護者への対応はしっかりとした信頼関係を確立することが求められる。その上で、保護者側の気付きや言葉に呼応して、保護者の思いを受け入れ、答えていくことが大切になってく

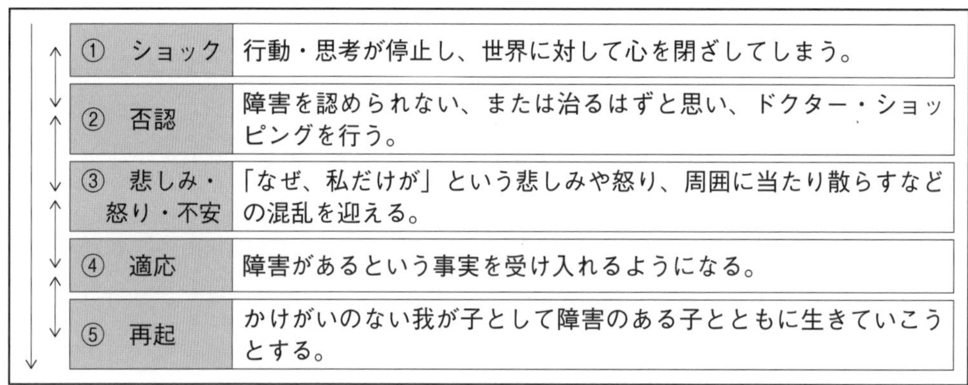

図13-3　保護者の反応仮説モデル（Drotar, et. al（1975）より筆者作成）

る。ドローター（Drotar, et al, 1975）らは、先天性の障害のある子どもを出産した際の保護者の反応仮説モデルを提唱している。それによると、保護者が子どもの障害を受け入れる心理的過程には５つの段階が見られるとしている（図13-３）。「ショック」の段階は「行動・思考が停止し、世界に対して心を閉ざしてしまう」段階である。次に、「否認」の段階は「障害を認められない、または治るはずと思い、ドクター・ショッピングを行う」段階である。「悲しみ・怒り・不安」といった様々な否定的感情が錯綜する段階では、「『なぜ、私だけが』という悲しみや怒り、周囲に当たり散らすなどの混乱を迎える」段階である。それを経て「適応」という段階である「障害があるという事実を受け入れるようになる」段階へ至る。最終的には「再起」の段階である「かけがいのない我が子として障害のある子とともに生きていこうとする」段階へと至るという仮説モデルを提案している。この仮説モデルは先天的な障害があることが出生時から分かる子どもの保護者の場合である。それに比べて、発達障害や発達の偏りといった障害はなかなか周囲に分かりにくい。だから、保護者はなかなか「適応」の段階まで進みにくい。「否認」や「悲しみ・怒り・不安」の段階で留まったり、行き来をしたりすることが多く、保育者はこのような障害受容の段階にある保護者と向き合うことが求められることになる。複層的で時間的変化も激しい心理的葛藤をかかえながら保護者は我が子に向き合っている。このことを保育者は忘れてはならない。そのため、保育者や教師に我が子の発達について気付いていても触れてほしくなかったり、話をそらそうとしたり、逆に何度も確認を求めたりするのである。保育者や教師は子どものことを中心に据えて保護者と話していかないといけない。

2. 保護者の信頼を得るために

子どもの成長を支えていくためには、保護者の理解は欠かせない。話をする際には、家族がどういう状況にあるのか、保護者の心情に思いをはせてみることが、まず求められることになる。そして、保護者は、育てにくさや不安を抱え、周囲の言葉に傷つき、自信をなくしている場合がほとんどであるから、保育者や教師は保護者の思いに寄り添い、悩みを受け止め、共に考え、精神的に支えていく姿勢で向き合う必要がある。

だから、保育者や教師の側から「お子さんは○○障害ではないかと思うんですが」、「私は専門家でないですから、早く病院に行って診てもらってください」と言うことはトラブルのもとであり、逆に保護者から相談があった時に「お母さん、心配しすぎですよ。みんな成長は違いますから」、「特別扱いはしません。同じように関わるようにします」などと話をそらしてはいけない。だからこそ、普段から保護者と何気ない話をするなどして、「この先生とはなんでも話すことができる」といったような信頼関係をつくることが、まず必要なこととなる。

3. 保護者の理解を得るために

そして、さらに保護者に信頼されるためには、保護者が毎日の生活の中で感じている子どもの問題を傾聴の態度をもって、しっかり聞いて受け止めることが求められる。つまり、受容と共感の態度である。そして、保護者を悲しませる言葉や、「分からない」「自分に言われても困る」といったような言い訳や弁解などは絶対に慎み、自分自身で判断できないこと、回答できないことについては、「明日にでも主任に聞いてお答えいたします」と期日を決めて返答すること、それもできるだけ早くすることが求められるのである。

そして、毎日の子どもの様子を肯定的に受け止めていることを話し、その中で、保護者自身が自分の子どもの成長や発達の課題に気付くように時間をかけていくことが大切になってくる。保護者から「先生、ちょっと相談があるのですが……」と気付きを話してくれた時に、初めて、その子どもの発達上の課題について話すことができるし、専門機関での受診等を進めることもできるのである。保育者は、園長や主任に相談しつつ粘り強く保護者の言葉を待つことも必要となってくるのである。

【引用・参考文献】

阿部敬信・小久保次郎・本庄公多子・山下香織（2013）「保育所における特別な支援が必要な子どもに対する個別の支援計画の作成と活用―組織的な PDCA マネジメントサイクルによる活用―」『日本保育学会第66回大会発表要旨集』p.669.

Drotar, D., Baskiewicz, A., Irvin, N., Kennell, J., & Klaus, M.（1975）The adaptation of parents to the birth of an infant with a congenital malformation: A hypothetical model. *Pediatrics*, 56（5）, 710-717.

平澤紀子（2005）「気になる・困った行動の理解と対応」『保育士のための気になる行動から読み解く子ども支援ガイド』（平澤紀子・山根正夫・北九州保育士会編）学苑社，pp.23-46.

石塚謙二（2010）『気になる幼児の育て方―子どもに「寄り添う」ことでよりよい支援がわかる』東洋館出版社.

第14章 特別な教育的ニーズの理解と支援

本章の目的 特別な教育的ニーズのある幼児児童生徒の学習上又は生活上の困難とその対応を理解すること

キーワード 日本語の習得に困難のある児童生徒、不登校児童生徒、特別の教育課程

第1節　特別な教育的ニーズとは

小学校等における「特別な教育的ニーズ」のある児童生徒としては、学校教育法施行規則において「特別の教育課程」を編成することができる児童生徒と考えることができる。学校教育法施行規則第56条においては「小学校において、学校生活への適応が困難であるため相当の期間小学校を欠席し引き続き欠席すると認められる児童を対象として、その実態に配慮した特別の教育課程を編成して教育を実施する必要があると文部科学大臣が認める場合においては、文部科学大臣が別に定めるところにより、第五十条第一項…(略)…又は第五十二条の規定によらないことができる」としている不登校児童生徒がある。

次に、同規則第56条の2においては「小学校において、日本語に通じない児童のうち、当該児童の日本語を理解し、使用する能力に応じた特別の指導を行う必要があるものを教育する場合には、文部科学大臣が別に定めるところにより、第五十条第一項…(略)…及び第五十二条の規定にかかわらず、特別の教育課程によることができる」としている日本語指導が必要な児童生徒がある。そして、同規則第56条の4に規定する「小学校において、学齢を経過した者のうち、その者の年齢、経験又は勤労の状況その他の実情に応じた特別の指導を行う必要があるものを夜間その他特別の時間において教育する場合には、文部科学大臣が別に定めるところにより、第五十条第一項…(略)…及び第五十二条の規定にかかわらず、特別の教育課程によることができる」としている学齢超過者がある。

本章では、このうち、日本語指導が必要な児童生徒と不登校児童生徒を「特別な教育的ニーズ」のある児童生徒として取り上げることにする。

第2節　日本語の習得に困難のある児童生徒の理解と支援

1. 日本語指導が必要な児童生徒の「特別の教育課程」

2014年1月の学校教育法施行規則の一部改正によって、日本語指導が必要な児童生徒の在籍学級以外の教室で行われる指導について特別の教育課程を編成・実施することが

できるよう制度が整えられた。国際化の進展等に伴い、我が国の義務教育諸学校において帰国児童生徒や外国から日本へ入国した児童生徒や日本生まれではあっても保護者が外国籍で日本語以外の言語が主要に使われている家庭で育った児童生徒等に対する日本語指導の需要が高まっていることを踏まえ、当該児童生徒に対する日本語指導を一層充実させる観点から「特別の教育課程」が編成できるようになった。

2. 日本での学校生活への適応

2017年に改訂された小学校学習指導要領では、「第１章　総則」の「第４　児童の発達の支援」の「２　特別な配慮を必要とする児童への指導」に「(２）海外から帰国した児童などの学校生活への適応や、日本語の習得に困難のある児童に対する日本語指導」として示されている。海外から帰国した児童生徒に加え、外国から日本へ入国した児童生徒、そして当該児童生徒が日本生まれであっても、両親のいずれかが外国籍であるなどのいわゆる外国につながる児童生徒の日本での学校生活への適応を図ることが課題になる。

特に、海外から帰国した児童生徒については、日本での学習空白期間や海外日本人学校や日本語補習校といった日本語指導を受けることのできる学校への在籍状況によって、日本語指導が必要な児童生徒もいるが、日本での学校生活への適応が主な課題になることが多い。異文化における生活経験等を通して、日本の社会とは異なる言語や生活習慣、行動様式を身に付けていることが多いが、一人一人の実態は、それぞれの言語的・文化的背景、当該児童生徒の年齢、就学の実態、さらには家庭の教育方針などによって様々であるのが通常である。よって、このような一人一人の実態を的確に把握し、当該児童生徒が自信やほこりをもって学校生活で自己実現を図ることができるように配慮することが求められる。外国での生活や異文化に触れた経験や、これらを通じて身に付けた見方や考え方、感情や情緒、外国語の能力などの特性を生かして学校への適応が図られるように配慮する必要がある。他の児童生徒は共に学ぶことを通じて、互いの長所や特性を認め合い、広い視野をもって異文化を理解するように配慮する必要がある。

3. 日本語の習得に困難のある児童生徒

（１）日本語の指導が必要な児童生徒の受け入れ状況

文部科学省は1991年より隔年で「日本語指導が必要な児童生徒の受入状況等に関する調査」を実施している。この調査においては、「日本語指導が必要な児童生徒」を、「日本語で日常会話が十分にできない児童生徒」及び「日常会話ができても、学年相当学習言語が不足し、学習活動への参加に支障が生じており、日本語指導が必要な児童生徒」としている。2018年の調査によると公立学校における「日本語指導が必要な外国籍の児童生徒数」は40,485人、「日本語指導が必要な日本国籍の児童生徒」は10,275人となっており、年々増加傾向にあり、およそ５万人の児童生徒に日本語指導が必要とされている（図14-１及び図14-２）。

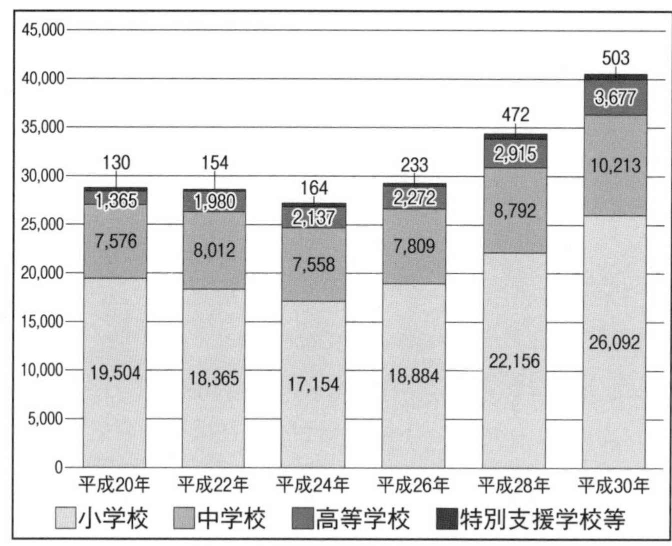

図14-1　日本語指導が必要な外国籍の児童生徒数

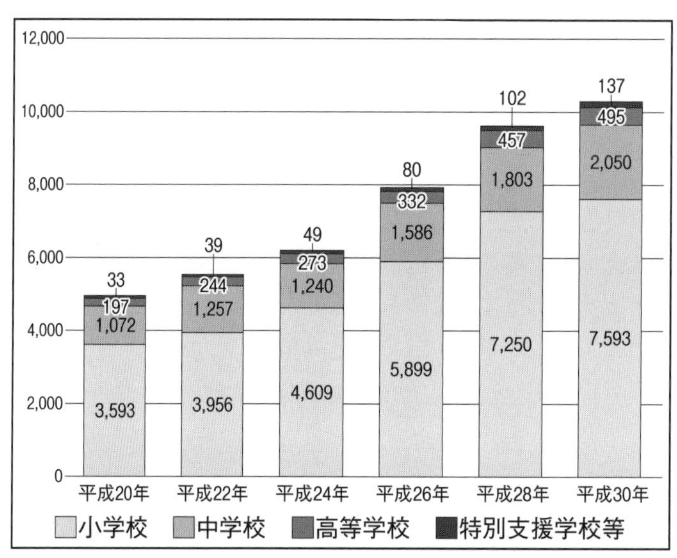

図14-2　日本語指導が必要な日本国籍の児童生徒数

(2) 個別の指導計画の作成

外国から日本へ入国した児童生徒や外国につながる児童生徒の中には、日本語の能力が不十分であったり、日常的な会話は可能であっても、学習に必要な日本語や読み書きの能力が十分でなかったりするため、学習活動への参加に支障を生じたりする児童生徒がいる。このような日本語の習得に困難のある児童生徒については、通常の学級での個別的な配慮や、週に数時間程度取り出して指導する通級による指導が必要となる。これを、小学校学習指導要領では「日本語の習得に困難のある児童については、個々の児童の実態に応じた指導内容や指導方法の工夫を組織的かつ計画的に行うものとする。特に、通級による日本語指導については、教師間の連携に努め、指導についての計画を個別に作成することなどにより、効果的な指導に努めるものとする」と示している。

このように日本語の習得に困難のある児童生徒の通級の指導においては、個別の指導計画を作成して指導することを求めている。

（3）BICSとCALP

外国から入国した児童生徒では、入国時の年齢によっても異なるが、おおよそ2～3年を経過すると日常生活での意思疎通はできるようになることが通常である。年齢が低ければ低いほど、日常会話レベルの言語は早くに習得される。しかし、小学校等の教科指導で用いられるレベルの言語や日本語の読み書きを習得できるまでにはさらに数年かかるとされる。言語環境や家庭環境によっては教科指導レベルの言語を習得できないこともある。しかし、日常会話による意思疎通は可能であることから、教科の学習についていけてないことを見逃しがちになってしまう。複数言語の習得を目指す教育、つまりバイリンガル教育では日常生活レベルの言語を会話生活言語能力（BICS；Basic Interpersonal Communicative Skills）と教科指導で用いられるレベルの言語を教科学習言語能力（CALP；Cognitive Academic Language Proficiency）として区別して考える。前述した文部科学省の調査でも、「日常会話」と「学年相当学習言語」と2つに分けて調査しているのはこのような言語習得の実態があるからである。

バイリンガル教育の研究者であるカミンズとスウェインはこれをさらに「場面依存度（Context-embedded/context-reduced language skills）」と「認知力必要度（cognitively demanding/cognitively undemanding language skills）」の2つの軸によって、4つの領域に分けて示した（図14-3）。これによって、BICSとCALPが相互に影響をおぼしながら言語習得を進めていくが、それぞれの習得には時間がかかることを示した（Cummins & Swain, 1986）。

また、これは子どもの入国時の年齢とその後の滞在期間によって、習得までに必要な年齢が変わることも報告されており、その他、子どもの環境やコミュニティにおける言語の社会的な価値なども大きく影響することが知られている（Cummins & Nakajima, 1987）。

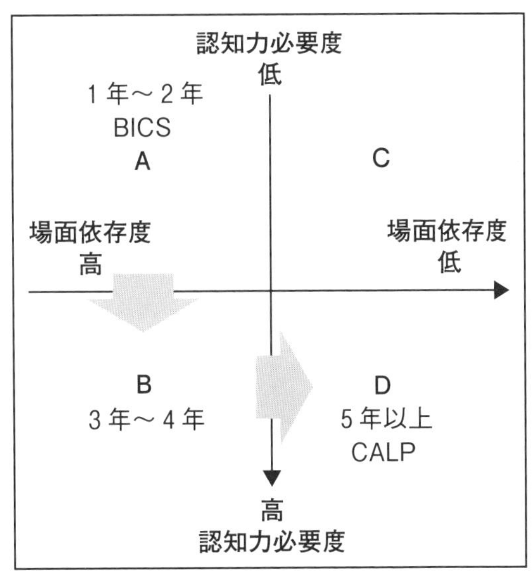

図14-3　「場面依存度」と「認知必要度」
（中島（2016）を参考に筆者作成）

（4）通常の学級での指導

日本語指導にあたる教師はこのような複数言語の習得における知見を踏まえて配慮や指導を行っていくことが大切である。通常の学級で担任教師ができる支援としては、例えば、ゆっくりはっきり話す、生徒の日本語による発話を促すなどの配慮、絵や図などの視覚的支援の活用、学習目的や流れが分かるワークシートの活用などの教材の工夫、児童生徒の日本語習得状況や学習理解度の把握に基づいた指導計画の作成など、児童生徒の状況に応じた支援を行うことが考えられる。

（5）通級による指導

日本語指導教員が通級による日本語指導を行う場合には、児童生徒一人一人に応じた指導計画を作成し、それを実施することになる。指導形態は主に、在籍学級以外の教室で指導を行う「取り出し指導」と、在籍学級での授業中に入って、対象の生徒を支援する「入り込み指導」がある。また、このような特別の教育課程を編成して実施する場合には、必ず「個別の指導計画」を作成しなければならない。通常の学級の担任教師と密接に情報交換を行うなどの連携を行い、児童生徒の実態に応じて、いつ、どの教科で、どのような形態で指導を行うのかについて計画的に実施することが求められる。

4. 日本語指導プログラムの実際

日本語指導のプログラムとしては、入門期には「サバイバル日本語」、「日本語基礎」がある。「サバイバル日本語」プログラムでは、日本の学校生活や社会生活について必要な知識、日本語を使って行動する力を付けることが目的とされ、挨拶の言葉や具体的な場面で使う日本語表現を学習することが主な活動となる（文部科学省、2019）。

「日本語基礎」プログラムでは、文字や文型など、日本語の基礎的な知識や技能を学ぶことを目的とする。さらに、学校へ適応や教科学習に参加するための基礎的な日本語力を身に付けるために、「発音指導」、「文字・表記の指導」、「語彙の指導」、「文型の指導」などが内容となる。

入門期を終えて充実期に入ると「技能別日本語」、「日本語と教科の統合学習」、「教科の補習」プログラムがある。「技能別日本語」プログラムは、「聞く」、「話す」、「読む」、「書く」といった言葉の4技能のうち、どれか1つに焦点を絞った学習で、小学校高学年児童から中学校の生徒に効果的であるとされている。

「日本語と教科の統合学習」プログラムでは、児童生徒はどうしても日本語力が十分に高まる前から、在籍学級において教科の授業を受けることになるため、日本語を学ぶことと教科内容を学ぶことを1つのカリキュラムに統合して学習する。教科指導での教科の内容を学びつつ、それを理解するために必要な語彙や文型を併せて学ぶことができる。文部科学省では、そのための「JSL カリキュラム」[*1]を開発しているので参考にされたい。

「教科の補習」プログラムは、教科内容の取り出し指導により復習的に学習したり、入り込み指導として日本語指導の支援者の補助を受けたりして学習することである。

---

*1 「JSL カリキュラム」とは、日本語の初期指導を終えた後に、日本語指導と並行して実施するためのカリキュラムであり、教科指導と日本語指導を統合した内容重視型授業（Content -Based Instruction; CBI）を目指すものである。

5. 日本語の実態把握

一人一人に応じた指導をするためには、日本語の実態把握が必要である。日常会話レベルから教科学習レベルまでの言葉の4技能の能力を把握することが求められる。そのために「外国人児童生徒のためのJSL対話型アセスメント（DLA；Dialogic Language Assessment for Japanese as a Second Language)」が開発されており、文部科学省のホームページから誰もが使えるようになっている（図14-4）。

図14-4　DLA表紙

DLAは日本語指導が必要な児童生徒の言語能力を把握するとともに、どのような学習支援が必要であるのか、教科学習支援の在り方を検討するための実態を明らかにすることを目指しており、支援があればできる児童生徒の能力を引き出すような関わり方で評価を進めることに特徴がある。DLAは、まず、はじめに「〈はじめの一歩〉導入会話」と「〈はじめの一歩〉語彙チェック」を導入として行い、次に4技能の評価ツール〈話す〉、〈読む〉、〈書く〉、〈聴く〉のいずれかへ進む。〈はじめの一歩〉で見極めを行って、評価ツールにおいて評価を行うために妥当と判断できるレベルで行っていく。評価者は、児童生徒を励まし、できたことを認めながら、児童生徒の力を引き出す。評価をしつつ支援を行うことで、一段と高いレベルの力を身に付けられるように配慮していくといった、ダイナミックアセスメント（DA；Dynamic Assessment）といわれる手法をとっている。

❖第3節　不登校児童生徒

1. 不登校児童生徒とは

不登校児童生徒への支援については、これまでも学校だけでなく、様々な関係機関が児童生徒の社会的自立に向けて支援を行ってきた。しかしながら、不登校児童生徒数は依然として高水準で推移しており、生徒指導上の喫緊の課題となっている。このことから国においては、2016年12月には、「義務教育の段階における普通教育に相当する教育の機会の確保等に関する法律」（教育機会確保法）が公布された。この法律によると、第2条3において、不登校児童生徒とは「相当の期間学校を欠席する児童生徒であって、学校における集団の生活に関する心理的な負担その他の事由のために就学が困難である状況として文部科学大臣が定める状況にあると認められるものをいう」としている。文部科学省が毎年度実施している「児童生徒の問題行動・不登校等生徒指導上の諸問題に関する調査」（以下、問題行動等調査）では、不登校を「連続又は断続して年間30日以上欠席し」、「何らかの心理的、情緒的、身体的あるいは社会的要因・背景により、児童生徒が登校しないあるいはしたくともできない状況にある者（ただし、「病気」や「経

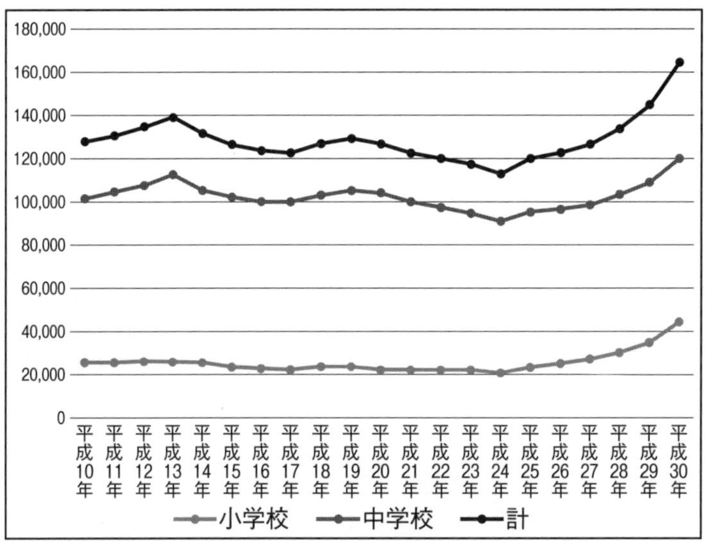

図14-5　不登校児童生徒の推移

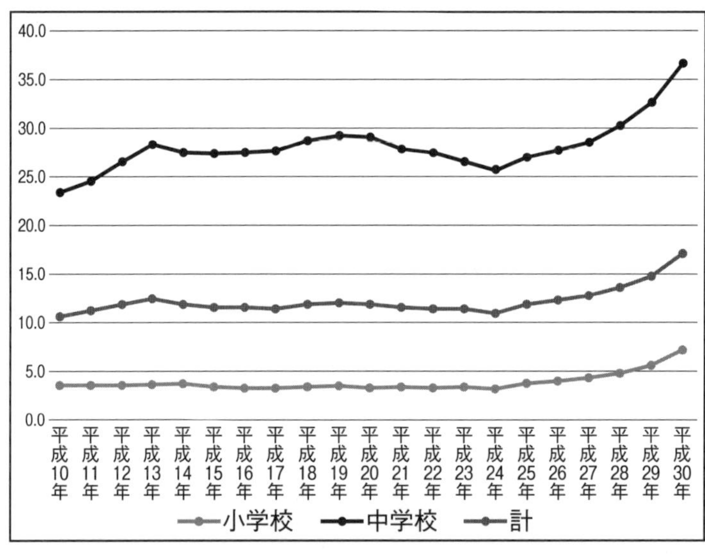

図14-6　不登校児童生徒の割合の推移（1000人あたりの人数）

済的な理由」による者を除く。)」として定義している。連続でなくても、年間30日以上の欠席がある児童生徒を不登校としている。同調査によると平成30年度には小学校の児童44,841名、中学校の生徒119,687名、計164,528名に達しており、ここ５年で急速に増加している（図14-５及び図14-６）。

2. 不登校児童生徒に対する基本的な考え方

不登校の要因や背景としては、本人・家庭・学校に関わる様々な要因が複雑に絡み合っている場合が多く、さらにその背後には、社会における「学びの場」としての学校の相対的な位置付けの低下、学校に対する保護者・児童生徒自身の意識の変化等、社会全体の変化の影響が少なからず存在している。しかし、現在では、不登校とは、結果として不登校状態になっているということであり、その行為を「問題行動」と判断してはいけないと考えられるようになった。

2019年10月の文部科学省初等中等教育局による「不登校児童生徒への支援の在り方について（通知）」においても、「不登校児童生徒への支援は、『学校に登校する』という結果のみを目標にするのではなく、児童生徒が自らの進路を主体的に捉えて、社会的に自立することを目指す必要があること。また、児童生徒によっては、不登校の時期が休養や自分を見つめ直す等の積極的な意味を持つことがある」と、不登校の積極的な意義を認めるようになっている。不登校の児童生徒へのマイナスイメージを払拭し、「行きたくても行けない」現状にある児童生徒とその家族に対して、「なぜ行けなくなったのか」といった原因や「どうしたら行けるか」といった方法のみを論ずるのはむしろマイナスイメージを助長しかねない行為であることを認識する必要がある。むしろ、学校・家庭・社会が不登校の積極的な意義を認めて、児童生徒に寄り添い共感的理解と受容の姿勢を持つことが、児童生徒の自己肯定感を高めるためにも重要となっている。

3. 不登校児童生徒に対する支援

（1）早期発見・早期支援

不登校は、取り巻く環境によっては、どの児童生徒にも起こり得ることとして捉える必要がある。その要因としては、問題行動等調査における「不登校になったきっかけと考えられる状況」では、「不安など情緒的混乱」が最も多く、次に「無気力」、つまり「なんとなく行きたくない」が多いとされている。原因不明の腹痛や頭痛による欠席が３日連続となると、不登校の予兆ととらえ、早期支援に入ることが大切といわれている。その際には登校支援や家庭訪問などの登校に向けた積極的な働き掛けが有効である場合が多いと考えられる。また、2007年に文部科学省より公表された平成18年度「不登校に関する実態調査」では、不登校経験者が当時どのような支援を受けたかったかというニーズについて調べている。それによると、「心の悩みについての相談」や「自分の気持ちをはっきり表現したり、人とうまくつきあったりするための方法についての指導」を受けたかったとの回答が多く、心理的な支援等を求めている児童生徒が多いこともこのような支援が有効であることの背景として考えられる。

（2）不登校状態の長期化

しかし、不登校の状態が数年にわたるなどの長期化をしてくると、このような積極的な取組が「学校へ行かなければならない」、「学校へ行くことが当たり前」といったメッセージとして受け取られかねない。そして、そのことが、不登校状態にある本人や家族を苦しめることすらあることも留意しなければならない。このように、不登校児童生徒については、個々の状況に応じた必要な支援を行うことが必要であり、登校という結果のみを目標にするのではなく、児童生徒や保護者の意思を十分に尊重しつつ、児童生徒が自らの進路を主体的に捉えて、社会的に自立することを目指すように行うことが第一に求められる。次に、不登校の状態が長期化している児童生徒の場合は慎重な対応が求められるが、学校は常に当該児童生徒に関心をもっていることを発信するためにも、不登校の現在の状態や継続している理由、学校以外の場において行っている学習活動の状況等について、家庭訪問も含めた継続的な把握は必要であろう。

（3）学校以外の多様な教育機会の確保

そして、学校以外の多様で適切な学習活動の重要性も踏まえ、個々の状況に応じた学習活動等が行われるよう支援することが必要となる。家庭で多くの時間を過ごしている不登校児童生徒に対しては、その状況を見極め、当該生徒及び保護者との信頼関係を構築しつつ、学校以外で過ごすことのできる場や支援する組織といった必要な情報提供や助言、ICT を活用した学習等を通じた支援を行う。教育支援センター、不登校特例校、フリースクールなどの民間施設など、多様な教育機会の確保を進めていくことも必要である。不登校児童生徒が自らの意思で登校した場合は、温かい雰囲気で迎え入れられるよう配慮するとともに、保健室、相談室や学校図書館等も活用しつつ、安心して学校生活を送ることができるような支援を行うことも必要である。

4. 学校組織としての支援

小学校学習指導要領では、「第１章　総則」の「第４　児童の発達の支援」「２　特別な配慮を必要とする児童への指導」の「（３）不登校児童への配慮」で、「不登校児童については、保護者や関係機関と連携を図り、心理や福祉の専門家の助言又は援助を得ながら、社会的自立を目指す観点から、個々の児童の実態に応じた情報の提供その他の必要な支援を行うものとする」と示し、組織的な支援の必要性を述べている。つまり、担任教師一人の請け負いにならないように、学級担任のみならず教育相談担当教師など他の教師がスクールカウンセラーやスクールソーシャルワーカー等の専門スタッフ等と連携・分担し学校全体で組織的に行うことが求められる。学校としてコーディネーター的な役割を担う教員を決めておくのも効果的と考えられる。そして、必要に応じて、福祉、医療及び民間の団体等の関係機関や関係者間と情報共有を行うほか、小学校と中学校といった学校間の引継ぎを行うなどして継続した組織的かつ計画的な支援を行うことが重要である。

5.「児童生徒理解・教育支援シート」の作成と活用

学校組織としての支援を行う際のツールとして、学校は、当該児童生徒や保護者と話し合うなどして「児童生徒理解・教育支援シート」（以下、シート）等を作成することが望ましいとされている。不登校児童生徒への支援は、早期から行うことが重要であり、予兆への対応を含めた初期段階から情報を整理し、組織的・計画的な支援につながるようにする必要がある。そのため、30日という期間にとらわれることなく、前年度の欠席状況や、遅刻、早退、保健室登校、別室登校等の状況を鑑みて、早期の段階からシートを作成することが望まれるとしている。

前出の「不登校児童生徒への支援の在り方について（通知）」では、このシートについて、不登校児童生徒への効果的な支援の有効な方策として示している。シートの作成については、個々の児童生徒ごとに不登校になったきっかけや継続理由を的確に把握し、その児童生徒に合った支援策を策定することが重要であり、その際には、学級担任、養護教諭、スクールカウンセラー、スクールソーシャルワーカー等の学校関係者が中心となり、当該児童生徒や保護者と話し合うなどして作成していくことが望ましいとしている。そして、これらの情報は関係者間で共有されて初めて支援の効果が期待できるものであり、必要に応じて、教育支援センター、医療機関、児童相談所等、関係者間での情報共有、小・中・高等学校間、転校先等との引継ぎを行い、支援の進捗状況に応じて、定期的にシートの内容を見直すことが必要であることを示している。

6. 不登校児童生徒の特別の教育課程

小学校学習指導要領では、「第１章　総則」の「第４　児童の発達の支援」「２　特別な配慮を必要とする児童への指導」の「(３) 不登校児童への配慮」において、「相当の期間小学校を欠席し引き続き欠席すると認められる児童を対象として、文部科学大臣が認める特別の教育課程を編成する場合には、児童の実態に配慮した教育課程を編成するとともに、個別学習やグループ別学習など指導方法や指導体制の工夫改善に努めるものとする」と示し、「特別の教育課程」の編成を認めている。ただし、このように不登校児童生徒を対象として、その実態に配慮した特別の教育課程を編成し、教育を実施するには、学校教育法施行規則第56条に基づき、文部科学大臣の指定が必要となる。これは不登校特例校といわれており、2020年度時点で全国で15校指定されている。

不登校児童生徒を対象とした特別の教育課程を実施する際は、不登校児童生徒の状況に配慮し、個別学習、グループ別学習、家庭訪問や保護者への支援等個々の生徒の実態に即した支援、学校外の学習プログラムの積極的な活用など指導方法や指導体制の工夫改善に努めることが求められる。これら不登校特例校では様々な体験活動やものづくり活動、横断的・合科的な教科の新設、個人のペースを大切にした個別学習の機会の保障など工夫された先進的な実践が行われている。これらの先進的な事例が、全国の小学校等へ紹介され、各校における教育が改善されるとともに、全国の不登校児童生徒が自らの進路を主体的に捉えて、それぞれの自分らしい社会的な自立を目指していけるようになることを願ってやまない。

【引用・参考文献】

Cummins, J., & Nakajima, K. (1987). *Age of arrival, length of residence, and interdependence of literacy skills among Japanese immigrant students.* In Harley, B., Allen, P., Cummings, J., and Swain, M. (Eds.), The development of bilingual proficiency: Final report volume III: *Social context and age,* pp. 183-202, Modern Language Centre, Ontario Institute for Studies in Education.

Cummins, J., & Swain, M. (1986) *Bilingualism in Education.* Routledge.

文部科学省 (2011)『生徒指導提要』教育図書.

文部科学省 (2019)『外国人児童生徒受入れの手引―改訂版』明石書店.

中島和子 (2016)『完全改訂版　バイリンガル教育の方法』アルク.

通常の学級における特別支援教育と「学びの連続性」

本章の目的 通常の学級における特別な配慮が必要な子どもに対する適切な指導と必要な支援について理解すること

キーワード 通常の学級、発達障害、実態把握、RTI（Response to Intervention）

第1節　通常の学級における特別支援教育の推進

1. 特殊教育から特別支援教育へ

第2章でも述べたが、2001年10月に文部科学省は、近年の障害のある児童生徒の教育をめぐる諸情勢の変化等を踏まえて、今後の特別支援教育の在り方を検討する「特別支援教育の在り方に関する調査研究協力者会議」を設置した。同会議は、2003年3月に、「今後の特別支援教育の在り方について（最終報告）」を公表した。この中には、今後の特別支援教育の実施に向けた様々な内容が盛り込まれていた。

この最終報告を受けて、文部科学省は中央教育審議会に対して諮問を行った。2004年2月に中央教育審議会は、初等中等教育分科会に特別支援教育特別委員会を設置した。同特別委員会においては、特別支援教育を一層推進すべきであるとの認識の下、学校制度等の在り方について検討を重ね、2005年 12月、「特別支援教育を推進するための制度の在り方について（答申）」が取りまとめられた。この答申には、特別支援教育の理念と基本的な考え方、特別支援学校の制度への転換、小・中学校における制度的見直し、特別支援学校の教員免許制度等についての提言がなされた。

2. 2007年の学校教育法の一部改正

この答申に基づき、学校教育法の一部改正がなされ、2007年4月から、それまでの特殊教育から特別支援教育の制度へ移行した。この改正された学校教育法の第81条には「幼稚園、小学校、中学校、義務教育学校、高等学校及び中等教育学校においては、次項各号のいずれかに該当する幼児、児童及び生徒その他教育上特別の支援を必要とする幼児、児童及び生徒に対し、文部科学大臣の定めるところにより、障害による学習上又は生活上の困難を克服するための教育を行うものとする」と、全ての校種で特別の支援を必要とする幼児児童生徒に対して障害による学習上又は生活上の困難を克服するための教育を行うことを示している。

3. 特別支援教育の推進について

そして、新しい制度の趣旨や内容を周知するために、文部科学省は、2007年４月に我が国の全ての学校に対して、文部科学省初等中等教育局長通知「特別支援教育の推進について（通知）」を発出した。第２章の繰り返しになるが、重要なことなので改めて述べる。それには、「特別支援教育は、障害のある幼児児童生徒の自立や社会参加に向けた主体的な取組を支援するという視点に立ち、幼児児童生徒一人一人の教育的ニーズを把握し、その持てる力を高め、生活や学習上の困難を改善又は克服するため、適切な指導及び必要な支援を行うものである」と特別支援教育とは何かを示した上で、「また、特別支援教育は、これまでの特殊教育の対象の障害だけでなく、知的な遅れのない発達障害も含めて、特別な支援を必要とする幼児児童生徒が在籍する全ての学校において実施されるものである」と、それまでの障害のある幼児児童生徒は特別な教育の場での教育が実施されるとしていたことを、「全ての学校において実施されるもの」とした。

❖ 第２節　通常の学級における特別な配慮が必要な子ども

文部科学省は、2012年に全国の公立の小・中学校の通常の学級に在籍する児童生徒５万人以上を対象にして「通常の学級に在籍する発達障害の可能性のある特別な教育的支援を必要とする児童生徒に関する調査」を実施した。これは、有識者による調査研究協力者会議が作成した「学習面（「聞く」「話す」「読む」「書く」「計算する」「推論する」）」、「行動面（「不注意」「多動性―衝動性」）」、「行動面（「対人関係やこだわり等」）に関するチェックリストに基づいて担任教師が対象となった児童生徒一人一人についてチェックしていき、基準値以上のチェックがついた児童生徒の数を「発達障害の可能性のある特別な教育的支援を必要とする児童生徒」とした調査である。その結果、「学習面（「聞く」「話す」「読む」「書く」「計算する」「推論する」）」で著しい困難を示す児童生徒の割合が4.5％、「行動面（「不注意」「多動性―衝動性」）」で著しい困難を示す児童生徒の割合が3.1％、「行動面（「対人関係やこだわり等」）で著しい困難を示す児童生徒の割合が1.1％、それら全てを合計すると6.5％の発達障害の可能性のある特別な教育的支援を必要とする児童生徒が通常の学級に在籍していることが分かった（図15-１）。小学校の30人学級であれば、1.95人在籍することになる。通常の学級には平均して２名程度の特別な配慮が必要な子どもが在籍していると考えることができる。最近では、小学校や中学校の教師の実感としては、それでも少なく、３、４名は各学級に在籍しているという感覚があるとよく聞く。

公立の小・中学校でこの数ということになれば、当然その前の学校段階である幼稚園でも相当数の特別な配慮が必要な子どもが在籍していることは容易に想像がつくことである。少し古いデータになるが、東京学芸大学の研究グループが、2011年に全国の市区から無作為抽出した公立及び私立幼稚園に対してアンケート調査をした結果によると、2009年には公立幼稚園には4.4％、私立幼稚園には2.2％の発達障害の疑いがある幼児が在籍していると報告しており、2007年、2008年の同様の調査から年々増加している傾向

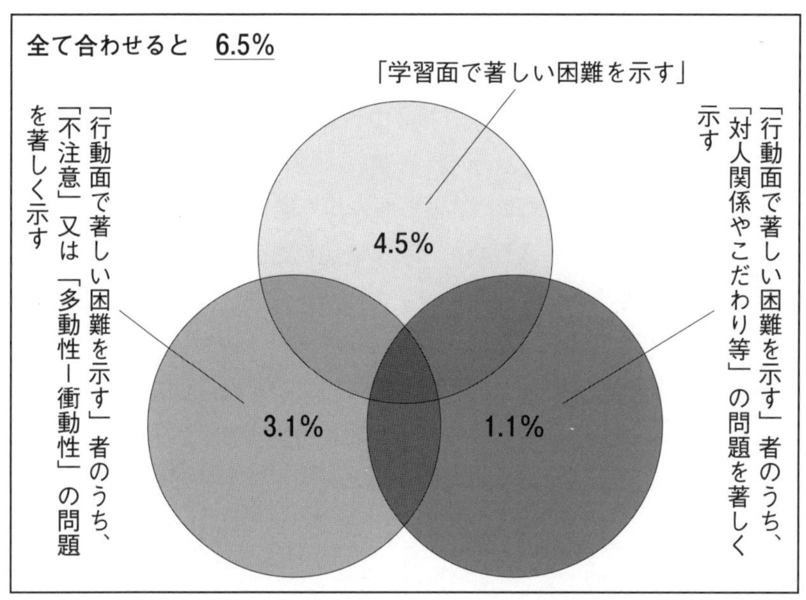

図15- 1　「通常の学級に在籍する発達障害の可能性のある特別な教育的支援を必要とする児童生徒に関する調査の結果」（文部科学省、2012）より作成

が読み取れるとのことであった（佐久間・田部・高橋、2011）。

第3節　発達障害の理解

1. 発達障害者支援法から

2005年に発達障害者支援法が施行された。発達障害者支援法は、発達障害者の心理機能の適正な発達及び円滑な社会生活の促進のために発達障害の症状の発現後できるだけ早期に発達支援を行うとともに、切れ目なく発達障害者の支援を行うことを目的に制定された法律である。2005年にこの法律が施行されるまで、現在「発達障害」と呼んでいる知的障害を伴うことのない障害である高機能自閉症やアスペルガー症候群、学習障害などは法令上の「障害」と認められていなかったが、この法律が制定されたことにより、「発達障害」も、「身体障害」、「知的障害」そして「精神障害」とともに障害者福祉の施策の対象とされた。

発達障害者支援法第２条では、「この法律において『発達障害』とは、自閉症、アスペルガー症候群その他の広汎性発達障害、学習障害、注意欠陥多動性障害その他これに類する脳機能の障害であってその症状が通常低年齢において発現するものとして政令で定めるものをいう」と定めている。つまり、「自閉症、アスペルガー症候群、その他の広汎性発達障害」と「学習障害」、「注意欠陥多動性障害」の３つを「発達障害」の主要な障害疾患名としている。「その他これに類する脳機能の障害であってその症状が通常低年齢において発現するものとして政令で定めるもの」とは、発達障害者支援法施行令第１条において、「言語の障害」と「協調運動の障害」と定めている。「言語の障害」は「構音障害」、「吃音」、「特異的言語発達障害」などを、「協調運動の障害」とは「発達性協調運動障害」を指していると考えられる。

2. 発達障害の特性

「発達障害」は中枢神経系の障害、すなわち脳の機能的障害が原因と病理学的には考えられている。障害のない定型発達の子どもであれば、出生後に子どもの周囲の環境から与えられる様々な刺激や情報を取り込んで処理を行い、自らの成長・発達の糧として同心円状に年齢と共に成長・発達を遂げていく。ところが、発達障害のある子どもは脳に機能的障害があるため、成長・発達に著しいでこぼこが生じてしまう。ある部分では年齢相当以上に発達し、周囲の環境からの刺激・情報に敏感になったり、ある部分は年齢相当より遅れて発達することにより刺激・情報に鈍感になったりする。つまり必要以上に刺激が入ってきたり、必要なほど情報が得られなかったり、全く刺激を感じなかったりするなど、外部の刺激・情報を歪んで受け取ってしまい、うまく処理ができないことになってしまう。

そのような世界の中で生きている発達に偏りがある子どもは、その子どもなりになんとかこの世界でうまく生きていこうとして、「過敏性」や「多動性」を示したり、「動きが遅く不器用」であったり、急な予定や環境の「変化に対応できな」かったりして、結果として「パニック」や「暴言」を吐いたりするといった行動を示すのである。それは周囲の大人からみると「問題行動」として見えてしまうことになり、発達障害のある子どもを理解できないことにつながってしまう。子どもの側から見ると、子どもなりに場面、場面で自分をうまく制御して乗り切ろうとしているが、周囲の大人から見るとそれは問題行動として見えてしまうということである。

3. 学校教育における発達障害

「発達障害」のうち「学習障害」とは、教育の分野では、1999年７月に「学習障害及びこれに類似する学習上の困難を有する児童生徒の指導方法に関する調査研究協力者会議」が示した「学習障害児に対する指導について（報告）」において「学習障害とは、基本的には、全般的な知的発達に遅れはないが、聞く、話す、読む、書く、計算する、推論するなどの特定の能力の習得と使用に著しい困難を示す、様々な障害を指すものである。／学習障害は、その背景として、中枢神経系に何らかの機能障害があると推定されるが、…（略）…視覚障害、聴覚障害、知的障害（原典では当時の定義である「精神薄弱」と記載されている）、情緒障害などの状態や、家庭、学校、地域社会などの環境的な要因が直接の原因となるものではない」と学習障害（LD；Learning Disabilities）の教育における定義が報告された。

また、先にも述べた2003年の「今後の特別支援教育の在り方について（最終報告）」において、「ADHD 及び高機能自閉症の定義と判断基準（試案）等」が示され、注意欠如多動性障害（ADHD: Attention Deficit Hyperactivity Disorder）については「年齢あるいは発達に不釣り合いな注意力、及び／又は衝動性、多動性を特徴とする行動の障害で、社会的な活動や学業の機能に支障をきたすものである。また、７歳以前に現れ、その状態が継続し、中枢神経系に何らかの要因による機能不全があると推定される」と示された。なお、現在では医学的な診断基準の変更により「7歳」が「12歳」となっている。

高機能自閉症（High Functional Autism）については「3歳位までに現れ、1 他人との社会的関係の形成の困難さ、2 言葉の発達の遅れ、3 興味や関心が狭く特定のものにこだわることを特徴とする行動の障害である自閉症のうち、知的発達の遅れを伴わないものをいう。また、中枢神経系に何らかの要因による機能不全があると推定される」と示された。

これらの判断基準は、あくまでも教育的な支援を行うための判断基準であり、都道府県教育委員会がその判断及び指導方法等について学校を支援するために設置する専門家で構成される「専門家チーム」において活用することが想定されたものである。つまり、医学的診断の根拠となるものではない。しかし、これら判断基準は医学的な操作的診断基準に準じて作成されたものであることから、医学的な診断基準が改訂されると変更されることがある。我が国で用いられる医学的な診断基準に、アメリカ精神医学会が刊行している DSM-5（Diagnostic and Statistical Manual of Mental Disorders、Fifth Edition）；「精神疾患の分類と診断の手引き」がある。これはアメリカでは2013年に、その日本語版は2014年に刊行された。これによれば、高機能自閉症やアスペルガー症候群は、現在では自閉症スペクトラム障害（ASD；Autism Spectrum Disorder）に含まれている。ASD はイギリスの精神科医ローナ・ウィング（Lorna Wing、1928-2014）が提唱した「ひとつながりの連続体・自閉を本態とする連続的な障害群のことであり、包括的な障害のことである」とされ、その本態は「社会的関係の形成の困難さ」と「興味・関心の偏り」である。以前にはこれに加えて「言葉の発達の遅れ」も「自閉症の3つ組」と呼ばれて含まれていたが、「言葉の発達の遅れ」のない自閉症であったアスペルガー症候群を含むことから現在は診断基準には含まれていない。

また、1943年にアメリカの児童精神科医のレオ・カナー（Leo Kanner、1894-1981）によって報告された最初の自閉症の症例が知的障害を伴っていたことから、自閉症と知的障害は併せ有すると誤解されがちであるが、自閉症は必ずしも知的障害を併発するとは限らない。むしろ知的に優れた自閉症者もいる。つまり、自閉症と知的障害は併発することが多いのは確かだが別の障害として考えられている。重度の知的障害のある自閉症のことを、自閉症のサブタイプとしてカナー型自閉症と呼ぶこともある。

4. 二次的障害とは

発達障害は早期発見・早期対応が有効であるといわれている。近年では医学的診断基準の参考となるアセメントが整備され、かなり早期から医学的診断がつくようになった。しかし、特に学習障害などは小学校就学以後に分かることも多い。周囲の大人が気付かぬ間に、学習が進む中で、本人だけが悩んでいることも多い。発達障害は、外からは見えない脳機能の障害であり、知的発達に遅れが認められず、全般的な学習能力が低くないことから認知や行動上の特性が障害として気付かれない場合が多くある。そのため、必要な支援が受けられないばかりでなく、障害そのものが気付かれないことから、「やる気がない」、「努力が足りない」などと非難や叱責を受けるなど、周囲の大人から全般的に厳しい見方をされがちである。本人は本人なりになんとかしようと努力はしているが、それは全く評価されることなく、その結果、自信や意欲を失ったり、自己評価が著しく低くなったりして、本来であればできていたことまでも困難になってしまうなどの二次的障害をもたらすことがある。そして、学級内での暴言や暴力行為につながったり、不登校状態になってしまったりすることもある。

❖ 第４節　実態把握の方法としての発達検査

実態把握については、先に述べた発達障害の判断基準に基づいて把握することになるが、それはあくまでも一人一人の教育的ニーズに応じた適切な教育的支援を行う際の参考として活用されるものであることに留意しなければならない。そして判断基準の運用については、LD の場合は都道府県教育委員会に設置された専門家チームや専門機関、ADHD や ASD の場合は医療機関と連携して行うべきである。我が国の教育機関で発達障害の実態把握において用いられる発達検査には、WISC-Ⅳ、K-ABC Ⅱ、DN-CAS などが代表的である。

ウェクスラー児童用知能検査４訂版（WISC-Ⅳ；Wechsler Intelligence Scale for Children-Fourth Edition）は、５歳０カ月から16歳11カ月までを対象にした、我が国のみならず世界でも広く利用されている代表的な児童用知能検査である。５つの合成得点（全検査 IQ、４つの指標得点である言語理解指標（VCI）、知覚推理指標（PRI）、ワーキングメモリー指標（WMI）、処理速度指標（PSI））が算出され、それらの合成得点プロフィールから、子どもの知的発達の様相をより多面的に把握することができる。

K-ABC Ⅱ心理・教育アセスメントバッテリー（KABC-Ⅱ；Kaufman Assessment Battery for Children Second Edition）は、２歳６カ月から18歳11カ月までを対象とし、子どもの認知能力である「認知尺度」と学力の基礎となる学習習得度が測定できる「習得尺度」があり、これにより両者の差異の様相と関連要因の分析ができる。支援・指導といった教育的な働きかけに直結する検査として利用することができる。

DN-CAS 認知評価システム（DN-CAS；Das-Naglieri Cognitive Assessment System）は、５歳０カ月から17歳11カ月までを対象にした認知発達検査である。Luria の神経心理学モデルから導き出された J. P. Das による知能の PASS 理論を基礎とするものであり、「プランニング」、「注意」、「同時処理」、「継次処理」の４の認知機能（PASS）の側面から子どもの発達の様子を捉え、認知的偏りの傾向を捉えることができる。

これらの発達検査は標準化がされており、定型発達の子どもの年齢相当の発達の平均の数値との比率で示すことができるようになっていて、その信頼性と妥当性から診療点数の対応となっている。よって、これら発達検査を実施できる者は、検査を刊行している出版社や研究者の団体が行っている講習会を修了した者であるか、発達検査を取り扱うことのできる心理系の資格を有している者に限られる。

❖ 第5節　適切な指導と必要な支援のために

1. 行動観察による実態把握

実態把握は発達検査だけではない。学校などの教育機関で最も有効なのが「行動観察」である。授業中の態度や発言、学習の到達状況や、授業以外の休憩時間、朝の会・帰りの会、そして給食時間や掃除時間での行動の様子や他の子どもとの関係、会話内容などの行動を観察して、特記事項は簡潔に記録しておくことが求められる。また、授業中にとっているノートや宿題などの提出物、絵画や工作物、習字などの作品といった授業や宿題での成果物の提出状況やできあがりの状態、できあがりまでの時間なども実態把握の対象として重要である。

2. 実態把握を基に解釈と判断

これら実態把握によって得ることができた情報を基に、何が得意で何に遅れがあり、その要因は何かといった解釈・判断を総合的に行うことになる。学校での学習や生活のつまずきの要因を推定するのである。これは診断ではない。つまり疾病名を決めてカテゴライズするのではなく、目の前の子どもの状態像をありのままに受け止めて、どこで困っているのかを教育的な視点で解釈し判断するのである。学校の教師は医師ではない。だから診断はできないし、する必要もない。担当している子どもの教育的な課題を明らかにするのが教師の解釈であり、判断である。

そして、長期的、短期的な目標設定と、目標を達成するための支援の方法と内容を決定していく。時には得意な点を活用してさらに伸ばしつつ、苦手な点を補ったり、学習や生活の環境を特性に応じて整備することで学びやすい、生活しやすい環境に調整したりすることが大切になってくる。これらを踏まえて「個別の指導計画」の作成ということになる。

3.「個別の指導計画」に基づいた指導と支援

次に「個別の指導計画」に基づいて適切な指導と必要な支援を行う。設定した目標に基づき評価を行い、達成度と指導・支援の方法と内容の妥当性について評価することになる。特別支援教育では、この一連のプロセスにおいて特別支援教育コーディネーターが連絡・調整の窓口となって校内委員会のテーブルにのせて組織的に検討を行うことが求められる。決して、担任する教師一人が請け負うのではなく、校内委員会という組織で「個別の指導計画」の作成・実施・評価について協議を行い、チームで進めていくことが肝要なのである。

4. 特別支援学校のセンター的機能や外部専門家の活用

また、その過程においては、外部の専門家チームを招聘したり、相談会へ持ち込んだりして、外部の専門家と協働して進めていくことも必要になってくる。それには特別支援学校のセンター的機能の活用も含まれる。小学校学習指導要領では、「第１章　総則」の「第４　児童の発達の支援」の「２　特別な配慮を必要とする児童への指導」の「(１) 障害のある児童などへの指導」において「ア　障害のある児童などについては、特別支援学校等の助言又は援助を活用しつつ、個々の児童の障害の状態等に応じた指導内容や指導方法の工夫を組織的かつ計画的に行うものとする」と示しているが、この内の「特別支援学校等」は、特別支援学校のセンター的機能の他、都道府県教育委員会が設置する専門家チームのことも示している。さらに「組織的かつ計画的に行う」というのは特別支援教育に係る校内委員会で進めるということである。

ただ、誤解してはならないのは、校内委員会や外部の専門家チームが個々の子どもの教育を進める主体ではないということである。校内委員会は互いの意見をもって建設的な協議を進める場である。外部の専門家チームは校内の特別支援教育コーディネーターとともに、助言・援助といった学校コンサルテーションを進めるという立場である。あくまでも個々の子どもの適切な指導と必要な支援といった教育を進める第一義的な主体は担任の教師である。何かをしてもらう、何かを教えてもらうという受け身で待つのではなく、教育の主体は担任の教師にあるのだから、「個別の指導計画」の作成・実施・評価については担任の教師自らが責任をもって行い、その上で校内委員会等の協議に、具体的な実践や建設的な意見をもって臨むことを忘れないでほしい。

第６節　RTIに見る通常の学級における「学びの連続性」

1. RTI (Response to Intervention)；介入に対する反応とは

通常の学級において、一斉指導を行いながら、少数の特別な教育的ニーズのある児童に対して予防的な指導を配慮していく「多層予防システム」(以下、「RTI」とする) による指導が、アメリカ合衆国では主流になっている。RTIとは通常の学級において、学習と行動にニーズのある子どもを早期に発見し支援を行うための、アセスメントと介入を統合した取り組みであり、子どもの学習達成を最大限に伸ばすために、学校全体で行うものである。

知的能力と学習達成度の乖離から特別な教育的ニーズを有すると判断するディスクレパンシー・モデル (discrepancy model) では、判断が事後的であり、その時点で既に遅れが生じていることから、個別の指導に入ったとしても、メインストリームに戻ることが難しいという問題が、アメリカ合衆国においては指摘されていた。また、その乖離そのものの妥当性にも疑問の声が上がってきていた。乖離が本当に脳機能の何らかの障害を要因とするものでなのか、家庭環境や社会的階層といった環境要因によるものなのかという疑問である。

そこで、読みの流暢性などに焦点を当てたスクリーニングテストを初期指導に入ると同時に行い、これからの学習においてつまずきそうな子どもを早期から抽出して、全体の中での個別の配慮や個別の指導を予防的に行うことにより、特別な教育的ニーズが生じる前にメインストリームを維持しようという考えで、RTIは始まったのである (羽山、2012)。

我が国においては、海津ら（2009）が、全ての学習領域に影響し得る早期の読みの能力、特につまずきやすい特殊音節を含む語の正確で素早い読みに焦点を当てることで、その後の学習にも必要な基礎的な読みの能力が上昇するであろうと考え、多層指導モデルMIM（Multilayer Instruction Model）を構築している。実際に、いくつかの自治体の教育委員会の協力を得て、それらの学校で実装している（海津・杉本、2016)。

2. RTIの3層構造

RTIの基本構成要素には、スクリーニング、プログレス・モニタリング、全校レベルの多層予防システム、実態把握に基づく判断がある。重要なことは、「どこで教育を受けるか」という場所の問題ではなく、「子どもの学習を保障するために子どもに合った支援を提供できるか」である（Deshler、2014)。

スクリーニングの対象となるのは学級の全ての子どもである。スクリーニングを実施することで、一斉指導の中で学習のつまずきが予想される子どもを抽出する。スクリーニングで用いる実態把握の方法は、妥当性と信頼性があり、学習上あるいは行動上のつまずきが早期にかつ正確に予測できる必要がある。

プログレス・モニタリングの対象となるのはスクリーニングによって抽出された子どもである。学級に対する一斉指導が継続的に実施される中で、一定の配慮による介入が必要となった子どもから適切な応答を引き出しているかを定期的に把握する。プログレス・モニタリングにおいても妥当性と信頼性があり、短いスパンで繰り返し実施することができる簡易型の実態把握の方法が望ましい。

全校レベルの多層予防システムを図15-2に示す。介入の度合いにより学級の子どもを3層に分けている。

第1層レベルの対象は学級の全ての子どもである。指導の場は通常の学級であり、学級の年間指導計画に基づいて指導が実施される。指導は一斉指導ではあるが、個人差への配慮は発問、教材、机間巡視などによって当然行われることになる。評価も発問に対する応答、ノートの記述、ペーパーテスト、授業態度などによって定期的に行われ、教師によって直ちにフィードバックされる。

第2層レベルの対象はスクリーニングで学習や行動のつまずきが予想された子どもたちである。学級の年間指導計画に基づいた指導の中で、一斉指導における学習の目標と関連づけた個別の目標が設定され、その目標を達成するための個別の配慮と支援が一斉指導の中で適切に実施されることになる。個別の実態に応じて調整された教材が用いられたり、目標の調整が行われたりする。評価も個別の目標に応じて実施されることになる。

第3層レベルの対象は第1層や第2層での指導を継続する中で、適切な反応を引き出せなかった子どもである。取り出しによる個別指導が集中的かつ補助的に行われる。その場は放課後の教室であったり、通級による指導であったりする。個別の指導計画が作成され、通常の学級での一斉指導や個別指導で活用され、教材も個別に準備される。評

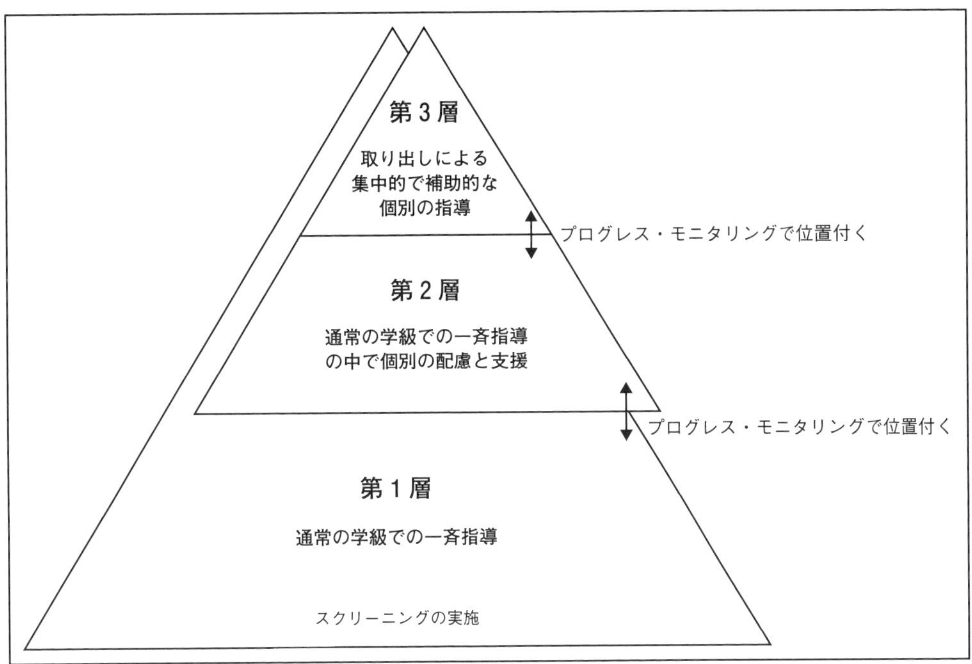

図15-２　全校レベルの多層予防システム

Glover, T., & Vaughn, S.（2010）を参考に筆者作成

価は個別の指導計画で行われる。また、診断的で個別的な実態把握が実施される。

第１層レベル、第２層レベル、そして第３層レベルの全ての予防レベルにおいて的確な実態把握による判断が必須である。妥当性と信頼性がある実態把握の方法を確立し、判断基準を明確にしておくとともに実施手順もあらかじめ定めておく必要がある。

プログレス・モニタリングにより、指導の効果を定期的に測定し、そのデータに基づく判断によって各層を行き来するのは、通常の学級における「学びの連続性」を示しているといえる。

【引用・参考文献】

Deshler, D. D.（2014）「学習障害のある子どもに明るい未来を創造するRTIの実践」（齋藤由美子翻訳）『LD研究』23（1），pp.29-36.

Glover, T., & Vaughn, S.（2010）*The Promise of Response to Intervention: Evaluating Current Science and Practice*, Guilford Press.

羽山裕子（2012）「アメリカ合衆国における学習障害児教育の検討―RTIの意義と課題」『教育方法学研究』37，pp. 59-69.

海津亜希子・田沼実畝・平木こゆみ・伊藤由美・Vaughn, S.（2009）「通常の学級における多層指導モデル（MIM）の効果―小学１年生に対する特殊音節表記の読み書きの指導を通じて」『教育心理学研究』56（4），pp.534-547.

海津亜希子・杉本陽子（2016）『多層指導モデルMIMアセスメントと連動した効果的な「読み」の指導―つまずきのある「読み」を流暢に』学研プラス.

佐久間庸子・田部絢子・高橋智（2011）「幼稚園における特別支援教育の現状―全国公立幼稚園調査からみた特別な配慮を要する幼児の実態と支援の課題」『東京学芸大学紀要　総合教育科学系』62（2），pp.153-173.

第16章 インクルーシブ教育システムの構築へ

本章の目的 特別支援教育の理念と近年の動向について理解すること
キーワード インクルーシブ教育システム、障害者の権利に関する条約、合理的配慮、ユニバーサルデザイン、イエナプラン教育

❖第1節　インクルージョンとは

1. サラマンカ宣言

インクルージョン（inclusion）とは、形容詞であるインクルーシブ（inclusive）の名詞形である。インクルージョンとは、我が国においては、「包摂」、「包含」と訳されてきた。現在では、我が国の政府は訳語として「包容」という語を用いている。その対義語はエクスクルージョン（exclusion）である。これは、「排除」という意味である。インクルージョンはその反対の意味となるから「排除しない」ということもできる。つまりインクルーシブ教育とは、誰も排除されない教育であり、全ての子どもを包み込む、すなわち「包容」する教育である。

そもそもインクルージョンとは、1994年にスペインのサラマンカでスペイン政府及びUNESCOが開催した「特別ニーズ教育に関する世界会議（World Conference on Special Needs Education：Access and Quality）」で採択された「サラマンカ宣言及び行動の枠組み（The Salamanca Statement and Framework for Action on Special Needs Education）」において、「個人差もしくは個別の困難さがあろうと、全ての子どもたちを含めることを可能にするような教育システムに改善すること」に発している。誰もが排除されない、全てての子どもが包容される教育という考え方は、国際的にはこの時に初めて示されたといえる（上田・金、2014）。

2. インテグレーションとインクルージョン

このインクルージョンを障害のある子どもの教育の文脈で用いる際に、よく似た言葉にインテグレーション（integration）がある。教育では、「統合教育」と訳されることが多い。インテグレーションも確かに障害のある子どもと障害のない子どもが共に学ぶ仕組みであるが、障害のない子どもの学級に、障害のある子どもが入っていってそこへ適応することで共に学ぶという意味が含まれている。つまり、もともとは分離（separation）されていた障害のある子どもが障害のない子どもの教育に参画していくという流れであり、分離教育が前提となっている。アメリカ合衆国では、インテグレー

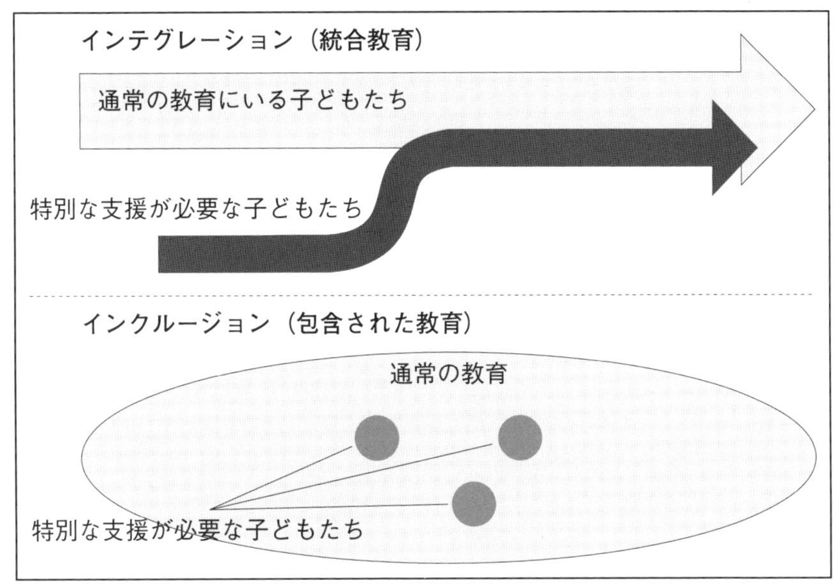

図16-1　インテグレーションとインクルージョン

ションのことをメインストリーム（mainstream）と呼んでいた。これに対して、インクルージョンといったときには、障害のある子どもを学級にいる子どもたちと大人が包み込み、周囲の子どもと大人が共に、環境も含めて、障害のある子どもに合うように変わっていくという意味が込められている。つまり障害のある子どもだけが現実の社会に適応できるように迫っていくのではなく、周りの障害のない人が共に学びながら、変容するように迫る考え方といえる（図16-1）。

❖第2節　障害者の権利に関する条約

1. 障害者の権利に関する条約の主な内容

障害者の権利に関する条約（Convention on the Rights of Persons with Disabilities；以下、障害者権利条約）は、2001年12月に国連総会で採択された決議によって、「障害者の権利条約に関する特別委員会」が設置され、国連加盟各国による条約の交渉から始まった。計8回の特別委員会が開催された。そして、2006年12月の国連総会で採択され、2008年5月に発効した。我が国の政府は、この条約に2007年9月に署名をした。その後、2014年1月に批准し、同年2月に国内において効力が発生することになった。

この条約は、障害者の人権及び基本的自由の享有を確保し、障害者の固有の尊厳の尊重を促進することを目的として、障害者の権利の実現のための措置等について定められている。主な内容を表16-1に示す。

この障害者権利条約は、障害者の権利実現のために広範な分野について網羅している条約である。このうち、教育分野について示しているのは第24条である。2012年7月に中央教育審議会初等中等教育分科会が公表した「共生社会の形成に向けたインクルーシブ教育システム構築のための特別支援教育の推進（報告）」によると、第24条には、イ

表16-1　障害者権利条約の主な内容

(1) 一般原則	障害者の尊厳、自律及び自立の尊重、無差別、社会への完全かつ効果的な参加及び包容等
(2) 一般的義務	合理的配慮の実施を怠ることを含め、障害に基づくいかなる差別もなしに、すべての障害者のあらゆる人権及び基本的自由を完全に実現することを確保し、及び促進すること等
(3) 障害者の権利実現のための措置	身体の自由、拷問の禁止、表現の自由等の自由権的権利及び教育、労働等の社会権的権利について締約国がとるべき措置等を規定 社会権的権利の実現については漸進的に達成することを許容
(4) 条約の実施のための仕組み	条約の実施及び監視のための国内の枠組みの設置 障害者の権利に関する委員会における各締約国からの報告の検討

ンクルーシブ教育とは「障害のある者と障害のない者が共に学ぶ仕組みであり、障害のある者が、教育制度一般から排除されないこと、自己の生活する地域において初等中等教育の機会が与えられること、個人に必要な『合理的配慮』が提供される等」といった内容が規定されているとある。ここに「合理的配慮（reasonable accommodation）」というインクルーシブ教育システムを構築する上で重要な概念が登場している。

2.「合理的配慮」

障害者権利条約では、「合理的配慮」を、同条約の第２条において「障害者が他の者との平等を基礎として全ての人権及び基本的自由を享有し、又は行使することを確保するための必要かつ適当な変更及び調整であって、特定の場合において必要とされるものであり、かつ均衡を失した又は過度の負担を課さないものをいう」と定義している。

この定義に従えば、「障害者が他の者との平等を基礎として全ての人権及び基本的自由を享有し、又は行使することを確保するための必要かつ適当な変更及び調整であ」ることが１つめの定義となる。

つまり、平等であるために、「必要かつ適当な変更及び調整」を行うことであり、それは、「異なる者を異なって扱う」ということである。聴覚障害のある人が、テレビのニュース番組を見ても、聴覚障害のない人と同じ程度の情報量にアクセスできないので、同じ程度の情報量にアクセスできるように、手話通訳者のワイプ画面を入れる、もしくは聴覚障害者にとって分かりやすい文章の字幕を入れるなどの「変更及び調整」をするということである。

従来の国際人権規約などに記されている差別とは、「等しい者を異なって扱う」ときに生じるものである。例えば、聴覚障害のある人が、聴覚障害があることを理由にして、医師免許や薬剤師免許の国家試験を受験すらできなかったいわゆる欠格条項などはそれの典型的な例である。すなわち、従来の差別とは、医師免許を取得するためには国家試験に合格しないといけないわけだが、合格云々の力があるかどうかは別問題として、国家試験を受けるということに対して本来等しくアクセスできないといけない者を、障害があることを理由にアクセスを拒否するといった異なった扱いをしたときに生じていたのである。

このように、「合理的配慮」の不提供は新しい概念をもった差別なのである。

第3節　障害者基本法の改正

1. 改正に至る経緯

我が国は2007年9月に障害者権利条約に署名した。そして、同条約の締結に必要な国内法の整備を始めとする障害者制度の集中的な改革を行うために、2009年12月に、内閣に「障がい者制度改革推進本部」を設置し、同本部の下に、障害者施策の推進に関する事項について意見を求めるため、障害当事者、学識経験者等からなる「障がい者制度改革推進会議」（以下「推進会議」）を開催した。国の障害者施策の議論の場に、障害当事者とその周辺の支援者が常に出席して行われたのである。これは、我が国の障害者施策の歴史の中で画期的なことであるといえる。

同推進会議での計14回にわたる議論を踏まえて政府は、2010年6月に「障害者制度改革の推進のための基本的な方向について」を閣議決定した。この中で、「障害者制度改革の基本的考え方」に「あらゆる障害者が障害のない人と等しく自らの決定・選択に基づき、社会のあらゆる分野の活動に参加・参画し、地域において自立した生活を営む主体であることを改めて確認する。／また、日常生活又は社会生活において障害者が受ける制限は、社会の在り方との関係によって生ずるものとの視点に立ち、障害者やその家族等の生活実態も踏まえ、制度の谷間なく必要な支援を提供するとともに、障害を理由とする差別のない社会づくりを目指す」として、障害者基本法を2011年8月に改正し施行した。

2. 障害者基本法における「合理的配慮」

「基本的な考え方」にある「日常生活又は社会生活において障害者が受ける制限は、社会の在り方との関係によって生ずるものとの視点」から同法では障害者の定義が改正され、同法第2条第2項に「社会的障壁」が加えられた。障害は当事者そのものに問題があって生じるという考え方から、社会との関係性の中で生じるものであるとする、いわゆる「社会モデル」の考え方が付け加わったのである。「社会モデル」の登場とともに、第4条第2項にいわゆる「合理的配慮」の提供の規定が加えられた。

第四条　何人も、障害者に対して、障害を理由として、差別することその他の権利利益を侵害する行為をしてはならない。

2　社会的障壁の除去は、それを必要としている障害者が現に存し、かつ、その実施に伴う負担が過重でないときは、それを怠ることによつて前項の規定に違反することとならないよう、その実施について必要かつ合理的な配慮がされなければならない。

第４条第２項では「合理的配慮」の提供とは、「社会的障壁の除去」であるとしている。そして、「必要としている障害者が現に存し」と規定していることからも分かるように、実際に個々の障害者が「社会的障壁の除去」を必要とした場合に、事後的に発現するものであるとしている。事前に広く障害者一般に配慮し、歩道橋にエレベーターを設置したり、公衆トイレに障害者用トイレを設置したりすることは、「障害を理由とする差別の解消の推進に関する法律（障害者差別解消法）」第５条にある「必要な環境の整備」に該当する。また、本章第６節以降に述べる「分科会報告」では、これを「基礎的環境整備」としている。

最後には、「社会的障壁の除去」の「実施について必要かつ合理的な配慮がされなければならない」として、「実施に伴う負担が過重でないとき」と一定の歯止めをしながらも、実際に「社会的障壁の除去」を必要とした障害者がいるときにはじめて「合理的配慮」の提供の義務が生じるとしているのである。その「合理的配慮」はきわめて個別的となり、一人一人の障害者において求められる「合理的配慮」は異なっていることになる。

❖第４節　障害を理由とする差別の解消の推進に関する法律の制定

1. 制定に至る経緯

2010年６月に閣議決定された「障害者制度改革の推進のための基本的な方向について」には、「障害者制度改革の基本的な考え方」に基づいた「障害を理由とする差別の禁止に関する法律の制定等」が盛り込まれた。これを受けて、同年11月からは推進会議の下で「差別禁止部会」が設置され、法律制定に向けた検討が行われた。その後、活発な議論が行われ、さらに、2012年７月には、「障害者基本法」の改正に基づき、推進会議の機能を発展的に引き継ぐものとして障害者政策委員会（以下「政策委員会」）が設置され、法律制定の議論の場は政策委員会へと移された。

この政策委員会の下に新たに設置された差別禁止部会では、推進会議の下で開催されてきた差別禁止部会での議論も踏まえて、同年９月に意見がようやく取りまとめられ、2013年６月に「障害を理由とする差別の解消の推進に関する法律」（以下、障害者差別解消法）が公布されたのである。

第七条　行政機関等は、その事務又は事業を行うに当たり、障害を理由として障害者でない者と不当な差別的取扱いをすることにより、障害者の権利利益を侵害してはならない。

２　行政機関等は、その事務又は事業を行うに当たり、障害者から現に社会的障壁の除去を必要としている旨の意思の表明があった場合において、その実施に伴う負担が過重でないときは、障害者の権利利益を侵害することとならないよう、当該障害者の性別、年齢及び障害の状態に応じて、社会的障壁の除去の実施について必要かつ合理的な配慮をしなければならない。

2. 障害者差別解消法における「合理的配慮」

ここで、「合理的配慮」について、前出の障害者基本法の第4条と、障害者差別解消法の第7条及び第8条を比較すると、ほぼ同様の条文になっていることが分かる。いずれも「障害者から現に社会的障壁の除去を必要としている」と実際に必要としている障害者が存在すること、ただし「実施に伴う負担が過重でないとき」という歯止めが設けられていること、そして、「社会的障壁の除去の実施について必要かつ合理的な配慮をしなければならない」と、行政機関等に限ってはいるが、合理的配慮の提供を義務づけている。

しかし、障害者差別解消法は、障害者基本法が理念法であるのに対して、その理念を実現するための実務法であることから、より具体的な文言が付け加えられている。それは、「意思の表明」と「当該障害者の性別、年齢及び障害の状態に応じて」である。当該障害者は「必要としている」、「意思の表明」を何らかの手段で行わなければならないことをより具体で述べている。もちろん、言葉として表明できない場合にはその代替手段による表明や代理人による表明も認められている。もう一点については個別的であることを「性別」、「年齢」、「障害の状態」に応じて合理的配慮は異なることを具体的に述べている。

❖ 第5節　文部科学省所管事業分野における障害を理由とする差別の解消の推進に関する対応指針から

1. 学校教育における「合理的配慮」

障害者差別解消法第11条を根拠として定められる「文部科学省所管事業分野における障害を理由とする差別の解消の推進に関する対応指針（通知）」の「別紙2　分野別の留意点　学校教育分野」においては、次のように示されている。

第2　教育委員会等における対応
（略）
（1）公的な教育機関としての責任

学校は、合理的配慮の提供者であることに加え、障害のある幼児、児童及び生徒が社会に参加していくに当たり、適切な「意思の表明」ができるよう、必要な支援を自分で選択し、他者に伝える力を身に付けるための教育を担う機関でもある。全ての教育委員会等において、公的な教育機関としての役割の重要性とその責任を十分認識し、特別支援教育の推進に努めること。

ここでは、「合理的配慮」における「公的な教育機関」としての学校の役割が明確に示されている。学校は、まず「合理的配慮の提供者」であること。そして、障害者差別解消法で示されている「『意思の表明』ができるよう、必要な支援を自分で選択し、他者に伝える力を身につけるための教育を担う機関」という２つの役割があることを示しているのである。

障害者差別解消法の第６条を根拠規定として、内閣が定める「障害を理由とする差別の解消の推進に関する基本方針」（以下、基本方針）では、「障害児には、成人の障害者とは異なる支援の必要性があること」と「当該障害者に対して適切と思われる配慮を提案するために建設的対話を働きかけるなど、自主的な取組に努めることが望ましい」ことがあることを示している。

このように考えると、学校教育における「合理的配慮」は、まず、障害者差別解消法にある「意思の表明」ができる力を、教育によってつけることであり、次に必要な配慮と適切な支援を行うことであると考えることができる（阿部、2017）。

2.「意思の表明」と「合意形成」

そして、学校教育において重要なことは、「合意形成」を図ることである。それは、基本方針にもあったように、成長・発達期にある障害のある子どもは「意思の表明」は、まだできないかもしれないけれども、「明白である場合」に必要な配慮と適切な支援を行うことが望ましいのであり、その際には、合理的配慮の提供者である学校（教師）が、保護者に対して建設的対話を働きかけることが望ましいからである。

さらに、子どもによる「意思の表明」は、言葉で表示されるものに限らないと考えることもできる。

教室内の問題行動ととらえがちな離席行動、暴言やパニック、無関心や教師の指示に従わないなど、ネガティブにとらえてしまいがちの行動も、１つの「意思の表明」と考えることもできるかもしれない。いわゆる問題行動を、教師はなんとか止めさせたい、教室で行われている学習や活動に参加させたいと配慮や工夫を考えて、子どもたちと対話をして、折り合いをつけていく。そういったことも、「合理的配慮の提供」と考えることができるのではないだろうか。

❖第６節　インクルーシブ教育システムの構築における合理的配慮

1.「合理的配慮」と「基礎的環境整備」

特別支援教育のさらなる推進によるインクルーシブ教育システムの構築については、第１章で詳細を述べたところである。よって、ここでは、インクルーシブ教育システムの構築における合理的配慮の提供について述べる。

中央教育審議会初等中等教育分科会が、2012年７月に公表した「共生社会の形成に向けたインクルーシブ教育システム構築のための特別支援教育の推進（報告）」（以下、分

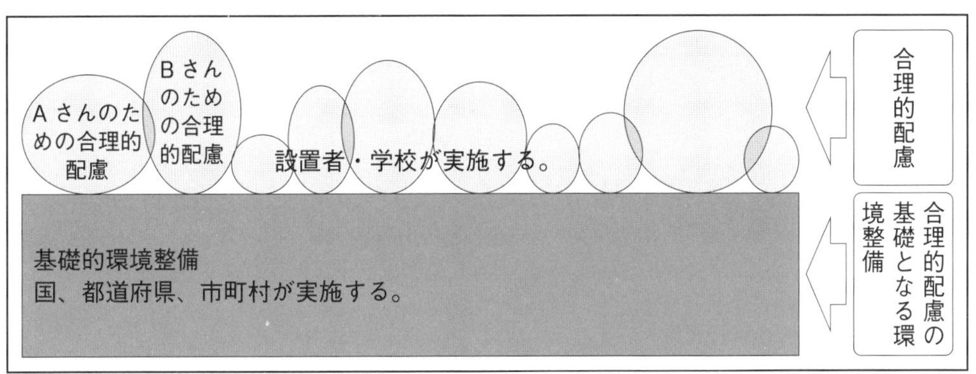

図16-2　合理的配慮と基礎的環境整備（中央教育審議会初等中等教育分科会(2012)より筆者作成）

科会報告）では、合理的配慮の提供について示している。

分科会報告では、「障害のある子どもが、他の子どもと平等に『教育を受ける権利』を享有・行使することを確保するために、学校の設置者及び学校が必要かつ適当な変更・調整を行うことであり、障害のある子どもに対し、その状況に応じて、学校教育を受ける場合に個別に必要とされるもの」であり、「学校の設置者及び学校に対して、体制面、財政面において、均衡を失した又は過度の負担を課さないもの」と定義している。

また、分科会報告には、合理的配慮に加えて基礎的環境整備についても述べている。基礎的環境整備とは、「法令に基づき又は財政措置により、国は全国規模で、都道府県は各都道府県内で、市町村は各市町村内で、教育環境の整備をそれぞれ行う。これらは、『合理的配慮』の基礎となる環境整備であり、それを『基礎的環境整備』と呼ぶこととする」としている。基礎的環境整備は、障害のある児童生徒に対する支援の基礎となるものであるが、基本的にはその学校で学ぶ児童生徒全てに提供されるものである。この基礎的環境整備を基に、設置者及び学校が、各学校において、障害のある子どもに対し、その状況に応じて、合理的配慮を提供することになるとしている（図16-2）。

さらに「合理的配慮」は、「設置者・学校と本人・保護者により、発達の段階を考慮しつつ、『合理的配慮』の観点を踏まえ、『合理的配慮』について可能な限り合意形成を図った上で決定し、提供されることが望ましく、その内容を個別の教育支援計画に明記することが望ましい」とされている。

分科会報告では、表16-2及び表16-3に示すように、「合理的配慮」及び「基礎的環境整備」の観点が示されており、具体的にどのような「合理的配慮」を提供するのかを考える時の基本的な視点が与えられている。

2.「インクルDB」と「インクルCOMPASS」

文部科学省は2013年度から2015年度にかけてインクルーシブ教育システム構築のための特別支援教育を着実に推進していくため、各学校の設置者及び学校が、障害のある子どもに対して、その状況に応じて提供する「合理的配慮」の実践事例を収集するとともに、交流及び共同学習の実施や、域内の教育資源の組み合せ（スクールクラスター）を

表16-2　分科会報告における合理的配慮

（1）　教育内容・方法
〈1-1　教育内容〉
1-1-1　学習上又は生活上の困難を改善・克服するための配慮
1-1-2　学習内容の変更・調整
〈1-2　教育方法〉
1-2-1　情報・コミュニケーション及び教材の配慮
1-2-2　学習機会や体験の確保
1-2-3　心理面・健康面の配慮
（2）　支援体制
2-1　専門性のある指導体制の整備
2-2　幼児児童生徒、教職員、保護者、地域の理解啓発を図るための配慮
2-3　災害時等の支援体制の整備
（3）　施設・設備
3-1　校内環境のバリアフリー化
3-2　発達、障害の状態及び特性等に応じた指導ができる施設・設備の配慮
3-3　災害時等への対応に必要な施設・設備の配慮

表16-3　分科会報告における基礎的環境整備

1．ネットワークの形成・連続性のある多様な学びの場の活用
2．専門性のある指導体制の確保
3．個別の教育支援計画や個別の指導計画の作成等による指導
4．教材の確保
5．施設・設備の整備
6．専門性のある教員、支援員等の人的配置
7．個に応じた指導や学びの場の設定等による特別な指導
8．交流及び共同学習の推進

活用した取り組みの実践研究を行い、その成果を普及する「インクルーシブ教育システム構築モデル事業」を展開した。この事業による実践事例は、国立特別支援教育総合研究所の「インクルーシブ教育システム構築支援データベース（インクル DB)」を WEB 上に構築して、誰もが「合理的配慮」の実践事例を検索できるようにしている。

さらに、国立特別支援教育総合研究所は、2016年度から2020年度にかけて、「我が国におけるインクルーシブ教育システムの構築に関する総合的研究」を実施した。具体的には、園や学校自らがインクルーシブ教育システム構築の現状や課題を把握して、次の取り組みを見出すための手掛かりを得るための観点である「インクル COMPASS」を作成した。「インクル COMPASS」とは、「インクルーシブ教育システムを推進し、主体的な取組を支援するための観点；Components for Promoting Inclusive Education

表16-4　インクルCOMPASSナビゲーションシート（小、中学校、高等学校用）より

観点１　体制整備
（1-1）　校内の支援に係る体制整備 （1-2）　周囲の児童生徒及び保護者の理解推進 （1-3）　地域への理解・啓発 （1-4）　管理職のリーダーシップに基づく学校経営
観点２　施設・設備
（2-1）　バリアフリー施設・設備の整備 （2-2）　合理的配慮の提供に関する施設・設備の整備 （2-3）　教育支援機器の整備 （2-4）　教室配置及び既存の教室の活用
観点３　教育課程
（3-1）　特別の教育課程の編成 （3-2）　特別の教育課程の実施
観点４　指導体制
（4-1）　指導体制の整備・充実 （4-2）　地域の関係機関の連携 （4-3）　児童生徒及び保護者の理解推進
観点５　交流及び共同学習
（5-1）　交流及び共同学習の実施のための具体的な取組 （5-2）　障害のある人との交流と理解・啓発
観点６　移行支援
（6-1）　就学支援システムづくり （6-2）　就労支援システムづくり
観点７　研修
（7-1）　校内における専門性の向上のための取組 （7-2）　校内における研修の実施 （7-3）　校外研修を活用した理解・専門性の向上

System and Assisting Proactive Practices」のことであり、学校種ごとに「インクルCOMPASS」シートと同ナビゲーションシートを公開している。表16-4にあるような観点により、「できている」、「どちらともいえない」、「できていない」、「重点的に取り組む必要がある」として評価することにより、園や学校のインクルーシブ教育システム構築の推進に向けた重点的取り組みの方策案を具体化できるシートとなっている。

❖ 第7節　教育におけるユニバーサルデザインとオルタナティブ・スクール

1.「授業のユニバーサルデザイン」という考え方

「できるだけ多くの人が利用可能であるように製品、建物、環境をデザインする」というように、「ユニバーサルデザイン（UD；Universal Design）」という言葉は、もともと建築関係の用語であった。現在では、「年齢、性別、国籍、個人の能力にかかわらず、はじめからできるだけ多くの人が利用可能なように利用者本位の考え方に立ったデザイン」として、ハード面での施設設備からソフト面まで含む概念となっている。通常の学級における授業づくりにこのユニバーサルデザインの考え方を生かし、「学力の優劣や発達障害の有無にかかわらず、全員の子どもが楽しく『わかる・できる』ように工夫・配慮された通常学級における授業づくり」のことを「授業のユニバーサルデザイン」として、その原理・原則や、具体的な授業実践・教材の工夫を明らかにしようとしている。教科教育の視点からは、授業づくりの「工夫」を行い、特別支援教育の視点からは、個別の「配慮」を行った授業づくりをすることで、全ての子どもが「わかる・できる」授業づくりを目指す。教科教育で培われた専門性に特別支援教育の専門性を融合させるということである。

例えば、桂・廣瀬（2013）は「通常学級に在籍する発達障害等のある様々な実態から、特別な支援や配慮を想定したうえ」で授業づくりを提案している。そのための「授業づくり」の中に、授業の焦点化（シンプルに）・視覚化（ビジュアルに）・共有化（シェア）という視点を提案している。桂（2011）によると、授業を焦点化するとは「ねらいや活動を絞ること」であり、まずは、「論理的な話し方・聞き方」、「論理的な書き方」、「論理的な読み方」の指導ビジョンをもつことが必要となるとされている。次に、授業を視覚化するとは「視覚的な理解を重視した授業にすること」で、「聴覚情報だけで延々と繰り返される話し合い活動よりも、視覚的な理解」を重視するということである。最後に授業を共有化するとは「一人の考えのよさが他の子たちに分かち伝わるようにすること」であり、話し合い活動を組織していく教師の対応力が重要になってくるとしている。これは各教師の授業内における工夫・配慮である（阿部・嶋田・北野、2020）。もちろん、学校全体での取り組みも多数報告されている。

2.「学びのユニバーサルデザイン」という考え方

これに対して、アメリカの民間の教育研究開発組織であるCAST；the Center for Applied Special Technologyが提唱している「学びのユニバーサルデザイン（UDL；Universal Design for Learning）」という考え方が紹介されている（バーンズ亀山・竹前セルズ、2016；ホール・マイヤー・ローズ、2018）。UDLには、教師たちが様々なニーズをもつ学習者に対応できるような柔軟な学習の目標、方法、教材・教具、評価の方法を提供できるように、最初から様々な調整ができるオプションが準備されている。そし

表16-5　UDLの3原則（ラビンスキ・クラベル・ローズ（2018））

原則Ⅰ：提示のための多様な方法の提供（学びの"what"／"何を"学ぶか）
原則Ⅱ：行動と表出のための多様な方法の提供（学びの"how"／"どのように"学ぶか）
原則Ⅲ：取り組みのための多様な方法の提供（学びの"why"／なぜ学ぶのか）

て、UDLは学習者を自ら学びをデザインし、自ら学びを進めることができる「学びのエキスパート（expert learner）」を育むカリキュラムという考え方をする。融通が利かず「全員一律で対応させようとさせる（one-size-fits-all）」カリキュラムは多様な学び方をもつ学習者にとって障壁となるとしている。UDLは、脳科学の研究を基にした3つの主要な原則を提案しており、UDLのガイドラインの基礎となる枠組みとしている（表16-5）。

UDLはカリキュラムそのものが多様なオプションで構成されている。従来型の一斉指導による学校の授業をベースとして必要な工夫や配慮をするのではなく、一人一人の教育的ニーズに応じた複数のオプションの組み合わせで提供されるようになるため、一斉指導も部分的には維持されるが、個人それぞれの学びのペースで学び方をデザインして学習を進めていくということになる。

3. オルタナティブ・スクール―イエナプラン教育

そこで注目されているのが、オランダのオルタナティブ・スクールの多くで採用されているイエナプラン教育である（リヒテルズ直子、2019）。学校設立の自由が憲法で保障されているオランダでは、200人の子どもを集めれば誰でも自由に学校を設立し、教育理念・方法の自由も保障されているため、各学校で個別のカリキュラムを採用することができる。そこで、公立学校や伝統的な私立学校と比較して、柔軟性のあるカリキュラムを持つことができるオルタナティブ・スクールも広く普及（全体の学校の1割）している。

その中の一つとしてイエナプラン教育がある。イエナプラン教育は、1923年にドイツのイエナ大学の教育学教授だったペーター・ペーターゼン（Peter Petersen、1884-1952）により、教育実践を通した研究として始められたものであり、現在ではオランダで最も発展しているといわれている。その最大の特徴は、子どもたちを異年齢学級に編成することにある。異年齢学級は3学年を1つにまとめたグループとして編成し、自主学習を助け合ったり、グループ全体で課題学習に取り組んだりして協働学習を学ぶ。教室はリビングルームのような環境設定がされており、そこで、グループメンバー全員が車座になって話し合う「サークル対話」を行う。

「サークル対話」では、用意されたテーマについての議論や、自由作文の朗読などを行う。異なった意見を受け入れたり、自分の意見を組み立てたりする能力を伸ばす。国語、算数のような教科の時間割は週の始めに子どもが作成し、一人一人が違う課題を、違う方法・場所で学習することになるが、「学ぶことを学ぶ」ための総合学習である

「ワールドオリエンテーション」という総合学習が、イエナプラン教育の中核をなしている。子どもの問いを出発点にして、答えを探すための手順を話し合いながら計画的に学習を進める。年間でいくつかのテーマを決め、学校全体で同じテーマに取り組んでいく。

イエナプラン教育の学校では、一人一人の学習のスタイルやペース、興味関心が異なることが前提として全ての教育が進んでいくことから、まさに学校体制としてインクルーシブ教育が構築されているといえる。ここでは子ども間の差異はあることが当たり前であり、誰一人として同じ学習をしているわけではない。同じテーマを追求する「ワールドオリエンテーション」であっても子ども同士の対話を軸として、一人一人が異なった学習を進めていることになるのである。通常の学級でフルインクルージョンといえる教育に限りなく近い実践が実現できる。近年、我が国で創立される私立小学校では、イエナプラン教育を標榜する学校や、イエナプランの考え方を取り入れた学校が少しずつ聞こえてくるようになった。

❖ 第8節 「学びの連続性」へ

特別支援教育のさらなる推進によりインクルーシブ教育システムを構築するという分科会報告の考え方が、通常の学級の教育のあり様を根底から問い直す動きとなっている。着実に前へ前へと歩みを進めているのである。2007年4月の学校教育法の一部改正の施行とともに文部科学省初等中等教育局から発出された「特別支援教育の推進について（通知）」には、「特別支援教育は、障害のある幼児児童生徒への教育にとどまらず、障害の有無やその他の個々の違いを認識しつつ様々な人々が生き生きと活躍できる共生社会の形成の基礎となるものであり、我が国の現在及び将来の社会にとって重要な意味を持っている」としていた。この文書以後、十数年が経過する中で、国際的な動向の影響を受けながら我が国の特別支援教育は「学びの連続性」を教育のシステムとして実現するインクルーシブ教育システムの構築へと着実に歩みを進めているといえる。

【引用・参考文献】

阿部敬信（2017）「特別支援学校及び特別支援学級における『合理的配慮』とは何か」『別府大学短期大学部紀要』36, pp.11-20.

阿部敬信・嶋田実優・北野葵依（2020）「小学校の通常学級における集団の認知特性に応じたユニバーサルデザインの授業をめざして」『日本LD学会第29回大会WEB論文集』, pp.226-227.

バーンズ亀山静子・竹前セルズ奈津子（2016）「UDL　学びのユニバーサルデザイン—アメリカの学校現場での導入と教員養成」『LD研究』25（4）, pp.511-516.

中央教育審議会初等中等教育分科会（2012）「共生社会の形成に向けたインクルーシブ教育システム構築のための特別支援教育の推進（報告）」参考資料21. https://www.mext.go.jp/component/b_menu/shingi/toushin/__icsFiles/afieldfile/2012/07/23/1321673_1.pdf（2020年9月4日取得）.

トレイシー・E・ホール，アン・マイヤー，デイビッド・H・ローズ（2018）「学びのユニバーサルデザイン（UDL）Q&A」『UDL　学びのユニバーサルデザイン』（トレイシー・E・ホール，アン・マイヤー，デイビッド・H・ローズ編著，バーンズ亀山静子訳）東洋館出版社，pp.12-24.

桂聖（2011）『国語授業のユニバーサルデザイン—全員が楽しく「わかる・できる」国語授業づくり』東洋館出版社.

桂聖・廣瀬由美子（2013）『授業のユニバーサルデザインを目指す国語授業の全時間指導ガイド—特別支援教育の視点

をふまえた国語授業づくり』東洋館出版社.
リヒテルズ直子（2019）『今こそ日本の学校に！ イエナプラン実践ガイドブック』教育開発研究所.
スコット・ラビンスキ，ジェナ・W・クラベル，デイビット・H・ローズ（2018）「実践のためのツール：UDL ガイドライン」『UDL　学びのユニバーサルデザイン』（トレイシー・E・ホール，アン・マイヤー，デイビッド・H・ローズ編著，バーンズ亀山静子訳）東洋館出版社，pp.25-45.
上田征三・金政玉（2014）「障害者の権利条約とこれからのインクルーシブ教育」『東京未来大学研究紀要』7，pp.19-29.

おわりに

本書を貫くテーマは、編著者代表の阿部敬信が「はじめに」で述べているとおり「学びの連続性」である。ここでは、「学びの連続性」をテーマとして取り上げた理由を述べて、「おわりに」の言葉としたい。

「学びの連続性」は2017年４月に告示された特別支援学校幼稚部教育要領　小学部・中学部学習指導要領の大きなポイントの一つである。なぜ「学びの連続性」が大きなポイントの一つとなったのかは、近年のインクルーシブ教育システム構築の動きが背景にあると考えることができる。インクルーシブ教育システムでは、学びの場は固定したものではない。インクルーシブ教育システムでは、子どもの教育的ニーズの変化などに対応して、学びの場を柔軟に変更することが求められている。最近の文部科学省の動向を見てもそのことが理解できる。例えば、「新しい時代の特別支援教育の在り方に関する有識者会議（第13回）、令和２年12月22日」の議題の一つとして取り上げられた「新しい時代の特別支援教育の在り方に関する有識者会議 報告（案）」においても、「学びの場の柔軟な変更」について以下のように述べている。

「障害のある子供の学びの場は固定したものではなく、就学後も障害のある子供が連続性のある多様な学びの場において、その能力や可能性を最大限に伸ばし、十分な教育が受けられるよう、教育相談や個別の教育支援計画に基づき柔軟に見直されるべきものである。このため、予め教育支援委員会も必要に応じて柔軟に開催できるようにしておくことが重要である」。

学びの場が柔軟に変更されることが重要であるが、それだけにとどまらず「学びの連続性」が保障されることがさらに重要である。このような考え方に基づいて、特別支援学校幼稚部教育要領　小学部・中学部学習指導要領では「学びの連続性」を保障するための観点から様々な改訂がなされていることが見て取れる。

本書では、これまで述べてきた考え方に基づいて、多様な学びの場における「学びの連続性」の重要性を取り上げてきた。本書が特別支援教育に携わる人々の取り組みの一助となれば幸いである。

編著者の一人　木舩憲幸

索　引

【A-Z】

【あ】

【か】

【さ】

【た】

【な】

【は】

【ま】

【や】

【編著者紹介】

木舩憲幸（きふね・のりゆき）

九州産業大学人間科学部 子ども教育学科教授。

1949年広島県生まれ。広島大学大学院教育学研究科修士課程修了。広島大学助手、福岡教育大学助手、福岡教育大学講師、福岡教育大学助教授、福岡教育大学教授、広島大学教授、大谷大学教授を経て、現職。専門分野は肢体不自由教育。2010年から2012年にかけて中央教育審議会専門委員（初等中等教育分科会、特別支援教育の在り方に関する特別委員会）を務める。著書に『精神発達遅滞児の人物画に関する基礎的研究』（風間書房）『そこが知りたい！ 大解説 インクルーシブ教育って？』（明治図書出版）『特別支援教育総論』（放送大学教育振興会）ほか。

第７章、第11章担当

阿部敬信（あべ・たかのぶ）

九州産業大学人間科学部 子ども教育学科教授。

1964年兵庫県生まれ。明星大学大学院人文学研究科教育学専攻博士後期課程修了。別府大学短期大学部准教授、別府大学短期大学部教授を経て現職。専門分野は聴覚障害教育。言語聴覚士、特別支援教育士SV、臨床発達心理士、学校心理士。著書に『インクルーシブ教育を実践する！』「授業づくりネットワークNo.25」（学事出版）『共に育つ保育を探究する保育内容総論』（建帛社）ほか。

第１章～第６章、第９章、第10章第３節～第６節、第13章～第16章担当

【分担執筆者紹介】

中村貴志（福岡教育大学教育学部教授）第８章担当

阪木啓二（九州産業大学人間科学部 子ども教育学科准教授）第10章第１節～第２節担当

猪狩恵美子（九州産業大学人間科学部 子ども教育学科教授）第12章担当

特別支援教育における「学びの連続性」の理論と実際
―特別支援教育の推進からインクルーシブ教育の構築へ―

2021年４月９日　初版第１刷発行

編著者――木舩憲幸・阿部敬信

発行者――花岡萬之

発行所――学事出版株式会社

〒101-0021　東京都千代田区外神田２－２－３
電話 03-3255-5471　FAX 03-3255-0248

ホームページ　https：//www.gakuji.co.jp

編集担当：加藤愛

装丁：内炭篤詞

イラスト：松永えりか（フェニックス）

印刷・製本：精文堂印刷株式会社

ISBN978-4-7619-2717-2　C3037　Printed in Japan